Sobre a "filosofia africana"

BIBLIOTECA AFRICANA

Conselho de orientação:

Kabengele Munanga
Edson Lopes Cardoso
Sueli Carneiro
Luciane Ramos-Silva
Tiganá Santana

Paulin J. Hountondji

Sobre a "filosofia africana"
Crítica da etnofilosofia

Tradução:
César Sobrinho

 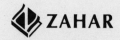

Para J. Elègbè,
em testemunho de reconhecimento e amizade.

P. H.

Que os diretores de *Diogène*, de *Présence africaine*, dos *Études philosophiques*, dos *Cahiers philosophiques africains*, as equipes do Conséquence (Conselho Interafricano de Filosofia) e da Thought and Practice (Associação Filosófica do Quênia) sintam-se agradecidos por nos terem autorizado a retomar aqui, no todo ou em parte, os artigos publicados em seus periódicos.

P. H.

Sumário

Prefácio à edição brasileira — A filosofia africana, entre o pensamento e a política, por wanderson flor do nascimento   11

Prefácio à segunda edição — Etnofilosofia: A palavra e a coisa   31

PARTE I **Argumentos**   49

1. Uma literatura alienada   51

2. História de um mito   73

3. A ideia de filosofia   87

4. A filosofia e suas revoluções   111

PARTE II **Análises**   171

5. Um filósofo africano na Alemanha do século XVIII: Antom Wilhelm Amo   173

6. O fim do nkrumaísmo e o (re)nascimento de Nkrumah   205

7. A ideia de filosofia em *Consciencism* de Nkrumah   223

8. Verdadeiro e falso pluralismo   247

Post-Scriptum   269

Notas   291

Prefácio à edição brasileira
A filosofia africana, entre o pensamento e a política

A CHEGADA DO LIVRO *Sobre a "filosofia africana": Crítica da etnofilosofia*, de Paulin Hountondji,* no Brasil nos coloca, mais proximamente, diante de uma das mais importantes obras contemporâneas acerca da discussão filosófica e da produção crítica em torno dela no continente africano. Quase cinquenta anos se passaram desde sua primeira edição, na França, e o livro, além de importante registro histórico de uma discussão, ainda tem uma impressionante atualidade em relação às questões de que trata — e, sobretudo, nos chega como uma homenagem a seu autor, que nos deixou em 2 de fevereiro de 2024, momento em que este prefácio era concluído.

---

* Paulin Jidenu Hountondji nasceu em Abidjan, uma das capitais da Costa do Marfim, em 11 de abril de 1942, filho de pais benineses. Fez sua formação superior, da graduação ao doutorado, em Paris, onde defendeu tese de doutoramento sobre a ideia de ciência em uma das obras de Edmund Husserl, sob a orientação de Paul Ricœur. Terminado o doutorado, Hountondji retornou ao continente africano e trabalhou em diversas universidades. Foi também ministro da Educação (1990-1) e da Cultura e Comunicações (1991-3) no Benin, membro fundador e secretário-geral do Conselho Interafricano de Filosofia (1973), diretor de programa no Collège International de Philosophie (1986-92) e vice-presidente do Conselho para o Desenvolvimento da Investigação em Ciências Sociais em África, Codesria (2002-5).

Um dos grandes legados de Paulin Hountondji, este livro é um marco incontornável e um divisor de águas sobre a pesquisa, a legitimidade e os impactos políticos daquilo que fazemos com as filosofias africanas, seja no próprio continente negro, aqui na diáspora ou em qualquer outro lugar do mundo. *Sobre a "filosofia africana"* se insere no intenso debate que se iniciou em meados do século xx sobre a existência ou não de uma "filosofia africana" e quais seriam suas características — caso a resposta para a questão da existência seja positiva. A recepção europeia ao livro de Placide Tempels, *A filosofia bantu*,* iniciou uma série de discussões sobre as possibilidades filosóficas do pensamento africano e inaugurou o que se popularizou como aquilo que Hountondji — juntamente com outros autores críticos dessa abordagem, como os cama-

---

* O livro de Tempels consiste no relato das impressões do missionário franciscano belga sobre o pensamento coletivo dos povos baluba, que viviam no povoado Dilolo do território Catanga, no então Congo Belga (atual República Democrática do Congo). Tempels conviveu com os baluba entre as décadas de 1930 e 1960. O livro foi publicado em 1945, originalmente em holandês, na cidade de Antuérpia, pela editora De Sikkel, sob o título *Bantoe-Filosofie*. O parco conhecimento da língua holandesa pela comunidade filosófica internacional fez com que a obra pouco circulasse. Sua projeção se deu, efetivamente, quando se publica a tradução em francês pela editora Présence Africaine, em Paris, no ano de 1949, dando início ao intenso debate ao qual me referi. O cerne do livro consiste em sustentar que há uma filosofia implícita no tecido cultural dos povos baluba, que seria encontrada em sua língua, seus costumes, instituições e comportamentos. Essa filosofia estaria baseada em uma ontologia na qual o *ser* seria uma *força vital* dinâmica; tal força se projetaria no mundo por meio de uma criteriologia, de uma sabedoria, de uma psicologia e de uma ética. A tarefa do investigador, no livro, seria explicitar essa filosofia implícita e colocá-la à disposição dos colonizadores (civilizadores e evangelizadores) para melhor cumprirem sua missão junto aos povos chamados bantos.

roneses Marcien Towa e Fabien Eboussi-Boulaga — entendeu como uma etnofilosofia, que não era exatamente etnologia nem filosofia.

Muitas foram as posições nesse debate: das mais céticas, que recusavam a possibilidade de as pessoas africanas produzirem um pensamento sofisticado — como aquele que o Ocidente denominou filosofia —, às mais entusiastas, que viam no texto de Tempels a prova cabal de que as pessoas africanas detinham uma filosofia e que essa precisava ser conhecida pelo restante do mundo. Em meio a esse acalorado encontro de posições distintas, o trabalho de Hountondji que agora temos em mãos nos apresenta uma potente complexificação de tal cenário e um conclame para pensarmos, com cuidado, sobre o que está em jogo nesse debate.

Quase vinte anos se passaram entre a publicação do livro de Tempels e a primeira edição do texto de Hountondji, período em que o beninense/marfinense pôde elaborar sua posição, observando tanto a entusiasta recepção europeia a Tempels quanto a adoção africana, muitas vezes acrítica, do conteúdo e também da metodologia do livro. A partir de sua leitura crítica, Hountondji sai em defesa de um pluralismo filosófico — não o que ele denomina "falso pluralismo", evocado por abordagens etnológicas,* enaltecendo o exótico,

---

* É importante notar que as críticas de Hountondji à etnologia, assim como as de vários intelectuais africanos e de outros lugares do "Sul Global", se deram em um momento em que a etnologia — e a própria antropologia, de modo geral — era vista com muita desconfiança em razão de seus usos coloniais. Essa crítica impactou, de maneira importante, as revisões teóricas e políticas do campo antropológico desenvolvidas, principalmente, a partir da segunda metade do século xx. Para situar melhor o ambiente da recepção dessas críticas e os debates em torno das

mas o pluralismo que cada cultura carrega internamente e que seria deveras atingido por estratégias como as da etnofilosofia, que afirmam aquilo que nosso autor chama de um "unanimismo" dos povos africanos. Afirmar que as pessoas africanas sustentam crenças, saberes e valores unânimes pressupõe a ausência de pluralidade na experiência de vida e no pensamento do continente, assim como impede a percepção da existência de uma rica e potente divergência de ideias.

Como nota o filósofo senegalês Souleymane Bachir Diagne,* essa defesa do pluralismo e a crítica que se fez à exotização na forma de uma etnofilosofia, sobretudo aquela levada a cabo por Tempels, não foi recebida tranquilamente. Houve muitas e duras críticas a Hountondji. Algumas o acusavam de sustentar uma postura eurocêntrica, elitista e cientificista em seu enfrentamento dessa etnologia exotizante disfarçada de filosofia que fora a "filosofia banta", tal como lida/produzida pelo padre belga. Não estaria Hountondji assumindo como universal a posição do pensamento europeu para recusar a existência de filosofias próprias às culturas locais de povos africanos? Não seria a recusa de uma descrição como a tempelsiana a insistência em um academicismo que exclui outros

---

relações entre antropologia e colonialismo no contexto do continente africano, ver Gérard Leclers, *Anthropologie et colonialisme: Essai sur l'histoire de l'africanisme* (Paris: Fayard, 1972); e Rui Mateus Pereira, *Conhecer para dominar: O desenvolvimento do conhecimento antropológico na política colonial portuguesa em Moçambique, 1926-1959* (tese de doutorado em antropologia. Lisboa: Faculdade de Ciências Sociais e Humanas, Universidade Nova de Lisboa, 2005).

* Souleymane Bachir Diagne, "Preface". In: Bado Ndoye. *Paulin Hountondji: Leçons de Philosophie africaine*. Paris: Riveneuve, versão digital, 2022, local 4.

modos de fazer filosofia, encontrados na oralidade, nos provérbios, nos mitos, no discurso coletivo de comunidades africanas? Outras críticas percebem, nesta obra de Hountondji, a afirmação de que "não existe filosofia africana".*

Agora, com o livro traduzido em mãos, teremos a possibilidade de perceber o quanto o entusiasmo do debate (sendo otimista em meu diagnóstico) impediu que muitos de seus críticos à época, e alguns ainda atualmente, fizessem uma leitura cuidadosa dos argumentos de Hountondji. Além de uma exposição honesta do projeto do livro de Tempels, nosso autor explica os motivos pelos quais recusa a ideia de uma "filosofia africana" identificada com a etnofilosofia de modo bastante afastado do elitismo eurocêntrico academicista que lhe fora atribuído.

Sigamos com Hountondji.

Uma primeira coisa salta aos olhos do pensador beninense: o discurso etnofilosófico, embora fale *sobre* os povos africanos, não é direcionado *a* eles. É um discurso em que África é um pretexto para que cada etnofilósofo aplique suas teorias prediletas a um *outro de si*, ao mesmo tempo que fala para seus iguais. Esse *outro* nem sequer é um digno destinatário desse discurso. A Europa é a voz e o ouvido. A África é um mero *sobre o que*, um tema do qual se fala *a partir da* Europa, *para* a Europa. Portanto, mesmo que se quisesse reconhecer como filosófico o empreendimento etnofilosófico e identificá-lo com uma filosofia africana, haveria que se justificar o adjetivo *africana* aí mobilizado.

---

* Ferran Iniesta, *Histoire de la pensée africaine*. Paris: L'Harmattan, 2014, p. 89.

O livro vai além da discussão sobre *quem* elabora o discurso e sobre *para quem* esse discurso é elaborado — nos forçando a pensar não só no destinatário mas também na consequência da formação de uma comunidade de interlocução na qual a filosofia seja uma ponte entre as gentes, e não um demarcador de quem é ou não capaz de produzir um pensamento sofisticado. Esta é uma das mais intensas dimensões políticas do texto de Hountondji: o alerta de que uma filosofia efetivamente africana deveria fazer com que nós, africanos na África ou na diáspora, pudéssemos falar *entre nós, para nós*, ainda que sem necessariamente evitar o diálogo com o Ocidente. Nesse cenário, o ocidental não precisa — e nem deve — ser a referência principal ou prioritária do discurso filosófico.

Hountondji ainda nos alerta para aquilo que poderia parecer um suposto benefício da ampliação da noção de filosofia para acolher como filosóficas posições míticas, superstições e, sobretudo, um inexistente pensamento coletivo caracterizado por sua espontaneidade, imutabilidade, unicidade e onipresença nas culturas africanas. Tal ampliação promove uma deturpação que, em vez de enriquecer o contexto filosófico com outros elementos, o enfraquece, afastando-o de uma abordagem rigorosa, crítica e analítica. Um mundo de vale-tudo no reino do pensamento se instauraria em torno da filosofia para se adequar às pessoas negras. Por que razão deveríamos deturpar a filosofia para que os povos africanos pudessem praticá-la?

Esse ponto nos leva à outra dimensão perversa que nosso autor percebe no alargamento da noção de filosofia para compreender aquilo que criticou nessa "filosofia" espontânea africana etnofilosófica: a ideia da inferioridade cognitiva e conceitual dos próprios africanos. Essa dimensão pressuporia a incapacidade das pessoas africanas de articularem conhecimentos que possam ser transformados no tempo, criticados e reposicionados, analisados crítica e rigorosamente, como aconteceria no mundo intelectual do Ocidente. Isso, de alguma forma, reforçaria a ideia hegeliana de que os africanos seriam povos sem história, portanto sem capacidade de aprimoramentos, transformações e, por conseguinte, sem uma racionalidade desenvolvida.* Ao fim e ao cabo, a afirmação dessa "filosofia africana", forjada inicialmente por missionários e etnólogos ocidentais e assentada por diversos intelectuais do continente africano, ainda que estes últimos não estivessem plenamente conscientes de tal posição, resultaria numa posição racista e antifilosófica.

A leitura metodológica, histórica e com repercussões políticas da etnofilosofia de Hountondji aponta para um fato intrigante. A etnofilosofia feita por Tempels e seus seguidores resultava em um olhar ocidental sobre as culturas africanas, alterando o conceito de filosofia e cristalizando uma identidade africana, atribuindo a isso o nome de "filosofia africana". No fim das contas, fazia o que o eurocentrismo sempre fez: reificar os "outros" do Ocidente. Na prática, um dos mais perversos efeitos do discurso etnofilosófico é que "seres humanos de carne são transformados em objetos abstratos de discussão".**

---

* Para conhecer a posição hegeliana sobre a a-historicidade dos africanos, ver: Georg Wilhelm Friedrich Hegel, *Filosofia da História*. Brasília: Editora da UnB, 1999, pp. 82-8.
** Séverine Kodjo-Grandvaux, *Philosophies africaines*. Paris: Présence Africaine, 2013, p. 35.

Em sua crítica à etnofilosofia, nosso autor não apenas compreende que ela não é exatamente africana, como também problematiza o próprio conceito de África que emerge desse discurso: como um todo homogêneo, unitário, partilhante de um mesmo modo de pensar, que derivaria de uma espécie de vínculo metafísico fundamental existente entre os povos africanos. E, muitas vezes, essa ligação não é apenas dos africanos entre si, mas também desses com um passado cristalizado.

Ao argumentar que a África é um conceito geográfico e político, e não um conceito metafísico, todo um horizonte político se abre para compreender as múltiplas histórias que existem no entorno do continente africano. Histórias atravessadas por tensões, aberturas, possibilidades e, sobretudo, pluralidade. Isso nos permite pensar na própria construção do racismo, que também foi uma ferramenta do poder que procurou aprisionar as pessoas negras nessa imagem estática e atrasada de África; e também nos oferece uma possibilidade de avaliar, para além do etnocentrismo, os aspectos positivos dos muitos e diversos modos de vida experimentados pelas pessoas do/no continente africano. Apenas ao abandonar uma mistificação eurocêntrica da imagem de África é que essas possibilidades se abrem para nossa reflexão. E, a partir dessa abertura histórica, fica nítido que essa mistificação não foi capitaneada pelos próprios africanos.

Essa imagem outra de África, defendida por Hountondji, aposta na pressuposição de um africano livre — em dimensões políticas, econômicas, psicológicas — para que a filosofia possa acontecer de maneira plena, possibilitando livrar-se de ideias que impeçam que se pense livre, crítica, criativa e responsavelmente. E aqui percebemos a aposta em uma filosofia que é um sintoma da liberdade, mas também uma ferramenta para a construção de um mundo africano livre, em que se possa pensar *a partir* das tradições africanas, e não ser aprisionado por elas.

Assim, fica nítido que é um equívoco a afirmação de que Hountondji se posiciona de maneira eurocêntrica, sendo avesso às tradições africanas, e que, por essa razão, critica as filosofias africanas. Isso não se sustentava à época do lançamento da primeira edição do livro, e não se sustenta depois. Pelo contrário, e é o que veremos neste livro: ele reconhece, sim, o valor do conteúdo das tradições. Sua cisma é exatamente com o uso "etnofilosófico" que se faz delas. O problema estaria muito mais em *quem* faz a investigação — e no *que* se faz *nela* —, a pretexto de encontrar uma filosofia implícita, inconsciente, escondida, e que precisaria ser explicitada e trazida à superfície do discurso pelo etnofilósofo.

Não haveria problema, em si, em se estabelecer uma relação filosófica com as tradições africanas, *a partir de dentro*, e sem pressupor que elas carregam um pensamento único, o que finda por simplificá-las e simplificar as pessoas africanas. Entretanto, isso implicaria considerá-las em sua dinâmica, pluralidade e multiplicidade, em vez de reduzi-las ao unanimismo; partir dessas tradições para fazer filosofia, e não as supor como objeto de investigação, reificando-as e, ao fim e ao cabo, empobrecendo-as. Em vez de desprezar as plurais tradições do continente africano, Hountondji as considera dignas de serem pensadas com os devidos cuidado e crítica que merecem, em uma genuína atividade filosófica.

Essa noção de filosofia estaria, na intepretação de Hountondji — reverberando a influência do filósofo argelino Louis

Althusser, de quem foi aluno —, vinculada inexoravelmente à ciência, mantendo com ela uma relação simbiótica. Pode parecer curioso que Hountondji avente a necessidade de "uma ciência africana: uma investigação científica africana" (p. 155 do presente livro), que seria uma pré-condição para a existência da filosofia africana. Seguindo sua narrativa, pareceria não haver ainda essa ciência africana, o que nos levaria a pensar que ele desconsideraria toda a história da ciência produzida no velho continente negro, já conhecida nos trabalhos que se popularizaram na década de 1970, tanto de autores africanos, como Cheikh Anta Diop (também mencionado neste livro), quanto de autores europeus dedicados a estudar as ciências africanas em áreas como matemática, astronomia, metalurgia e física. Esse, entretanto, seria mais um modo atrasado de ver a obra de Hountondji. Afirmar a necessidade de uma ciência africana não significa que ela não exista. O que parece se demandar no argumento de Hountondji é o desmonte da perspectiva eurocêntrica que, ao bloquear a possibilidade de ver nas pessoas africanas interlocutores intelectuais, busca impedir a entrada destas últimas no debate científico atual. Aqui, temos muito mais uma crítica ao apagamento do que a afirmação de uma inexistência.

Essa posição se manteve na produção posterior de nosso autor. Duas obras organizadas por Hountondji foram publicadas na década de 1990* e no início dos anos 2000,** em que se discutem os *saberes endógenos* (forjados no interior do

---

* Paulin J. Hountondji (Org.), *Les Savoirs endogènes: Pistes pour une recherche*. Dakar: Éditions du Codesria, 1994.
** Id. (Org.), *L'Ancien et le nouveau: La production du savoir dans l'Afrique d'aujourd'hui*. Paris: L'Harmattan, 2009.

continente africano), há muito produzidos e em pleno desenvolvimento no velho continente negro. Essas obras foram resultado, respectivamente, de um projeto de pesquisa coordenado por Hountondji no âmbito do prestigioso Conselho para o Desenvolvimento da Investigação em Ciências Sociais em África (Codesria) e de um Colóquio Internacional ocorrido em Cotonou, no Benin, em outubro de 2006, presidido por Hountondji e organizado pelo Centro Africano de Altos Estudos. O tema do colóquio foi "Saberes tradicionais e ciência moderna". Aqui, seguindo as pistas de Sobre a "filosofia africana", pode-se ver outra vez que sua recusa não era dos saberes, do conhecimento, das tradições do continente africano, mas do trato que a etnofilosofia deu a eles.

A apreciação crítica que Hountondji faz de seus próprios argumentos nas primeiras edições de Sobre a "filosofia africana" (presente também em seu prefácio para a atual edição), nos oferece uma noção ampliada de texto, considerando aquilo que se tem chamado de oratura (literatura oral)* ou oralitura** como importante para a produção do debate filosófico, e para além do texto escrito, fortalecendo, assim, a compreensão da importância da oralidade para a cultura e o pensamento africanos como um todo e para uma filosofia africana que não se reduz à etnofilosofia.

Neste livro, Hountondji apresenta também a exposição e a análise das obras de alguns importantes filósofos africanos pouco conhecidos entre nós: os ganeses Anton Wilhelm

---

* Kashim Ibrahim Tala, Orature: A Research Guide. Kansas City: Miraclaire Academic Publications, 2013.
** Leda Maria Martins, Afrografias da memória: O Reinado do Rosário no Jatobá. São Paulo; Belo Horizonte: Perspectiva; Mazza, 1997.

Amo e Kwame Nkrumah e o ruandês Alexis Kagame; encontramos, ainda, leituras suas de diversos coetâneos seus no continente africano: Marcien Towa, William E. Abraham, Léopold Sédar Senghor, Henry Odera Oruka, Fabien Eboussi-Boulaga, Théophile Obenga e Kwasi Wiredu, além dos caribenhos Aimé Césaire e Frantz Fanon. Aqui encontraremos pistas para nos aproximarmos mais do debate contemporâneo da filosofia produzida no continente e na diáspora africanos.

Além de fazer a crítica da "filosofia africana" etnofilosófica, Hountondji nos apresenta a proposta de uma filosofia africana, sem as aspas, que dialogue com as filosofias do mundo, que recuse o racismo etnocêntrico, não pontuando exatamente uma especificidade, seja ela africana da filosofia, seja filosófica na África, mas afirmando que as pessoas do velho continente negro são pessoas, como as demais, em sua pluralidade, capazes de produzir filosofia da mesma forma que qualquer outro povo do mundo.

A defesa intransigente que Hountondji faz do pluralismo tem, assim, sua marca política. Em vez de optar pela defesa da cultura acima da política e da economia, ele pensa que somente quando lidamos com a complexidade cultural em seu entorno político e econômico somos capazes de liberar as potências de um povo, contrariando o risco etnofilosófico, presente na defesa de um exclusivismo cultural — que ele chamará de *culturalismo* e que finda por operar de maneira exotizante e folclorizante em relação aos povos não ocidentais, sobretudo os negros. É nesse contexto que surgem imagens estáticas e homogêneas de cultura, que normalmente são utilizadas para manter pessoas negras e indígenas aprisionadas em uma *figura inferiorizada da diferença*. Esse pluralismo interno, de uma África plural, se opõe ao pluralismo exotizante *da* Europa autopercebida como civilizada em relação *à* África, uniforme, estática, aprisionada em seu passado.

Concordo com Abiola Irele ao afirmar que Hountondji não circunscreve a filosofia apenas em uma função política.* Entretanto, a defesa do rigor da tarefa filosófica, o cuidado com o que se entende como filosofia e, também, com os lugares que os saberes tradicionais africanos ocupam na elaboração de uma autêntica filosofia africana — distinta de uma etnofilosofia que cristaliza e homogeniza os saberes e as culturas africanos — têm uma potente implicação política. É nesse contexto que vejo a produção de Hountondji relacionada a uma política do pensamento, pautada pelo compromisso com o continente africano, *a partir dos próprios africanos*, e que prima pela realização da tarefa filosófica, na medida em que leva a sério o rigor filosófico para tratar de questões que, ao fim e ao cabo, colaborem com o fortalecimento do próprio continente, em sua pluralidade e diversidade.

Ao recusar que essa suposta "filosofia africana", na forma de uma etnofilosofia europeia, siga vendo os povos africanos como objetos do discurso do Ocidente, nosso autor, ao mesmo tempo que defende que existam efetivas filosofias feitas por pessoas africanas, insere-se no campo político de uma radical recusa em consentir que o continente africano não tenha história, não tenha protagonismo sobre seu próprio pensamento, não disponha de uma das figuras de existência

---

* Abiola Irele, "Introduction". In: Paulin J. Hountondji. *African Philosophy: Myth and Reality*. Bloomington; Indianápolis: Indiana University Press, 1996, p. 26.

mais importantes para a política no contexto do enfrentamento ao colonialismo: seu caráter *humano*.

Essa política do pensamento enreda-se na própria disputa pela humanidade das pessoas africanas, que fora recusada pelo racismo colonial. Se Mogobe Ramose tiver razão, "a dúvida sobre a existência da filosofia africana é, fundamentalmente, um questionamento acerca do estatuto ontológico de seres humanos dos africanos".* Nesse contexto, a reivindicação de uma filosofia africana seria uma maneira de "atestar uma humanidade contestada e submetida ao perigo".** E testemunhar essa humanidade, na perspectiva de Hountondji, não é diferenciá-la da dos demais humanos, sobretudo os ocidentais.

Nosso autor aposta que a humanidade é una, embora se expresse culturalmente de muitas formas. Se houver uma filosofia especificamente ligada à racionalidade e à humanidade singularmente africanas, terão sido abertas as portas para uma separação ontológica entre os graus de humanidade dos ocidentais e seus *outros*. Esse é o receio de Hountondji. E é contra essa possibilidade que ele defenderá uma universalidade da filosofia que corresponda à universalidade do humano.

Se essa é a melhor saída, há muito o que discutir. Entretanto, não será mais razoável acusá-lo de eurocentrismo e despreocupação com o continente africano. Ao contrário: seu compromisso com os povos africanos nos fica como exemplo, como herança e como conclame.

---

* Mogobe B. Ramose, "Sobre a legitimidade e o estudo da filosofia africana". *Ensaios Filosóficos*, v. IV, 2011, p. 8.
** Severino Elias Ngoenha. *Filosofia africana: Das independências às liberdades*. Maputo: Paulinas, 2014, p. 103.

Prefácio à edição brasileira

QUAL A IMPORTÂNCIA DE LER uma obra escrita sobre um debate historicamente datado, cerca de cinquenta anos depois de sua publicação original? Ela nos chega tarde? A importância do próprio debate, assim como o impacto no que será posterior no campo da filosofia africana e da filosofia em geral, instaura, em vários lugares do mundo, uma contundente revisão metafilosófica sobre os alcances da filosofia, de uma forma bastante diferente da que foi provocada pela obra de Tempels. Tratava-se menos de um questionamento da filosofia por uma ampliação desonesta de seu sentido que pelo aprofundamento de sua radicalidade e pela explicitação dos contextos políticos envolvidos no debate metafilosófico, incluindo a dimensão racista/colonial.*

No Brasil, o debate mais acirrado sobre a existência de uma filosofia africana chegou bem mais tarde. É apenas a partir de 2003, quando ocorre a modificação da Lei de Diretrizes e Bases da Educação Nacional por meio da lei federal nº 10.639 (determinando que a educação básica deve ensinar elementos de história e cultura africanas e afro-brasileiras), que as universidades passam a pensar a presença das africanidades — e das filosofias africanas — no contexto do ensino brasileiro.

---

* Na década de 2010, uma série de debates na Europa também questionaram a dimensão colonial dos currículos, gerando a criação de grupos ativistas em universidades. Um exemplo conhecido foi o movimento *Decolonise our minds* (Descolonize nossas mentes), provocando um intenso debate que mobilizou estudantes e alguns dos mais conhecidos filósofos ingleses. Sobre essa movimentação, que não se restringiu aos textos acadêmicos, ver, por exemplo, o artigo "Are Soas Students Right to 'Decolonise' their Minds from Western Philosophers?", publicado em 2017 no prestigiado jornal britânico *The Guardian* (disponível em: <https://www.theguardian.com/education/2017/feb/19/soas-philosopy-decolonise-our-minds-enlightenment-white-european-kenan-malik>).

Essa modificação atendia ao apelo histórico dos movimentos negros de que a educação refizesse seu imaginário sobre os povos africanos e seus descendentes em nosso país, construído em um cenário racista.* É nesse contexto que chega aqui a ideia de etnofilosofia, não mais no cenário enfrentado por Hountondji, mas no das demandas negras brasileiras pela busca de suas *raízes africanas*.

Uma das mais difundidas reivindicações das raízes africanas entre nós é o chamado pensamento de terreiro, ou aquilo que venho chamando também de pensamento enterreirado,** produzido a partir das experiências dos terreiros de candomblé e umbanda no Brasil. Nesses territórios, que articulam saberes, práticas e crenças africanas e afro-indígenas, uma forte busca pelas origens africanas tem sido mobilizada, e muitas vezes nos deparamos com cenários muito próximos aos trazidos por Hountondji.

Elementos dos sistemas de conhecimento africanos recriados no Brasil (encruzilhada, ebó, ori, odu, Iku, entre outros) são tratados como ideias filosóficas cunhadas a partir da experiência brasileira dos terreiros, diversas vezes deslocadas de seu sentido original nas práticas ancestrais e alcançando um nível de generalização que, por vezes, se distancia de suas matrizes originárias, embora pretendam evocar sentidos oriundos dos territórios africanos. Em que

---

* wanderson flor do nascimento, *Entre apostas e heranças: Contornos africanos e afro-brasileiros na educação e no ensino de filosofia no Brasil*. Rio de Janeiro: Nefi, 2020, pp. 89-98.
** Id., "Enterreirar o pensamento, pluralizar a prática do filosofar". In: Valter Ferreira Rodrigues e Flávio José de Carvalho (Orgs.). *Filosofia para não filósofos: Formação docente e ensino*. João Pessoa: EdUFPB, 2023, pp. 12-22.

medida esses usos não se relacionariam com a crítica ao unanimismo evocada por Hountondji? Dispor dos argumentos de nosso autor auxiliaria a empregar de modo mais preciso tais conceitos, fortalecendo seus usos e deixando-os menos vulneráveis. Atravessar esses conceitos com as ambientações apontadas por este livro nos levará a mobilizar com cuidado o que pensamos advir do continente africano, com suas devidas especificidades e localizações, de maneira a devolver para a teoria um continente africano múltiplo, plural e rico em possibilidades.

Além disso, não estaríamos aqui criando uma África estática a partir da articulação desses conceitos? Não estaríamos prendendo o velho continente negro no quadro de uma produção de imagens que nos interessam em nosso presente brasileiro, embora pretensamente baseados em uma historicidade ancestral? Essa historicidade tem sido inserida na produção dessas categorias e imagens? Se levarmos em consideração as análises hountondjianas, poderemos olhar para o continente africano em sua dinâmica histórica, entendendo melhor as transformações no interior das tradições que evocamos a partir da diáspora e, em vez de acionar uma África do passado, teremos a sagacidade das pessoas africanas, atentas às transformações na história e buscando saídas para os problemas de nosso tempo, mobilizando, assim, uma tradição sempre dinâmica, assim como o território africano que lhe deu origem.

Em contraposição a possíveis cenários unanimistas e cristalizadores, podemos, por outro lado, observar diferenças marcantes entre o panorama de produção de Hountondji e o da produção brasileira: o discurso do pensamento de terreiro não é feito *sobre* os africanos, mas *com* os africanos em diáspora nos terreiros, e os tem como destinatários e interlocutores; quando atento, não desconhece a pluralidade de histórias e culturas africanas; em sua quase totalidade, é posto em ação por autoras e autores com vínculos junto aos terreiros — a questão da referência ao passado permanece sempre no pensamento enterreirado. Esse contexto é um sinal de que o pensamento enterreirado foi se precavendo de alguns riscos que foram apontados por nosso autor, ainda que em cenários distintos de mobilização de um pensamento africano.

É principalmente nesse ponto que este livro se torna uma ferramenta bastante importante. Ao denunciar os perigos conceituais de cristalizar "A África" em seu passado, Hountondji nos traz um alerta e nos deixa sugestões importantes para pensarmos de que maneiras podemos transitar entre o passado e o presente, como faz o pássaro Sankofa nos ideogramas adinkra,* para tratar, sem mistificações, o passado desta África ancestral tão basilar para o pensamento dos terreiros. Ele nos obriga a assumir um compromisso com o continente africano do presente, em suas tensões e pluralidades, de modo que os herdeiros de um legado possam também retribuir essa herança recebida.

O pluralismo proposto por Hountondji pode qualificar sobremaneira o debate em torno dos conceitos que habitam os

---

* Os signos adinkra são ideogramas que carregam simbolismos filosóficos do povo akan, de Gana. O signo Sankofa é representado como um pássaro que tem a cabeça voltada para trás e os pés direcionados para a frente, significando que "nunca é tarde para voltar e apanhar o que ficou atrás" (Elisa Larkin Nascimento e Luiz Carlos Gá (Orgs.). *Adinkra: Sabedoria em símbolos africanos*. Rio de Janeiro: Pallas; Ipeafro, 2009, p. 40).

terreiros — ou que surgem *a partir* deles —, especialmente em temas que não foram historicamente colocados para essa experiência enterreirada. Com isso, podemos aprender, com o autor beninense/marfinense, que as tradições são valiosas porque se transformam no tempo, e não porque são estáticas, imóveis, buscando nessas raízes os motivos de que precisamos a fim de potencializar o que é necessário para entender as questões que são nossas e, a partir disso, colaborar com o nosso fortalecimento e o do continente africano, tão impactado pelas mazelas coloniais.

Diante disso, observamos que os interesses no debate sobre a etnofilosofia na Europa, no continente africano e no Brasil são diferentes. Esse debate já chegou aqui, no início do século XXI, atravessado pela crítica à posição de Tempels e com os alertas sobre a homogeneização do continente africano. Assim, a leitura do presente volume nos traz elementos para compreender melhor aquilo que Hountondji chamou, em seu último livro, de batalhas pelo sentido da filosofia, pelo sentido do próprio continente africano (muitas vezes entendido como "A África") e, sobretudo, pela humanidade comum das pessoas africanas em relação ao restante do mundo. *Sobre a "filosofia africana"* nos auxilia também a entender os motivos por que temos no Brasil, enfrentadas as críticas, menos ressalvas com relação à etnofilosofia: afinal, aqui ela já chegou aparentemente descolonizada, muito em razão das críticas que autores como Hountondji estabeleceram.

Este livro demorou para chegar, mas não chega tarde em nosso país. Ele situa de maneira precisa o debate que herdamos, muitas vezes sem entender os conflitos que estavam em jogo, e recobre uma lacuna importante, fornecendo ferramentas para que possamos nos apropriar de maneiras mais engajadas e rigorosas dos debates em torno das filosofias africanas, seja no velho continente negro, seja na diáspora.

WANDERSON FLOR DO NASCIMENTO

---

wanderson flor do nascimento é mestre em filosofia e doutor em bioética pela Universidade de Brasília e professor de filosofias africanas do Departamento de Filosofia da mesma instituição.

Prefácio à segunda edição
Etnofilosofia: A palavra e a coisa

Os EDITORES ME PEDEM, e com razão, que eu escreva um novo prefácio para este livro publicado há 45 anos. O livro em si era uma coleção de artigos, o mais antigo dos quais remontando a 1970. Mais de meio século se passou.

Para responder a essa exigência legítima, a melhor forma que encontrei foi partir de um texto cuja versão inicial foi escrita há dezesseis anos, atualizando-o durante o percurso. A Embaixada da França junto à Santa Sé e a Pontifícia Universidade Urbaniana me convidaram para fazer a conferência inaugural de um colóquio sobre filosofia africana que organizaram no Vaticano em 27 de outubro de 2006. Eu dei por título a essa conferência: "Etnofilosofia: A palavra e a coisa". Alguns já devem tê-la lido na internet. Mas, como veremos, o texto publicado na internet está aqui profundamente modificado.

Um conceito polêmico

Foi num artigo escrito em 1969, e publicado em *Diogène* no primeiro trimestre de 1970, que lancei aos quatro cantos a palavra "etnofilosofia". Eu queria assim expressar uma decepção. Designava com essa palavra uma certa prática da filosofia que se dava por tarefa descrever visões de mundo coletivas. Prática que, a meu ver, traía a vocação primeira da filosofia, que não é descrever, mas demonstrar; não é reconstituir a partir de conjecturas o sistema de pensamento deste ou daquele povo, desta ou daquela sociedade, deste ou daquele grupo de pessoas, mas tomar posição, de forma responsável, sobre as questões colocadas, aceitando o desafio de justificar racionalmente essas tomadas de posição.[1]

O artigo seria retomado com outro título no livro publicado em 1977, do qual constituía o primeiro capítulo. O título neutro e, por assim dizer, inofensivo, "Remarques sur la philosophie africaine contemporaine", dava lugar neste novo contexto a um título mais polêmico: "Uma literatura alienada" — como veremos adiante.

Costuma-se também associar a essa crítica outro nome: Marcien Towa. De fato, meu colega camaronês se destacou, em primeiro lugar, com um pequeno livro publicado em 1971, em Iaoundé. Por pura coincidência, e sem nenhuma combinação prévia entre nós, a mesma palavra foi empregada em seu livro com a mesma carga crítica e polêmica. Marcien Towa também opõe à filosofia propriamente dita esta disciplina híbrida: a etnofilosofia, que passeia entre a etnologia e a filosofia, mas que, francamente, não é nem uma coisa e nem outra.[2]

Para dizer a verdade, as duas críticas não se sobrepõem exatamente. Marcien Towa se atém principalmente a um autor camaronês, a ponto de, no limite, passar a impressão de se situar no terreno de um debate nacional, para não dizer de

Prefácio à segunda edição

um acerto de contas entre colegas do mesmo país. Assim, *La Philosophie bantoue* [A filosofia bantu], de Placide Tempels, não parece incluída nessa crítica. O autor escapa ileso, assim como toda a produção de africanistas ocidentais sobre os sistemas de pensamento africanos. Longe de ser contestada, pelo contrário, essa produção é altamente apreciada por sua contribuição para o questionamento global do eurocentrismo, uma contribuição comparável à de Pierre Masson-Oursel, com a sua obra *La Philosophie en Orient*. Por outro lado, o que se questiona é o que Towa chama de "filosofia africana na esteira da negritude". Ao mesmo tempo, são questionadas as obras de autores africanos que, seguindo as de Tempels e Alexis Kagame, e sobretudo na esteira da ideologia da negritude — mais a de Léopold Senghor do que a de Aimé Césaire —, se lançaram de cabeça "na busca de uma 'filosofia banta', de uma filosofia original e 'autenticamente africana', diferente de qualquer filosofia europeia". A crítica é especificamente dirigida contra um artigo de Alassane N'daw, que, como se sabe, é senegalês, porém, mais ainda contra uma tese defendida em Lille, em 1967, por um compatriota de Towa, Basile--Juléat Fouda.[3]

A crítica de Towa é contundente. Ela incide essencialmente sobre dois aspectos. Em primeiro lugar, a demonstração dos dois autores repousa sobre uma extraordinária "dilatação" do conceito de filosofia, entendida praticamente como sinônimo de cultura. E apenas aparentemente demonstra a existência de uma filosofia negro-africana. Essa demonstração é posta desde o início, logo que se começou por "diluir... o conceito de filosofia no de cultura".[4] Em segundo lugar, e sobretudo, o método dos autores em questão não é claro:

Seu modo de proceder não é nem puramente filosófico nem puramente etnológico, mas etnofilosófico. A etnofilosofia expõe objetivamente as crenças, os mitos, os rituais, mas de repente essa exposição objetiva se transforma em uma profissão de fé metafísica, sem se preocupar nem ao menos em refutar a filosofia ocidental, nem em fundamentar as razões de sua adesão ao pensamento africano. Dessa forma, a etnofilosofia trai tanto a etnologia quanto a filosofia.[5]

Aquilo que Towa denuncia sob o termo etnofilosofia é, antes de tudo, a confusão de métodos, o deslizamento ardiloso de um discurso descritivo para um discurso apologético, o tipo de má-fé que consiste em endossar, através dos ancestrais e da cultura coletiva, as próprias opiniões, acreditando desta forma escapar da obrigação de justificá-las, de fundamentá-las.

Eu concordava profundamente com essa crítica, mas iria ainda mais longe. Questionaria não somente o método, mas também, e antes de tudo, o objeto desse estudo. Para mim, a reconstituição laboriosa da "filosofia banta", da "filosofia uólofe", da "filosofia iorubá" ou, mais genericamente, da filosofia africana não pecava apenas por seu método híbrido. Sua primeira fraqueza consistia em ser um estudo sem objeto. Porque, a meu ver, a "filosofia africana", entendida como um sistema coletivo de pensamento, não passaria de um mito, uma invenção do erudito exegeta que se comprometia em reconstituí-la e que, acreditando de boa-fé reconstituir um objeto preexistente, na realidade a constituía pelo seu próprio ato. Eu apresentei como prova disso nuances consideráveis, até mesmo, em certos pontos, a oposição incisiva entre a imagem da filosofia banta que resulta da síntese de Tempels e aquela que resulta do trabalho de Kagame. Tais divergências mostravam claramente que a obra do missionário belga não apresentava verdadeiramente a filosofia dos bantos, mas sua própria filosofia; e que a doutrina formulada em *La Philosophie bantu-rwandaise de l'être* não era dos ruandeses, mas do próprio Kagame.[6]

Portanto, uma ciência sem objeto. A etnofilosofia era, no meu entendimento, um discurso fantasmático que, longe de se aplicar a uma realidade preexistente, deveria incessantemente reinventar seu objeto e nutrir-se de suas próprias ficções. Talvez fosse ir longe demais. Eu compreendo perfeitamente que Marcien Towa tenha sentido necessidade de se distanciar de uma posição tão extrema publicando, logo após seu célebre *Essai*, uma espécie de retificação ou explicação, sob o título *A ideia de uma filosofia negro-africana*.[7] O espírito crítico não é monopólio de nenhuma cultura, está em ação tanto na literatura oral da África negra quanto nas mais altas especulações do Ocidente. Nesse sentido, sim, há filosofia na África pré-colonial. E foi isso que nosso colega achou necessário relembrar com insistência, de maneira a prevenir qualquer mal-entendido sobre o significado e o alcance de sua crítica da etnofilosofia.

Em suma, depois de ter se empenhado em deslegitimar a reinvindicação pós-colonial de uma filosofia africana já ali existente, e na ausência de uma filosofia constituída e de uma doutrina particular que devesse a qualquer preço defender e promover, ele descobre, por sua vez, na literatura oral africana o que lhe parecia a primeira condição de toda filosofia em geral: o espírito filosófico, entendido como a capacidade de se distanciar do existente e relativizá-lo.[8]

Um "conjunto de textos"

Minha abordagem era razoavelmente diferente. A meu ver, não bastava mostrar a universalidade do espírito crítico e, a partir daí, a possibilidade de uma filosofia africana. Eu constatava a existência de um corpus filosófico africano real, com seus méritos e suas insuficiências, sua grandeza e sua miséria. O artigo de 1970 partia disso: "Eu chamo de 'filosofia africana' um conjunto de textos". Assim começava a primeira frase. Eu deveria ter parado por aí? Quis ser mais claro e, querendo explicar, sem querer, suscitei a polêmica: "Chamo de 'filosofia africana' um conjunto de textos: precisamente, o conjunto de textos escritos por africanos e qualificados como 'filosóficos' por seus próprios autores".

Julgou-se ler nessa explicação o sinal de uma exclusão dos textos orais, o sinal de um fetichismo da escrita. Viu-se nela também uma forma muito curiosa de identificar um texto como filosófico, por relevar simplesmente a intenção declarada do autor, como se bastasse autoproclamar-se filósofo para sê-lo.

Para dizer a verdade, porém, a questão da escrita não estava posta diretamente nessa frase. Eu poderia simplesmente substituir "escrever" por "produzir", e então ler: "O conjunto de textos produzidos por africanos", fossem eles escritos ou orais. E, como veremos a seguir, o capítulo 4 do livro voltaria a essa questão ao evocar a figura de Sócrates. Este que hoje passa por pai da filosofia seria um ilustre desconhecido não fosse o trabalho de escrita realizado por seus discípulos, sendo o primeiro deles Platão. A oralidade sozinha não poderia instituir uma tradição e concretizar uma disciplina no sentido estrito da palavra. As dezenas, as centenas, os milhares de

Sócrates, todos esses pensadores sem obras que se sucederam em nossa história, não poderiam por si mesmos, sem um resoluto esforço de transliteração, dar origem a uma filosofia africana: a um corpus filosófico africano. Portanto, podemos ampliar a noção de literatura tanto quanto quisermos para fazer justiça à literatura oral africana. Entretanto, devem-se reconhecer, apesar de tudo, os limites da oralidade e o papel incontornável da escrita como condição para a formação e a consolidação de uma tradição crítica. Dizer isso não é ceder a nenhum fetichismo. É considerar os respectivos modos de funcionamento da escrita e da oralidade e tomar a medida de nossas tarefas atuais.[9]

O segundo mal-entendido é igualmente fácil de apontar. As palavras usadas possivelmente eram desordenadas, estranhas. Elas tinham um único objetivo, que era o de contornar uma dificuldade ou pelo menos adiar sua investigação. O que é a filosofia? A questão não podia ser respondida nesta etapa da análise. Seria preferível por enquanto tentar uma localização empírica e circunscrever, entre todos os fatos da cultura, um que pudesse ser designado de modo reconhecível como "filosofia africana". Para essa localização empírica, poderíamos nos contentar, num primeiro momento, em constatar a maneira como os próprios discursos se qualificavam. E, no caso em apreço, o gênero teórico ou a disciplina que reivindicavam para si, para além de suas pretensões de ser filosóficos — mais tarde, caberia ao analista investigar até que ponto essa afirmação é fundamentada.

Porém, o mais importante nessa definição preliminar eram três palavrinhas que pareciam ter escapado à atenção dos meus críticos: a filosofia africana era, a meu ver, a filosofia feita pelos africanos. Assim, estávamos a mil léguas de uma filosofia atribuída aos africanos por especialistas ocidentais, ou por especialistas africanos discutindo com seus pares ocidentais. Da África-objeto, alimentando a bel-prazer o discurso erudito dos africanistas, passávamos à África-sujeito. No final de uma reconstituição laboriosa, em vez de um sistema de pensamento atribuído com maior ou menor verossimilhança a uma África imaginária, falando apenas uma única e mesma voz, procurávamos agora o discurso plural da África real, na sua diversidade e nas suas contradições.

Dessa nova abordagem decorria inevitavelmente uma questão: quem é africano, e quem não é? A rigor, uma obra como a de Tempels não poderia ser considerada parte de um corpus africano, assim como nenhum outro texto de um africanista europeu ou estadunidense. Por outro lado, os trabalhos de Alexis Kagame e de tantos outros autores de um ou outro lugar do continente eram, segundo essa hipótese, parte integrante desse corpus, ainda que tenham sido influenciados em maior ou menor grau pelo trabalho pioneiro do franciscano belga ou pela obra deste ou daquele autor ocidental. O efeito imediato dessa abordagem, no caso em questão, era romper o cordão umbilical entre mãe e filha — entre a etnofilosofia ocidental e sua excrescência africana, instituindo ao mesmo tempo a última como uma individualidade em si mesma e reconhecendo-a, portanto, como tal.

E tem mais: desde que a filosofia africana foi instituída como corpus autônomo, existindo com vida própria e movendo-se com sua própria história, desde que foi criado o novo quadro que faltava apenas preencher, bastava-nos então observar com um pouco de atenção a produção existente para constatar que, para além da etnofilosofia herdada do Ocidente, e para além dos trabalhos da antropologia cultural sobre os sistemas de pensamento deste ou daquele grupo, a filosofia africana se estendia por muitas outras correntes, compreendendo textos que tanto questionavam a etnofilosofia quanto obras que não tratavam da problemática de um pensamento coletivo, entre as quais outras muito anteriores à própria problemática.

Desse modo poderia nascer o projeto de uma história da filosofia africana. Mais precisamente, a ideia dessa história foi libertadora para a crítica da etnofilosofia. A novíssima insistência no discurso, e particularmente no discurso explícito, a própria definição da filosofia africana como um corpus específico de textos africanos, imediatamente suscitou em muitos a ideia de estabelecer bibliografias, antologias ou coletâneas de textos filosóficos africanos.[10] Melhor ainda, haveria de surgir várias obras sobre a história da filosofia ou do pensamento africano, a maior parte delas por vezes de grande erudição, posteriores a 1970. Parece-me que todas essas publicações não teriam sido possíveis sem a depuração preliminar que ampliou o horizonte e estilhaçou os limites de um pensamento que acreditávamos fechado. As notáveis obras de Alphonse Smet, Oleko Nkombe, Claude Sumner, Théophile Obenga, Grégoire Biyogo e ainda outros testemunham, sem mencioná-lo, o efeito libertador da crítica da etnofilosofia.[11]

A crítica da etnofilosofia teve também outro efeito. Ao convidar-nos a buscar a filosofia africana, não no implícito e no não dito, mas no discurso explícito dos próprios pensadores africanos, deu origem a uma nova corrente de investigação que consistia em identificar, no seio das coletividades, os pensadores reconhecidos, para os escutar, para transcrever e meditar em suas falas. Essa linha de pesquisa é ilustrada pelos já mencionados trabalhos de Odera Oruka. No entanto, olhando de perto, o método Oruka lembra o de Marcel Griaule em *Dieu d'eau: Entretiens avec Ogotemmêli*,[12] em que o antropólogo francês se põe à escuta do velho caçador dogon a fim de transcrever fielmente suas falas, reduzindo ao máximo a parte dos comentários e interpretações. A diferença é que para o filósofo queniano não existe apenas um Ogotemmêli, mas vários, e que há muitos filósofos que vale a pena escutar e transcrever. O pesquisador coloca-se assim, modestamente, na postura de transcritor, de escriba, de escrivão, cuja função precisa é a de operar a passagem da oralidade à escritura e, ao mesmo tempo, constituir progressivamente os arquivos do pensamento oral.[13]

Essa linha de pesquisa também inclui uma obra como *Knowledge, Belief, and Witchcraft*, de Barry Hallen e Olu J. Sodipo, além da notável obra do filósofo alemão Kai Kresse, *Philosophising in Mombasa*; diga-se de passagem, ele é fluente em suaíli.[14]

O projeto de Kwame Nkrumah

Em *Combats pour le sens*, examinei longamente as apostas teóricas e políticas dessa crítica. Assim, não é necessário voltar a isso mais uma vez.[15] Neste ponto, entretanto, devemos abrir um parêntese: a palavra "etnofilosofia" não vinha de Towa nem de mim. No que me diz respeito, pensei tê-la forjado na trilha de uma crítica a Tempels. Não me lembrava, àquela altura, de tê-la encontrado em minhas leituras na obra de um autor que estava longe de empregá-la em sentido pejorativo: Kwame Nkrumah. Em sua autobiografia publicada em 1957, ele contava que, de fato, após ter concluído o mestrado em 1943 na Universidade da Pensilvânia, se inscrevera imediatamente para defender "uma tese em etnofilosofia", e como esse trabalho estava inacabado até sua partida para Londres em 1945.[16] A palavra foi abandonada sem qualquer explicação, e parecia designar uma disciplina existente. Fiquei sabendo por meio de um antigo colaborador de Nkrumah, William Abraham, que tive o prazer de conhecer em Düsseldorf em 1982,[17] que Nkrumah realmente havia escrito a tese, sem ter tido tempo, porém, de fazer as últimas correções para a defesa antes de sua partida para Inglaterra em 1945. Àquela altura Abraham ocupava um cargo na Universidade da Califórnia, em San Francisco. E foi dele que recebi, durante uma viagem aos Estados Unidos catorze anos mais tarde, em 1996, uma fotocópia integral do manuscrito. A tese datilografada havia sido depositada nos Arquivos Nacionais de Gana, em Acra, mas William Abraham duvidava de que ainda estivesse por lá, dadas as manifestações hostis que se seguiram à queda do *Osagyefo*,[18] em 1964.

A palavra *ethno-philosophy* figurava com todas as letras no subtítulo.[19] Era de esperar que esse termo fosse "introduzido", quero dizer, situado e justificado historicamente no corpo da tese. Mas não encontramos nada parecido. Nkrumah usa a palavra como se fosse evidente, sem citar o autor ou autores de quem a toma emprestada. Assim, tive que formular a hipótese de que a etnofilosofia, diante do seu contexto histórico, era uma daquelas disciplinas nascidas nos Estados Unidos, na esteira das etnociências, que se desenvolveram a partir do estudo etnolinguístico das línguas e culturas ameríndias: etnobotânica, etnozoologia etc. Nkrumah teve a originalidade, como pesquisador africano, de aplicar à sua própria sociedade a teoria e a metodologia de uma disciplina já reconhecida.[20]

O objetivo de Nkrumah é claro. A antropologia deve ser capaz de estabelecer, acredita ele, para além das suas temáticas tradicionais, "uma etnofilosofia sintética" que

> se esforçaria por penetrar nas significações mais fundamentais e mais profundas que sustentam toda cultura, de modo que alcance uma *Weltanschauung* cultural básica, pela qual a humanidade reconheceria que, apesar das diferenças de raça, de língua e de cultura, ela é una no sentido de que só existe uma raça: *o Homo sapiens*.

Portanto, a palavra existia muito antes da década de 1970.[21] Towa e eu não a forjamos. Nossa única originalidade foi tê-la utilizado em um sentido pejorativo e polêmico para estigmatizar uma prática que rejeitávamos, e que, até então, quando empregada, era o nome de um projeto conscientemente reivindicado.

Outros — aliás, antes de nós — rejeitaram a mesma prática, sem lhe designar um nome especial. Por vezes vinculamos nossa crítica à do filósofo belga Franz Crahay, autor de uma conferência proferida em 1965 no Goethe Institute, em Léopoldville (atual Kinshasa), que obteve grande sucesso local.[22] Na realidade, sabemos, graças ao trabalho de Smet, que as primeiras críticas a Tempels se deram logo após à primeira edição de *A filosofia bantu*. O padre Edmond-Eloi Boelart desde muito cedo afastara-se da ideia, em um comentário equilibrado da obra.[23] Outras críticas seguiram-se à reedição do livro pela Présence Africaine, em 1949, como, por exemplo, a de Léon de Sousberghe e a crítica política de Césaire, que continua a ser um modelo do gênero.[24] Essas críticas felizmente recolocaram em seu devido lugar, ou pelo menos reequilibraram, as apreciações às vezes surpreendentemente elogiosas à obra *A filosofia bantu* feitas por filósofos, escritores e antropólogos como Gaston Bachelard, Albert Camus, Louis Lavelle, Gabriel Marcel, Chombard de Lauwe, Jean Wahl e outros, em uma edição especial da revista *Présence Africaine*.[25]

No entanto, a paternidade de Franz Crahay não está comprovada. Da minha parte, se eu tivesse que escolher um pai, seria Césaire, e isso por razões evidentes.

De qualquer modo, está claro que nem a palavra "etnofilosofia" nem a crítica à prática designada com esse nome podem ser atribuídas a Towa e a mim. Não fomos nós que inventamos a palavra nem fomos nós os primeiros a suspeitar da coisa. Nossa originalidade foi aplicar a palavra à coisa no próprio movimento pelo qual a declaramos integralmente suspeita, dando ao termo, de uma vez por todas, uma conotação pejorativa que de início ele não tinha.

Reabilitar a etnofilosofia?

A questão agora é esta: será que devemos manter ainda hoje essa conotação? É necessário recordar sempre as fortíssimas razões da nossa crítica, ter em mente, em particular, a exigência que a fundamenta e demanda da filosofia propriamente dita que seja sempre e em toda a parte um pensamento responsável, um discurso capaz de recusar até mesmo os próprios títulos de validação, em vez de se esconder preguiçosamente por trás da opinião dos ancestrais ou dos reflexos de grupo.[26] Mas, uma vez que dissemos isso, uma vez plenamente assimilado o requisito de responsabilidade intelectual, não se pode negar a existência de um conjunto de ideias literalmente preconcebidas, um conjunto de "pré-conceitos" e "pré-juízos" veiculados pela cultura coletiva, assim como não se pode negar toda legitimidade a um estudo que se comprometesse a identificar e examinar metodicamente esse sistema de "pré-conceitos".

Melhor ainda: o que aparecia como "pré-conceito" individual em relação ao pensador pode, muito bem, ser um conceito definido em relação à cultura coletiva, rigorosamente articulado com outros conceitos. Estamos, portanto, lidando com um sistema de pensamento pré-pessoal, uma herança que o pensador atual não inventa; antes, ele a recebe passivamente, como um legado intelectual do qual ele mesmo não tem consciência. Essa situação clama por e justifica uma disciplina especial cuja missão seria tornar consciente o legado inconsciente, para reconstituir metodicamente, para formular de modo explícito, aquilo que no patrimônio coletivo estava apenas implícito e subentendido. Os modelos de comportamento oferecidos pela sociedade, as normas, os valores, as ideias comuns sobre a origem e a ordem do mundo, as crenças partilhadas sobre as divindades e seu poder, as ideias sobre a natureza humana, as relações entre o homem e a mulher, a ordem social e o destino coletivo, a classificação das cores, das plantas, dos animais, as taxonomias implícitas veiculadas pela língua, os ensinamentos inerentes às tradições orais, tudo isso constitui uma matéria original que merece ser levada em consideração e ser rigorosamente estudada.

Em sua obra notável, *Philosophy and an African Culture*,[27] Kwasi Wiredu nos convida a superar a polêmica sobre a etnofilosofia simplesmente distinguindo uma filosofia africana tradicional de uma filosofia africana moderna. Ele retoma esse tema em *Cultural Universals and Particulars* (1996), cujo nono capítulo é dedicado ao estudo da tradição filosófica dos akan, na qual vê uma bela ilustração da tradição filosófica africana.[28]

Eu não vejo nenhum inconveniente em que esse estudo seja chamado de etnofilosofia, como em Nkrumah, com a condição de reconhecer que nessa palavra composta o termo "filosofia" é empregado em um sentido muito genérico para designar o componente intelectual de uma cultura que se contenta em descrever ou reconstituir sem pretender de forma alguma legitimá-la, ao contrário da filosofia *stricto sensu*, entendida como uma disciplina rigorosa, exigente, sempre preocupada em justificar suas afirmações.

Há, portanto, espaço para uma etnofilosofia entendida nesse sentido muito genérico. Poderíamos defini-la como o estudo das representações coletivas em uma determinada sociedade, ou mais exatamente, seguindo uma sugestão de Marc Augé, como o estudo da lógica das representações coletivas, o estudo "ideo-lógico" de uma determinada sociedade.[29] Um estudo dessa natureza é decisivo quando se trata de sociedades ditas sem escrita, ou, mais exatamente, como escreve Maurice Houis, de "civilizações da oralidade".[30] É decisivo porque esse material oral é o único, ou quase o único, à disposição do antropólogo ansioso por penetrar os arcanos mais secretos da sociedade estudada, assim como nas civilizações da palavra escrita, em que o estudo das mentalidades e dos sistemas de pensamento pode, adicionalmente, apoiar-se em textos escritos.

É precisamente por isso que somos tentados a tomar a etnofilosofia como filosofia das sociedades orais. A etnofilosofia torna-se assim a filosofia do pobre. Mais exatamente, o estudo do que é "ideo-lógico". Somos tentados a vê-la como o estudo daquilo que, nas civilizações da oralidade, pode ser considerado o equivalente exato do que se chama, no Ocidente, de filosofia. Mas é preciso concordar que, de fato, o ideo-lógico não é monopólio das sociedades orais, e que também há lugar para estudar as representações coletivas das sociedades da escrita. A etnofilosofia surge então como o estudo dos sistemas de pensamento coletivos em geral, não apenas, nem forçosamente, nas sociedades orais. Assim, se alguém se compromete a estudar a lógica dessas representações coletivas em sociedades que também possuem uma tradição filosófica escrita, a tentação mencionada desaparece por si só, e a etnofilosofia é recolocada em seu devido lugar.

Retomando meu itinerário pessoal, por mais de quarenta anos me vejo confrontado com a realidade incontornável do impensado coletivo. Dois artigos expressaram bem essa preocupação na ocasião: uma rápida reflexão, a partir de Johann Herder e Wilhelm von Humboldt, sobre a hipótese da relatividade linguística formulada por Edward Sapir e Benjamin Whorf; depois, a contribuição para uma obra coletiva sobre o antropólogo britânico Robin Horton.[31] Cartesiano até o osso, e talvez, em certo sentido, mais cartesiano que o próprio Des-

Prefácio à segunda edição

cartes, eu via nesse impensado um verdadeiro desafio cujo único interesse era, acima de tudo, provocar um pensamento responsável que o pusesse em questão, ou, em outros termos, que desnudasse aquilo *contra o que* uma verdadeira filosofia poderia ser elaborada.

Talvez agora devêssemos ir mais longe. Até o pensamento mais pessoal é carregado por uma história que o transborda por todos os lados. E essa história não é apenas individual; é, antes de tudo, coletiva. Cabe, portanto, em certo sentido, inverter as perspectivas e considerar o indivíduo como um detalhe ante esse pensamento pré-pessoal que o carrega, ante a tradição, a cultura. No entanto, não fazemos mais que deslocar o problema. Afinal, uma vez reconhecidos esses determinantes culturais e seu profundo impacto na personalidade, não se pode deixar de reconhecer que, em algum nível, a própria tradição é plural e sempre oferece um vasto leque de possibilidades, o que por sua vez obriga o indivíduo a sempre se determinar, confrontando-o assim, repetidamente, a uma responsabilidade incontornável.[32]

PARTE I

Argumentos

1. Uma literatura alienada[1]

Para Nunayon-Herve

Há duas maneiras de se perder: por segregação confinada no particular, ou por diluição no "universal".

AIMÉ CÉSAIRE (*Lettre à Maurice Thorez*, 1956)

EU CHAMO DE *filosofia africana* um conjunto de *textos*, precisamente o conjunto de textos escritos por africanos e qualificados como "filosóficos" por seus próprios autores.

Note-se que a definição não implica qualquer petição de princípio. O sentido do qualificativo "filosófico" não entra em jogo aqui, menos ainda os méritos dessa qualificação. O que importa é o próprio fato da qualificação, o uso deliberado da palavra "filosofia", qualquer que seja o significado dessa palavra. Em outros termos, o que importa é somente a intenção filosófica dos autores, não o grau (de difícil apreciação) de sua realização efetiva.

Assim, para nós, a filosofia africana é uma certa literatura. Essa literatura existe, é indiscutível; ela toma corpo a partir de uma bibliografia constantemente enriquecida ao longo de quase trinta anos. Circunscrever essa literatura, identificar seus principais temas, mostrar qual tem sido até agora sua problemática real e tornar problemática essa própria problemática, este é o propósito limitado dessas poucas observações. Elas terão alcançado seu objetivo se porventura conseguirmos convencer nossos leitores africanos de que a filosofia africana não está onde há muito tempo a procuramos, em algum recanto misterioso de nossa alma supostamente imutável, como uma visão coletiva e inconsciente do mundo que a análise teria de recompor. Mas que nossa filosofia reside em grande parte propriamente nessa análise, no laborioso discurso pelo qual até agora tentamos nos definir — discurso cujo caráter ideológico devemos então reconhecer, e nos restará apenas *libertá-lo* (no sentido mais *político* do termo) para fazer dele um discurso teórico, indissoluvelmente filosófico e científico.[2]

Arqueologia: A etnofilosofia ocidental

Um precursor: Tempels. O livro *A filosofia bantu*, desse missionário belga, ainda hoje se passa, aos olhos de alguns, por um clássico da "filosofia africana".[3] Trata-se na realidade de uma obra de etnologia com pretensões filosóficas ou, de modo mais simples, se nos permitem esse neologismo, uma obra de etnofilosofia. Ela irá nos interessar aqui apenas na medida em que alguns filósofos africanos se referiram a ela em seus esforços para reconstituir, nos rastros do escritor belga, uma "filosofia" propriamente africana.

A filosofia bantu de fato abriu caminho para todas as análises posteriores destinadas a reconstruir, através da interpretação dos costumes e tradições, provérbios e instituições, enfim, através de diversos dados da vida cultural dos povos africanos, uma *Weltanschauung* particular, uma visão específica do mundo, supostamente comum a todos os africanos, subtraídos da história e da transformação, e, sobretudo, *filosófica*.

Vejamos quais poderiam ter sido as motivações de Tempels. À primeira vista, elas parecem generosas, já que se tratava, para o missionário belga, de corrigir certa imagem do negro difundida por Lucien Lévy-Bruhl e sua escola; de mostrar que a *Weltanschauung* dos africanos não se reduzia à famosa "mentalidade primitiva" insensível à contradição, indiferente às regras lógicas elementares, impermeável às lições da experiência etc., mas que de fato se fundava sobre um sistema racional do universo, que, apesar de diferente do sistema de pensamento ocidental, não deixava de merecer o mesmo título, o nome de "filosofia". À primeira vista, então, tratava-se, para Tempels, de reabilitar o homem negro e a sua cultura, para além do desprezo de que até então ambos haviam sido vítimas.*

Mas, em um exame mais minucioso, o equívoco salta aos olhos. Percebe-se que o livro não é dirigido aos africanos, mas aos europeus; e, mais particularmente, a duas categorias de europeus: colonizadores e missionários.[4] Sobre isso, o sétimo e último capítulo traz um título eloquente: "A filosofia banta e nossa missão civilizadora". Afinal, tudo se repete uma

---

* Em diferentes contextos sociais e históricos, os termos raciais *noir* e *nègre*, em francês, e "negro" e "preto", em português, carregam e indicam sentidos distintos que podem variar do discurso racista e pejorativo a um sentido afirmativo e positivo de negritude, reivindicado muitas vezes pelos movimentos negros. Desse modo, e considerando que o próprio Fanon por diversas vezes usa ambos os termos de maneira indiferenciada, optamos por privilegiar aqui a forma "negro" como padrão; nos casos específicos em que se fez necessário assinalar a distinção, lançamos mão de "preto", indicando o sentido pejorativo. (N. T.)

vez mais, como é habitual, excluindo os próprios africanos; a "filosofia banta" serve apenas de pretexto para uma discussão entre eruditos europeus; assim, o negro continua a ser o completo oposto de um interlocutor: ele é aquele *sobre quem* se está falando, um rosto sem voz que se tenta decifrar a portas fechadas, um objeto a ser definido, e não o sujeito de um discurso possível.[5]

Sendo assim, qual é o conteúdo dessa "filosofia" banta? Está fora de questão fazer uma análise do livro inteiro. É suficiente recordar brevemente os principais resultados, com o único propósito de uma possível confrontação com o próprio discurso dos filósofos africanos. Segundo Tempels, a ontologia banta é essencialmente uma teoria de forças; os bantos têm uma noção dinâmica do ser, ao contrário dos ocidentais, que têm uma noção estática. Portanto, para o negro o ser é força. Não somente no sentido de que possui a força, pois isso significaria apenas que ela é um atributo do ser, mas no sentido de que ele é força em sua própria essência:

> Para os bantos, a força não é um acidente, é ainda mais que um acidente necessário, é a própria essência do ser em si. [...] O ser é força. A força é ser. Nossa noção de ser é "aquilo que é", a deles, "a força que é". Onde pensamos o conceito "ser", eles se servem do conceito "força". Onde vemos seres concretos, eles veem forças concretas. Onde diríamos que os seres se distinguem por sua essência ou natureza, os bantos diriam que as *forças* diferem por sua essência ou natureza.[6]

Mas a força assim definida não é apenas uma realidade, é também um valor. Todo o esforço do banto visa aumentar sua "força vital", porque toda força pode ser ampliada ou enfraquecida. Isso é outra vez contrário, nos diz Tempels, à concepção ocidental. De fato, para o europeu, tem-se uma natureza humana ou não se tem. Mesmo adquirindo conhecimento, exercendo sua vontade, desenvolvendo-se de várias maneiras, o homem não se torna mais humano. Contrariamente, quando o banto diz, por exemplo, "Estou ficando forte", ou quando, solidário com o infortúnio de um amigo, diz "Sua força vital está reduzida, sua vida foi corroída", essas expressões devem ser entendidas literalmente, no sentido de uma modificação essencial da própria natureza humana.

Outro princípio dessa "filosofia" banta é a interação das forças. Essa interação, nos diz Tempels, não é meramente do tipo mecânico, químico ou psíquico; mas, e fundamentalmente, assemelha-se à dependência metafísica que liga a criatura ao criador (no sentido de que "a criatura, por sua própria natureza, depende permanentemente de seu criador para a sua existência e subsistência").

Outro princípio: a hierarquia das forças. Princípio importante, pois funda a própria ordem social e é, por assim dizer, seu alicerce metafísico.

1. No topo da escala estaria Deus, como Espírito e Criador.

2. Depois vêm os primeiros pais dos homens, os fundadores dos vários clãs, os arquipatriarcas a quem Deus comunicou pela primeira vez a força vital.

3. Em seguida, em ordem de antiguidade, vêm os falecidos da tribo; esses são os intermediários por meio dos quais as forças mais antigas exercem sua influência sobre a geração vivente.

4. Por sua vez, os próprios viventes seriam hierarquizados, "não apenas segundo um estatuto jurídico, mas segundo o seu próprio ser, segundo a primogenitura e o grau orgânico de vida, isto é, conforme o seu poder vital".

5. Na parte mais baixa da escala, estão as forças inferiores, animais, vegetais e minerais, também hierarquizadas de acordo com o poder vital, o posto ou a primogenitura. Decorrem daí as possíveis analogias entre um grupo humano e um grupo inferior, um animal por exemplo: "Aquele que é o chefe na ordem humana 'mostra' sua posição superior pelo uso de uma pele de animal real [chave do totemismo, de acordo com Tempels]".

Mas deve-se insistir em particular na hierarquia interna do grupo dos viventes, uma hierarquia fundada, de acordo com Tempels, em uma ordem de subordinação metafísica. Era essa ordem que corria o risco de ser abalada cada vez que a administração colonial impunha a uma população negra um líder que não correspondia aos padrões da tradição. Disso decorriam os protestos dos nativos: "Não é possível que um qualquer seja o líder. Não é possível. De agora em diante nada crescerá em nosso solo, as mulheres não mais darão à luz e tudo será atingido pela esterilidade".

Por fim, o último coroamento deste edifício teórico, a "filosofia banta" desemboca em um humanismo: "A criação é centrada no homem", mais precisamente no homem que vive atualmente: "A geração humana viva e terrena é o centro de toda a humanidade, incluindo o mundo dos mortos".

Se acrescentarmos que a interação de todas essas forças, longe de ser casual, ocorre de acordo com leis estritas e imutáveis (das quais Tempels formula as três mais gerais), percebe-se imediatamente a maravilhosa coerência desse "sistema" ontológico e sua grande simplicidade, cujo autor nos assegura que funda, em última análise, toda a prática social dos bantos. Não somente dos bantos, mas de todos os africanos em geral, de todos os "primitivos", de todos os "povos clânicos".

Crítica política

Tudo isso é muito bom; talvez bom demais para ser verdade. Recorde-se a crítica de Aimé Césaire. Ela é massiva — em duplo sentido: grave em seu conteúdo, global em seu alcance, pois não contesta este ou aquele ponto particular da demonstração de Tempels, mas o próprio projeto considerado em sua função política, e como que elucidado de maneira especial pelas conclusões práticas da obra.

A crítica de Césaire poderia ser resumida em poucas palavras: *A filosofia bantu* é uma tentativa de distração. Ela desvia a atenção dos problemas políticos fundamentais dos povos bantos para fixá-los em um nível fantasmático, distante da realidade ardente da exploração colonial. O respeito pela "filosofia" e pelos valores espirituais bantos, que Tempels torna um remédio universal para todos os males do então Congo Belga, é de uma abstração surpreendente (embora perfeitamente compreensível, tendo em conta a filiação política do autor) quando relacionada à situação histórica concreta desse país. Além disso, quando sabemos que "o branco, um novo fenômeno emergente no mundo banto, somente poderia ser percebido segundo as categorias da filosofia tradicional dos bantos", e que ele "foi, portanto, incorporado ao universo de forças em um lugar que lhe cabia segundo a lógica do sistema ontológico banto", ou seja, como "um mais velho, uma força humana superior à força vital de qualquer negro",[7] vê-se a verdadeira função desse respeito tão exaltado por Tempels pela "filosofia" banta e, ao mesmo tempo, a pertinência da crítica de Césaire. O pensador humanista se desmascara e se revela um verdadeiro guardião da ordem colonial, e suas enfumaçadas abstrações são meios muito concretos a serviço de uma política que é ela mesma concreta: a salvaguarda da dominação imperialista. Daí a ironia de Aimé Césaire, cujo sabor não podemos deixar de apreciar:

> Sendo o pensamento dos bantos ontológico, os bantos pedem apenas satisfação de ordem ontológica. Salário digno! Acomodações confortáveis! Comida! Esses bantos são puros espíritos, eu vos digo: "O que eles desejam antes e acima de tudo não é a melhoria de sua situação econômica ou material, mas o reconhecimento do Branco e o respeito por sua dignidade humana, por seu pleno valor humano". Em resumo, aplaudam a força vital banta, deem uma piscadela para a alma imortal banta. E se estará quite. Admitam que é um bom negócio.[8]

Apesar disso, porém, a crítica de Aimé Césaire deixava intacto o problema teórico. Ela não se dirigia, como ele mesmo admite, "à filosofia banta em si, mas ao uso político que algumas pessoas se encarregam de fazer dela". A ideia de que possa existir uma filosofia oculta à qual todos os bantos adeririam inconsciente e coletivamente não estava em questão. A crítica de Césaire a deixava intacta. Dessa forma, ela ainda duraria e permaneceria como a motivação essencial de toda a nossa literatura filosófica posterior. Desde então, a história da nossa filosofia tem sido apenas a história das sucessivas interpretações dessa "filosofia" coletiva, dessa visão de mundo que se supunha predeterminada, subjacente a todas as nossas tradições e a todo nosso comportamento, e que a análise teria que, modestamente, trazer à tona.

Consequência: os filósofos africanos, em sua maioria, não conhecem uns aos outros. Eles acreditaram que estavam reproduzindo filosofemas pré-existentes ali mesmo onde os produziam. Modéstia louvável, sem dúvidas, mas também traição: o apagamento do filósofo diante do seu próprio discurso era inseparável de uma projeção que o fazia atribuir arbitrariamente a seu povo as escolhas teóricas dele próprio, as próprias opções ideológicas. Até agora, a filosofia africana, essencialmente, nada mais é que uma etnofilosofia: a busca imaginária de uma filosofia coletiva, imutável, comum a todos os africanos, ainda que sob uma forma inconsciente.[9]

De Tempels a Kagame: Continuidade e ruptura

Tal é a corrente dominante que devemos agora tentar caracterizar. A referência a Tempels nos permitiu perceber imediatamente sua fraqueza essencial. Voltaremos a isso. Mas é preciso acrescentar que a filosofia africana, mesmo em suas desorientações etnofilosóficas, não se reduz, felizmente, a uma pura e simples repetição do *A filosofia bantu*.

Antes de mais nada, as motivações são mais complexas. Aqui já não se trata mais, como para o missionário belga, de fornecer aos colonizadores e missionários europeus um acesso mais fácil às almas negras, candidatas involuntárias à "civilização" e à cristianização. Trata-se, para os filósofos africanos, *de se definir*, a si mesmos e ao seu povo, face à Europa, sem deixar que outros o façam em seu lugar, sem entregar a ninguém a liberdade de os *fixar*, de os *petrificar*.

Por outro lado, se essa vontade de se definir produz em nossos autores a ficção de uma filosofia coletiva, ao menos eles demonstram qualidades filosóficas incontestáveis na *maneira* como pretendem justificar essa ficção. O rigor de certas deduções, a precisão de certas análises, a maestria com que conduzem, em certos casos, o diálogo não deixam dúvidas sobre o assunto. Incontestavelmente filósofos, a única fraqueza foi a de realizar miticamente, sob uma espécie de filosofia coletiva, a forma filosófica do próprio discurso.

Um exemplo nos fará entender isso: o de Kagame. Desde sua abertura, o *La Philosophie bantu-rwandaise de l'être* situa-se expressamente, em relação ao livro de Tempels, como uma tentativa de um autóctone da África banta de "verificar o mérito da teoria apresentada pelo excelente missionário".[10] É indiscutível, por outro lado, que o abade ruandês se aproxima do missionário belga em mais de um ponto; sobretudo, naquilo que nos interessa aqui.

1. A ideia de uma filosofia coletiva e imutável que seria o último suporte das instituições e da cultura banta, e à qual todos os bantos adeririam mais ou menos conscientemente. "Os princípios filosóficos", escreve Kagame, "[...] são invariáveis: a natureza dos seres deve permanecer o que é, a sua explicação profunda é fatalmente imutável". E mais adiante, a propósito de suas "fontes" de informação:

Teremos de recorrer a um gênero de documentos institucionalizados [...]. Mesmo quando a estrutura formal dessas "instituições" nada expressa de filosófico, ela pode ser a consequência direta dessa concepção de um problema relevante da filosofia.[11]

Notemos, entretanto, que Kagame é muito mais equilibrado que Tempels. Ele evita atribuir aos seus compatriotas, como fazia o missionário belga, um *sistema* filosófico no sentido forte da palavra, com articulações e contornos rigorosamente definidos. Contenta-se em falar de "princípios filosóficos" invariáveis que não dão nenhuma indicação de formarem um sistema; e fala de uma "filosofia intuitiva", em oposição à filosofia instruída e sistemática.

2. A ideia de que a filosofia europeia é redutível, apesar de sua história movimentada, a um mínimo denominador comum que seria a filosofia aristotélico-escolástica. É essa última ideia que, na verdade, explica a primeira, porque está na origem do projeto que pretende *distinguir* a "filosofia" africana da filosofia europeia.

Por outro lado, no que diz respeito ao próprio *conteúdo* dessa "filosofia" banta, algumas convergências devem ser notadas, especificamente naquilo que diz respeito à concepção banta de pessoa:
- a ideia de que a pessoa é indivisível, uma unidade simples, e não, como acreditam os europeus, um *composto* de corpo e alma. Assim, Kagame nos ensina que não há palavra em quiniaruanda[12] para alma, pelo menos enquanto a pessoa estiver viva;
- a ideia de que Deus é o verdadeiro genitor (e não os pais) e o autor dos destinos individuais;

- a ideia de que o nome que a pessoa traz consigo designa um destino, o do homem que o porta;
- e, sobretudo, a ideia de que a pessoa está no centro do pensamento e das preocupações dos bantos, a tal ponto que os outros seres são pensados sempre em oposição à pessoa, como negações, imagens invertidas de sua natureza como ser pensante: coisas (*ibintu* em quiniaruanda) são por definição seres privados de inteligência, em oposição às pessoas (*umuntu*, pl. *abantu*), definidas como seres inteligentes.

Dito isso, Kagame de fato se distancia de Tempels (sem o dizer expressamente) em pontos muito importantes.

Primeiro por seu método, que acima de tudo se apoia em uma análise direta da linguagem. Entre todos os "documentos institucionalizados" da cultura banta, *La Philosophie bantu-rwandaise de l'être* privilegia deliberadamente a língua e sua estrutura gramatical.[13] Talvez disso decorra o valor excepcional desse livro. Kagame nos inquieta — e com isso presta um imenso serviço —, fazendo-nos suspeitar de que poderíamos pensar de uma maneira completamente diferente se utilizássemos de modo sistemático, para todas as nossas necessidades teóricas, nossas línguas maternas. Por aí se vê que o filósofo ruandês era muito mais sensível do que seu predecessor belga à contingência da linguagem e ao enraizamento inelutável de todos os pensamentos humanos, mesmo os mais "abstratos", num universo de significados pré-definidos.

Apesar de mais rigorosa em seu método, a análise de Kagame é também menos ambiciosa. Ela se apresenta expressamente como uma "monografia", válida somente para uma zona linguística e geograficamente determinada: Ruanda e seus vizinhos próximos. Estamos longe das generalizações imprudentes de Tempels, que acreditava deter a chave não somente da filosofia banta, mas também da filosofia dos "primitivos" em geral.

Por outro lado, é fácil perceber que Kagame, ao mesmo tempo que afirma, como Tempels, a existência de uma filosofia coletiva banta, evita encerrá-la em um particularismo estreito.

Pelo contrário, em várias ocasiões, ele sublinha os seus aspectos universais, pelos quais ela está ligada, entre outras coisas, à "filosofia" europeia. Assim, diz-nos, "a lógica formal é a mesma em todas as culturas"; a ideia, o julgamento, o raciocínio não têm nenhuma particularidade banta, oriental ou ocidental. "O que é expresso a respeito desse assunto, em qualquer língua do sistema europeu ou asiático, americano ou africano, pode sempre ser transposto para qualquer outra língua pertencente a culturas diferentes."[14]

Da mesma forma, Kagame é particularmente sensível às transformações da "filosofia" banta decorrentes do contato com a cultura europeia. Essas transformações lhe parecem profundas, ao contrário de Tempels, para quem toda "aculturação" seria apenas um verniz superficial. O filósofo ruandês nos adverte, quanto a isso: "Você encontraria atualmente, em nosso país, apenas umas poucas pessoas que ainda não tenham corrigido suas visões tradicionais sobre o mundo e sobre a ambiência dos tempos heroicos do passado".[15]

Ele insiste bastante em particular sobre as inovações introduzidas pelos missionários no vocabulário e até na estrutura gramatical do quiniaruanda.[16] Com isso, mostra-se sensível ao dinamismo interno e ao poder de assimilação de sua própria cultura. Tanto é assim que ele mesmo nos dá, efetivamente, os meios para refutar sua própria afirmação colocada inicialmente como princípio metodológico acerca da imutabilidade dos princípios filosóficos.

Essas divergências são importantes e seriam suficientes para *distinguir* rigorosamente a obra de Kagame da de Tempels. Mas o que é ainda mais notável, para além dessas diferenças formais, é que os dois autores, embora postulem a existência de uma filosofia banta constituída, interpretam seu conteúdo de maneira diferente. É assim que Kagame, de fato, rejeita (embora sua crítica permaneça geral e não ataque Tempels nominalmente) a tese fundamental do missionário belga que faz da sinonímia dos conceitos de ser e de força a característica essencial do pensamento banto. Essa diferença consiste no fato de que a "filosofia da cultura europeia" considera o ser preferencialmente sob seu aspecto estático, enquanto a cultura banta o considera preferencialmente sob seu aspecto dinâmico. Certamente o padre ruandês também reconhece uma diferença entre o conceito aristotélico de substância e os conceitos equivalentes do pensamento banto. Mas especifica que essa é apenas uma "pequena nuance", pois os dois aspectos permanecem complementares e inseparáveis em qualquer modo de pensamento:

> Em ambos os sistemas filosóficos, de fato, existe inevitavelmente o aspecto estático e dinâmico ao mesmo tempo.
> 1. Qualquer estrutura, quando considerada independentemente de sua finalidade, nos apresenta seu aspecto estático.
> 2. Se, em seguida, considerarmos que essa estrutura está destinada a ter um fim, quando estruturalmente orientada para agir

ou para ser utilizada em vista de um certo objetivo, nesse caso, ela nos apresentará seu aspecto dinâmico.

Disso decorre, portanto, que, se a filosofia da cultura banta é denominada dinâmica, deve-se lembrar que ela é, em primeiro lugar, estática. Se a filosofia da cultura europeia é qualificada como estática, não se deve esquecer que ela é, em segundo lugar, dinâmica. Deixe-me resumir esses dois aspectos correlativos em um duplo axioma.

1. A predisposição operacional pressupõe a essência.
2. A estrutura da essência está em função de sua finalidade.[17]

Embora Tempels não seja mencionado, o sentido dessa crítica não escapa a ninguém. O mais grave é que essa divergência não é a única. Poderíamos citar muitas outras na interpretação que os dois autores dão da "filosofia" banta; de uma "filosofia" que eles supõem, no entanto, *constituída, dada de antemão*, reclusa de uma vez por todas na alma eternamente imutável do africano (segundo Tempels) ou, pelo menos (segundo Kagame), na essência permanente de sua cultura. Quem tem razão? Quem é o melhor intérprete? Só o leitor deve escolher. E para encerrar o debate e formar uma opinião pessoal, pode ser que se queira voltar às coisas mesmas, tomar conhecimento direto do texto original da "filosofia" africana — desse texto secreto que Tempels e Kagame interpretaram de maneira tão diferente. É o que habitualmente se faz na Europa (ou mesmo na Ásia) quando, em nome da integridade intelectual, se estuda um autor ou uma doutrina buscando chegar à própria conclusão diante do "conflito de interpretações".[18] Somente o retorno às fontes pode nos esclarecer. Apenas isso permite distinguir as várias interpretações e apreciar seu grau de fidelidade, ou simplesmente sua pertinência.

Infelizmente, no caso da "filosofia" africana faltam fontes; ou, pelo menos, se elas existem, não são *textos, discursos* filosóficos. Os "documentos institucionalizados" de que fala Kagame, ou, antes dele, aqueles que Tempels havia submetido a um tratamento "etnofilosófico", são *radicalmente heterogêneos* em relação à filosofia; nada têm de comparável às "fontes" que constituiriam, por exemplo, para um intérprete do hegelianismo, do materialismo dialético, da teoria freudiana ou mesmo do confucionismo, os textos explícitos de Friedrich Hegel, Sigmund Freud, Karl Marx ou Confúcio em seu teor discursivo como produtos de linguagem perpetuamente disponíveis.

Antevejo alguma objeção. Irão argumentar que, entre os "documentos institucionalizados" de Kagame, os produtos da linguagem ocupam justamente um grande espaço (provérbios, contos, poemas dinásticos e toda a *literatura oral* da África). Concordaremos aqui, e até acrescentaremos que a obra de Kagame é de um interesse excepcional pelo conhecimento extraordinário que testemunha das tradições, da língua e da literatura oral de Ruanda.[19]

Mas deve-se acrescentar que essa literatura — pelo menos como Kagame a evoca — *não é* filosófica, e que o rigor científico dita que um documento sociológico deve *antes* receber uma interpretação sociológica, que um texto de botânica (escrito ou oral) deve *antes* receber uma interpretação botânica, que uma literatura histórica deve *antes* receber um tratamento histórico etc. Esse mesmo rigor científico proíbe expressamente projetar de modo arbitrário um *discurso filosófico* por detrás de produtos de linguagem que se dão expressamente como algo diferente da filosofia. Ao fazer essa projeção, Kagame, como Tempels antes dele e como todos os etnofilósofos africanos que seguiriam seus passos (os europeus nos interessam menos[20]), comete o que Aristóteles chama — e o próprio Kagame prontamente invoca Aristóteles — de uma *metabasis eis allo genos*, uma confusão de gêneros.[21] Desse modo, o seu leitor não tem meio algum de verificar sua interpretação. Assim, não bastando a evidência de "documentos institucionalizados" (mas não filosóficos), o leitor é brutalmente devolvido a si mesmo e compelido a reconhecer que toda essa construção repousa sobre areia. E que Kagame, apesar das qualidades sedutoras de sua análise, apesar do relativo rigor de certas sequências, continuou prisioneiro, *no conjunto*, de um mito ideológico, o mito de uma "filosofia" coletiva dos africanos, que nada mais é do que uma simples versão reavaliada da "mentalidade primitiva" de Lévy-Bruhl, objeto imaginário de um discurso erudito que, no caso de Kagame, lamentamos não ter sido aplicado, na ocasião, a outra coisa.

Aliás, o próprio Kagame parece ter percebido a dificuldade. Pois se sentiu obrigado, para tornar plausível a ideia de uma filosofia coletiva, a supor, na origem da cultura ruandesa, a ação deliberada de "grandes iniciadores", filósofos "intuitivos" que teriam formulado expressamente os princípios da filosofia banta, ao mesmo tempo que fundavam as instituições dessa sociedade.[22] Ora, é fácil perceber (e o próprio Kagame certamente não se deixa enganar) quão gratuita, até mesmo mitológica, é essa suposição. O mais grave, no entanto, é que nem resolve propriamente o problema. Em vez disso, nos confina em um círculo vicioso. De duas coisas uma, certamente:

1. Ou a ontologia banta é absolutamente imanente às línguas bantas como tais, sendo também contemporâneas (o que Kagame expressamente admite, já que infere essa ontologia das estruturas gramaticais de quiniaruanda), e então não poderia ter sido ensinada pelos "iniciadores", já que eles teriam que se expressar nessas línguas bantas.

2. Ou essa filosofia realmente foi ensinada em um dado momento, e então não é co-originada das línguas bantas, mas já é propriamente uma etapa histórica da cultura banta, destinada a ser superada.

Para qualquer lado que nos voltemos, a "filosofia" banta[23] aparece-nos como um mito. Arruinar definitivamente esse mito, libertar o nosso horizonte conceitual para um verdadeiro discurso teórico, essa é a tarefa que os dias atuais impõem aos filósofos e aos cientistas africanos. Que a tarefa seja, de fato, inseparável de um esforço político (e, mais precisamente, da luta anti-imperialista no sentido mais laborioso do termo), isso é o que gostaríamos agora, em poucas palavras, de demonstrar.

Libertar o discurso

Citamos Kagame somente a título de exemplo. Apesar do seu incontestável talento e do seu poderoso temperamento teórico, que o distinguem tão brilhantemente de alguns etnofilósofos ocidentais, parece-me que sua obra apenas perpetua um mito ideológico, ele próprio de origem não africana.

Infelizmente, Kagame não é o único. Uma rápida olhada na bibliografia antes proposta nos mostra quanta energia os filósofos africanos dedicaram à definição de uma "filosofia" original, estritamente africana. Em graus variados, Makarakiza, Lufuluabo, Mulago, Bahoken, Fouda e, em menor grau, William Abraham permanecem presos nesse mito, independentemente do *rigor* e da *fecundidade* de suas pesquisas, por vezes notáveis, da *sinceridade* de seu patriotismo e da *intensidade* de seu engajamento.[24]

Ninguém pode duvidar que se trata de um combate na retaguarda. A busca da originalidade está sempre ligada a um desejo de aparecer. E somente tem sentido em relação ao Outro, do qual se quer a todo custo se distinguir. Uma relação ambígua na medida em que se afirma a própria diferença, mas que, ao afirmá-la, não cessa a necessidade de afirmação até que o Outro a tenha efetivamente reconhecido. Como infelizmente esse reconhecimento costuma demorar, o desejo do sujeito, apanhado em sua própria armadilha, aprofunda-se cada vez mais até que ele se aliena por completo numa atenção preocupada aos menores gestos do Outro, aos movimentos mais superficiais de seu olhar.

Por sua vez, o Outro (neste caso, o europeu, ex-colonizador) não demanda situação melhor. Por instinto ele próprio havia se demarcado inicialmente em relação ao outro (o colonizado), como um senhor em face do escravo, como o sujeito por excelência em face de sua diferença absoluta.[25] Depois, ele passou a valorizar essa diferença como um gesto de arrependimento, ou melhor, para ajudar a aliviar sua própria crise interior. E assim, na consciência mistificada e mistificadora do senhor encurralado, a misteriosa "mentalidade" primitiva se metamorfosearia simultaneamente em "filosofia" primitiva. A diferença foi mantida, mas apenas reavaliada ou, se preferir, revertida. Embora a "filosofia" primitiva, assim proclamada, não correspondesse àquela que os próprios colonizados queriam ver reconhecida, pelo menos tornava possível o diálogo, a solidariedade essencial.

Trata-se, pois, como bem diz Eboussi, citando Vladimir Jankélévitch, de um "mal-entendido duplamente compreendido", quando a vítima secretamente se torna cúmplice do carrasco, comungando com ele no universo artificial da mentira.[26]

O que isso quer dizer nesse contexto? Que a filosofia africana contemporânea, na medida em que continua a ser uma etnofilosofia, foi elaborada sobretudo *para um público europeu*. O discurso dos etnofilósofos africanos não é destinado aos seus compatriotas africanos. Não o produziram para estes últimos, e a mente deles entendia que sua eventual contestação não viria dos africanos, e se por acaso viesse alguma, viria dos ocidentais. A menos que esses ocidentais ainda se expressassem aqui por intermediários africanos, como sabem fazer tão bem. Em suma, o etnofilósofo africano fez-se porta-voz da África global perante a Europa global, no encontro imaginário "do dar e do receber". Por onde se vê que o particularismo "africanista" é ele próprio, *objetivamente*, solidário a um universalismo abstrato, uma vez que o intelectual africano que o assume deve professá-lo à revelia de seu povo, num diálogo mítico com os seus homólogos europeus, pela constituição de uma "civilização do universal".[27]

Portanto, não surpreende que essa literatura, como toda a literatura africana de expressão francesa (e, em menor grau, a literatura de expressão inglesa), seja muito mais conhecida fora da África que na África. Não é somente por acaso, nem por razões puramente materiais, mas por razões básicas, que dizem respeito ao destino primeiro desse tipo de literatura.

Ora, temos agora de acabar com essa extroversão escandalosa. O discurso teórico decerto é uma boa coisa. Mas devemos a todo o custo, na África de hoje, dirigi-lo prioritariamente aos nossos compatriotas, oferecê-lo para apreciação e discussão dos próprios africanos.[28] Só assim poderemos promover um verdadeiro movimento científico em África, e acabar com o espantoso vazio teórico que não cessa de se alargar em uma população já cansada, indiferente aos problemas teóricos, cujo interesse ela nem mesmo enxerga.

A ciência nasce da discussão, e dela vive.[29] Se queremos que um dia nossos países se apropriem dela, cabe a nós criar aqui um ambiente humano no qual e através do qual os mais diversos problemas possam ser discutidos livremente, e onde essas discussões possam ser livremente registradas, difundidas graças à escrita, para serem submetidas à apreciação de todos e transmitidas às gerações futuras, que farão muito melhor do que nós, sem nenhuma dúvida.

Isso pressupõe, como se sabe, a liberdade de expressão. Uma liberdade que tantos regimes políticos hoje tentam sufocar, em graus variados. Mas isso significa, precisamente, que a responsabilidade do filósofo africano (como a de qualquer cientista africano) ultrapassa infinitamente o estreito domínio de sua disciplina, e que ele não pode se dar ao luxo de um apoliticismo satisfeito, de uma complacência silenciosa diante da desordem estabelecida — a menos que renegue a si mesmo como filósofo e como pessoa. Em outros termos, a libertação teórica do discurso filosófico pressupõe uma libertação política. Estamos hoje no centro de um emaranhado de problemas intimamente interdependentes. A necessidade de luta política é sentida em todos os níveis, sobre todos os planos. Acrescentamos apenas, à luz das análises precedentes, que essa luta não é simples e que é preciso lucidez e determinação para realizá-la melhor. Esse é o preço do porvir.

2. História de um mito[1]

ESSA LITERATURA REPOUSA — é necessário dizer? — sobre uma confusão: a confusão de um uso popular (ideológico) e de um uso rigoroso (teórico) da palavra *filosofia*. De acordo com o primeiro significado, a filosofia é toda sabedoria individual ou coletiva, todo conjunto de princípios que apresentam uma relativa coerência e visam reger a prática cotidiana de uma pessoa ou de um povo. Nesse sentido vulgar da palavra, toda pessoa é naturalmente um "filósofo", toda sociedade também. Por outro lado, no sentido mais estrito da palavra, ninguém é mais espontaneamente filósofo do que é químico, físico ou matemático, uma vez que a filosofia, como a química, a física ou a matemática, é uma disciplina teórica específica, com suas próprias exigências e submetida a regras metodológicas determinadas.

Parentesco essencial: tem-se nessa aproximação entre a filosofia e as ciências a pedra de toque mais segura, o critério mais infalível para medir a absurdidade ou, nesse caso específico, medir a pertinência das proposições mais gerais concernentes à filosofia. Mas, seja qual for a maneira pela qual a especificamos, seja qual for o objeto que lhe atribuímos para distingui-la de outras disciplinas, ao menos uma coisa é certa: a filosofia *também* é uma disciplina teórica e, portanto, pertence ao mesmo *gênero* que a álgebra, a geometria, a mecânica, a linguística etc. Consequentemente, se admitimos, em princípio, que é absurdo falar de uma álgebra, uma física ou uma linguística *inconscientes*, se admitimos que nenhuma ciência existe historicamente senão sob a forma de discursos explícitos, devemos achar absurda, da mesma forma, a ideia de uma filosofia inconsciente. Por outro lado, se julgamos essencial para qualquer ciência se constituir pela livre discussão, pela confrontação de teses e hipóteses surgidas de pensamentos individuais (ou pelo menos assumidas por eles) e que se corrigem reciprocamente até a total convergência, também devemos achar absurda a ideia de uma "filosofia" coletiva, definitiva e imutável, subtraída da história e do progresso.

Ora, isso é precisamente a "filosofia africana", no sentido em que nossos africanistas a entendem. Não era tão difícil perceber o contrassenso. Na verdade, tudo indica que nossos etnofilósofos estavam perfeitamente conscientes do equívoco. Pois, se Tempels parece recorrer com a maior naturalidade do mundo ao uso ideológico da palavra, vemos irromper em alguns de seus discípulos algo como um escrúpulo ou um constrangimento: Kagame nos adverte, desde o início de seu *Philosophie bantu-rwandaise de l'être*, que emprega a palavra para designar uma "filosofia intuitiva", e não uma filosofia em sentido próprio; Vincent Mulago opõe, em *Un visage africain du christianisme*, a "filosofia formal" à "filosofia material". Porém, em ambos os autores, essa distinção funciona como um preâmbulo teórico que precede a análise, como uma justificativa *in limine* do esforço empreendido. Ora, é justamente isso que surpreende. A distinção das duas noções de filosofia não deve levar a uma consagração do sentido vulgar, mas à sua ruína. Ela deveria nos obrigar a rejeitar como nula e sem efeito a pseudofilosofia das visões de mundo, e deixar claro que a filosofia, no sentido mais estrito, longe de perpetuar sistemas espontâneos de pensamento, ao contrário, se instaura como uma ruptura em relação a eles — ao passo que, na realidade, ela serve aqui de pretexto para que nossos autores empreendam, em sã consciência, uma reconstituição conjectural da sabedoria africana, erigida pela circunstância em filosofia.

Por que então essa falha? Por que a distinção conceitual permanece sem efeito? Por que o esclarecimento prometido não pode se concretizar? A falha certamente não deve ser atribuída a nenhuma ignorância, mas a um desejo. Os etnofilósofos africanos (tal como o seu predecessor Tempels, apesar da sua aparente ingenuidade) bem sabiam que a "filosofia africana", no sentido em que a entendiam, pertencia a um *gênero* completamente diferente da filosofia europeia, no sentido usual e rigoroso do termo; e que, por conseguinte, as duas eram radicalmente heterogêneas e, portanto, incomparáveis, incomensuráveis. Ainda assim, eles mantiveram essa comparação, suspendendo temporariamente seu conhecimento conceitual, abafando por um tempo a linguagem científica com o ruído de seu desejo.

Já nomeamos esse desejo: os intelectuais africanos queriam, a qualquer preço, reabilitar-se aos próprios olhos e aos olhos da Europa. Para conseguir isso, estavam dispostos a queimar toda lenha e ficaram muito felizes em descobrir, através da famosa *Filosofia bantu* de Tempels, um tipo de argumentação que poderia funcionar como um meio entre outros de assegurar essa reabilitação, apesar de seus equívocos, ou melhor, graças a eles. Assim se explica a retomada em coro, em vários tons e em diversas nuances, da argumentação tempelsiana por um número cada vez maior de autores africanos, pouco atentos ao fato tão massivo, e com evidências tão gritantes, de que o livro do missionário belga não era dirigido a eles, mas apenas, como ele mesmo admitiu, ao público europeu.

Não vamos aqui insistir nesse *fato*, mas apenas na maneira como ele determina o conteúdo da obra. Discurso de um europeu para outros europeus, parte de um debate no qual os bantos não participam ou em que intervêm apenas como objetos ou como pretextos, *A filosofia bantu* está na medida do seu público. Em um duplo movimento, apenas aparentemente contraditório, visa, por um lado, facilitar o que chama de "a missão civilizadora" da Europa — ou seja: o domínio prático das disposições psicológicas do negro pelo colonizador — e, por outro lado, alertar a própria Europa contra os abusos de sua própria civilização ultratécnica e ultramaterialista, oferecendo-lhe como exemplo, à custa de algumas generalizações precipitadas, a bela espiritualidade dos primitivos bantos. Dupla problemática da "missão civilizadora" e do "suplemento de alma": uma em função da outra. O colonizador "civiliza", mas somente com a condição de ele mesmo se reumanizar, de reencontrar a sua alma. O projeto teórico de *A filosofia bantu* está inteiramente contido nessa dupla problemática, que somente tem sentido como uma problemática ideológica do imperialismo triunfante. É necessário tomar partido: todo projeto teórico análogo, toda tentativa de sistematizar a "visão de mundo" de um povo dominado destina-se necessariamente a um público estrangeiro e visa alimentar um debate ideológico centrado *em outro lugar* — em outra localização geográfica, nas classes dominantes da sociedade dominadora.

Como então o público africano se deixou enganar? Isso porque ele só percebeu o segundo aspecto do projeto sem ligá-lo ao primeiro: a problemática do "suplemento de alma" (fórmula bergsoniana, como sabemos, mas particularmente adaptada a esse projeto espiritualista), lisonjeando o orgulho africano, escondeu-lhe a ligação com a primeira problemática (a da "missão civilizadora"), que de fato era a problemática dominante. O público africano inverteu "espontaneamente"[2] a ordem de prioridade das duas problemáticas, tomando a secundária como principal e relegando para segundo plano, quando não pura e simplesmente ignorando, a problemática dominante. Ela própria indissociável do fato de que o livro não estava destinado aos africanos.

Esse mal-entendido explica por que tantos compatriotas nossos abordaram a problemática do "suplemento de alma", como no projeto teórico de uma reconstituição da "filosofia" banta, da "filosofia" ruandesa, da "filosofia" dogon, da "filosofia" iorubá, da "filosofia" wolof etc., ou, mais genericamente, da "filosofia" africana, como uma espécie de visão coletiva e espontânea do mundo, chamada a regenerar a filosofia europeia — sem se preocupar com as implicações políticas de cada um desses projetos. Por uma inconsequência particularmente desastrosa, temos perdido nosso tempo, durante pelo menos vinte anos[3] tentando nos definir, tentando codificar um pensamento supostamente dado e já constituído, em vez de simplesmente nos jogarmos à água, numa aventura, para produzir novos pensamentos a partir das nossas preocupações de hoje e de amanhã. Permanecemos assim prisioneiros inadvertidos da Europa, procurando ainda hoje, como ontem, forçar seu respeito, e declinando por ela daquilo que ingenuamente tomamos por nossa identidade filosófica. Em um movimento de recuo absolutamente estéril, continuamos a fazer apologia de nossas culturas, como que para justificá-las aos olhos do homem branco, em vez de vivê-las plenamente em sua grandeza e miséria atuais: em vez de *transformá-las*.

Pode-se pensar aqui numa palavra do Evangelho: quem quiser salvar a sua alma a perderá. À custa de defender a qualquer preço nossas civilizações, acabamos por congelá-las, mumificá-las. Traímos nossas culturas de origem ao querer exibi-las a qualquer custo, ao torná-las objetos de consumo externo, objetos de discurso, mitos. Estamos jogando inconscientemente o jogo da Europa, dessa mesma Europa contra a qual inicialmente pretendíamos nos defender. E no fim do caminho apenas encontramos esse mesmo lugar-comum, essa extensa miséria, essa trágica renúncia de pensar por nós e para nós: a escravidão.[4]

Os sucessores africanos de Tempels — qualquer que seja a distância, por vezes significativa, que os separa do missionário belga — guardam em comum com ele o fato de terem escolhido dirigir-se antes de tudo ao público europeu. É essa escolha que explica em grande parte o conteúdo de seus discursos. Para eles, tratava-se de descrever aos seus interlocutores europeus os traços essenciais da civilização africana, de enfatizar, aos olhos dos seus pares, a sua própria originalidade cultural, no entanto caracterizando-os nos próprios termos da civilização europeia. Nessas condições, era inevitável que acabassem por inventar, como contraponto à filosofia europeia, uma "filosofia" africana forjada do zero a partir de materiais extrafilosóficos como os contos, as lendas, os provérbios, os poemas dinásticos etc., interpretando abusivamente esses dados culturais, triturando-os uma e outra vez para extrair deles a "medula substancial", revirando-os em todas as direções para deles extrair o que não poderiam, não podem e nunca poderão dar: uma verdadeira filosofia.

Além disso, os sistemas reconstruídos por nossos autores, ao final dessa superinterpretação, expressam suas escolhas filosóficas pessoais antes de qualquer pensamento coletivo dos africanos. A prova é que a leitura atenta muitas vezes revela diferenças significativas na aparente monotonia dessas interpretações massivas. A mais importante delas, como vimos, é a que contrasta Alexis Kagame com o autor de *A filosofia bantu*. Para Tempels, de fato, a principal diferença entre a filosofia europeia e a "filosofia" banta residia em suas respectivas concepções do ser: concepção estática no primeiro caso, dinâmica no segundo. Para o banto, ser seria sinônimo de força; e ontologia seria, ao mesmo tempo, uma teoria geral das forças, de sua hierarquia natural e das leis de sua interação. Segundo o abade ruandês, ao contrário, é artificial opor ao ser em repouso o ser em movimento, porque em ambos os casos se trata sempre do mesmo ser, considerado apenas sob dois aspectos diferentes: "a predisposição operacional supõe a essência; a estrutura da essência é em função da sua finalidade" — este é o "duplo axioma" pelo qual Kagame refuta seu ilustre predecessor, sem nomeá-lo.

A crítica, no entanto, não é radical. Pois é o próprio projeto de Tempels que deveria ter sido renunciado, ao invés de aceitá-lo em sua ingenuidade dogmática, para apenas realizá-lo um pouco diferente. Kagame não deveria apenas refutar Tempels, mas também se interrogar sobre as razões de seu erro. Assim, ele poderia ter percebido que a insistência de Tempels em reconhecer as diferenças era solidária ao seu próprio projeto: ao projeto de reconstrução da *Weltanschauung* banta, na medida em que esse projeto não estava inicialmente inscrito na mesma *Weltanschauung*, mas constitui, em relação a ela, um elemento adventício. Kagame deveria ter percebido que essa empreitada teórica apenas fazia sentido a partir de um desejo — o desejo de separar a todo custo as civilizações africanas das civilizações europeias — e que era inevitável, nessas condições, que o autor de *A filosofia bantu* queimasse toda lenha para projetar na alma banta seus próprios devaneios metafísicos, mesmo que isso significasse reforçá-los com algumas e sumárias descrições etnográficas capazes de criar uma ilusão.

Por não ter ido até o fim em sua crítica, Kagame permaneceu prisioneiro do mesmo mito. E com ele continuaram presos todos os autores, aliás, por vezes, notáveis, e todos os intelectuais africanos que se propuseram a definir uma filosofia africana específica, uma visão de mundo comum a todos os africanos de ontem, de hoje e de amanhã, um sistema de pensamento coletivo e imutável, em eterna oposição ao da Europa.

TAL É O IMPASSE TEÓRICO em que nos metemos por falta de discernimento. Desde então, todo o nosso pensamento filosófico tropeça. A única perspectiva que ele ofereceu foi a de reconstruir sistematicamente a visão de mundo dos povos africanos. Empreendimento louco e sem esperança. Agora todo e qualquer filósofo africano se sente obrigado a reconstruir o pensamento de seus ancestrais, a *Weltanschauung* coletiva de seu povo. Para tanto, se sente obrigado a se tornar etnólogo, especialista em costumes africanos. Além do mais, tudo o que pode produzir sobre Platão ou Marx, Confúcio ou Mao Tsé-Tung, mesmo sobre um problema filosófico geral, sem vínculo privilegiado com a África, aparece-lhe como um parêntese em seu pensamento, um parêntese do qual ele deve se sentir quase envergonhado. E, se ele for desavergonhado o suficiente para não ficar azul (outros teriam preferido, é verdade, que ele "corasse"), então, ai dele! Seus críticos o vigiam. Logo saberão silenciá-lo, ou trazê-lo de volta ao caminho correto... o do africanismo.

É assim que se confundem dois discursos essencialmente distintos: o discurso filosófico e o discurso etnográfico (cujo status científico continua a ser questionado, particularmente em relação à sociologia[5]). É assim que nossa literatura filosófica continua atolando, por quase trinta anos, nas trilhas lamacentas de uma etnofilosofia duvidosa, de uma disciplina híbrida, ideológica, sem status reconhecível no universo da teoria. Ao trilhar esse caminho, nossos autores acreditaram genuinamente produzir uma obra original, quando, na verdade, estavam apenas seguindo um caminho traçado pelo etnocentrismo ocidental. Porque a Europa nunca esperou de nós, no plano cultural, outra coisa além de oferecer-lhe nossas civilizações como um espetáculo e alienar-nos num diálogo fictício com ela, à revelia dos nossos próprios povos. É para essa alienação que somos convidados toda vez que nos pedem para produzir como africanistas, sob pretexto de preservar a nossa autenticidade cultural. Esquecemos muito facilmente que o africanismo também foi inventado pela Europa e que as "ciências" etnográficas são parte integrante do patrimônio cultural do Ocidente, constituindo, sobretudo, apenas um episódio passageiro na tradição teórica dos povos ocidentais.

Então, o que fazer? Para além do recuo nacionalista sobre nós mesmos, do laborioso e interminável inventário de nossos valores culturais, do narcisismo coletivo induzido pela colonização, é preciso reaprender a pensar. É verdade que devemos reconhecer o mérito dos etnofilósofos africanos por terem tentado, pelos meios de que então dispunham, defender a sua identidade cultural contra os desígnios assimilacionistas, confessados ou não, do imperialismo. Só mais uma coisa a acrescentar: a argumentação etnofilosófica utilizada por eles como meio de resistência cultural foi uma das mais equivocadas que se poderia ter inventado; e que, não tendo percebido esse equívoco, jogaram involuntariamente o jogo do adversário. Movidos pela exigência legítima de uma filosofia africana, erroneamente acreditaram que essa filosofia estava por trás de nós e apenas esperava ser exumada para ser brandida, como uma arma milagrosa, diante dos olhos atônitos da Europa colonialista. Eles não viram que a filosofia africana, assim como a ciência africana ou a cultura africana em geral, não poderia estar por trás de nós, mas diante de nós, no gesto decisivo com o qual nos comprometemos hoje a criá-la. Ninguém pensa em negar, claro, que essa criação não se faça *ex nihilo*, que envolva necessariamente toda a herança do momento e seja, portanto, apenas uma recriação. Mas daí a se retirar para o passado há um abismo.

Admitir, portanto, que nossa filosofia está por vir. Tomar aqui a palavra "filosofia" no sentido ativo, e não no sentido passivo: é disso que precisamos, não de um sistema fechado ao qual todos deveríamos aderir e que poderíamos, ocasionalmente, expor ao mundo exterior, é antes essa busca inquietante, esse sentido dos problemas, esta dialética incansável que produz acidentalmente os sistemas para, logo mais, superá-los rumo a um horizonte fugidio de novas verdades. A filosofia africana, como qualquer outra filosofia, não pode ser uma visão de mundo coletiva. Ela apenas existirá como filosofia sob a forma de um confronto de pensamentos individuais, uma discussão, um debate.

É por isso que a nossa primeira tarefa agora é organizar esse debate: um debate autônomo, que já não seja um apêndice distante dos debates europeus, mas que confronte diretamente os filósofos africanos entre si, criando assim, no seio da África, um ambiente humano no qual e pelo qual possam ser colocados os problemas teóricos mais difíceis. A africanidade da nossa filosofia não residirá forçosamente nos seus temas, mas antes no pertencimento geográfico daqueles que a produzem e na sua relação intelectual. O melhor africanista europeu continua sendo europeu, mesmo e sobretudo se inventa uma "filosofia" banta. Por outro lado, o filósofo africano que pensa em Platão ou em Marx, e que assume sem complexos a herança teórica da filosofia ocidental para assimilá-la e superá-la, está produzindo uma obra autenticamente africana. E ele será ainda mais autenticamente africano se, em vez de simplesmente compartilhar essa herança com seus homólogos europeus, de afogar seu próprio discurso no tumultuado fluxo dos debates europeus, ele o submeter, antes de tudo, à apreciação e à crítica de seus próprios compatriotas. O verdadeiro problema não é falar *da* África, mas discutir *entre africanos*. A Europa só é o que é hoje sobretudo por ter assumido e depois transformado a herança cultural de outros povos, o primeiro deles um povo do nosso continente: o Egito Antigo. Agora, nada deve nos impedir de seguir o caminho oposto. Necessitamos, a todo o custo, libertar o nosso pensamento do gueto africanista onde se quis confiná-lo. Sair com toda força da nossa prisão intelectual. Abrir uma brecha no espaço fechado de nossas fantasias coletivas, para daí surgir a questão teórica. E partilhar essa questão prioritariamente com os nossos irmãos imediatos.

Em outros termos, os filósofos africanos atuais devem reorientar seu discurso. Eles devem escrever, antes de tudo, para público africano, não mais para público não africano. Ao mesmo tempo, serão obrigados a renunciar a esse balbuciar habitual sobre a ontologia luba, a metafísica dogon, a concepção de velhice entre os fulas etc. Eles renunciarão porque esses temas são de pouco ou nenhum interesse para seus compatriotas, mas originalmente foram destinados apenas a satisfazer o gosto exótico do público ocidental. O público africano, entretanto, espera outra coisa. Em particular, espera ser amplamente informado sobre o que se passa em outros lugares, sobre os problemas que constituem, nos outros países e nos outros continentes, a atualidade científica. Quer ser informado disso por curiosidade — uma curiosidade bastante legítima —, mas também, sem dúvida, para confrontar esses problemas com suas próprias preocupações, reformulá-los livremente à sua maneira e produzir, levando em conta essas contribuições exteriores, a sua própria atualidade científica.

Em suma, o verdadeiro problema é libertar a criatividade teórica dos nossos povos, libertá-la, dando-lhe os meios de ser exercida efetivamente, a partir de uma informação sem limites e através de uma discussão livre, onde se engendram e se refutam as mais diversas teorias. Em última análise, a filosofia no sentido ativo da palavra, antes de mais nada, é apenas isso: um grande debate público no qual está envolvida a responsabilidade intelectual de cada parceiro. Todo o resto vem em seu curso — todo o resto, incluindo a ciência.

3. A ideia de filosofia[1]

EU INSISTO: FILOSOFIA AFRICANA, "mito *e* realidade" — onde se esperaria a fórmula clássica: "mito *ou* realidade?". Não estou me perguntando se existe, se ela é um mito ou uma realidade. Constato que ela *é*, pela mesma razão e do mesmo modo que são todas as filosofias do mundo: sob a forma de uma *literatura*. Levo em consideração essa realidade incompreendida, deliberadamente silenciada, recalcada pelas mesmas pessoas que a produzem e que acreditam que, ao produzi-la, estão apenas recriando, através dela, um pensamento preexistente. Através dela: através do *nada* de um discurso transparente, éter fluido e sem consistência cuja única função seria *deixar ver*. Parto da hipótese de que esse refluxo não poderia ser inocente: esse desconhecimento do discurso por si mesmo visa dissimular outra coisa, esse aparente apagamento do sujeito visa camuflar sua onipresença massiva, seu esforço convulsivo de ancorar no real uma ficção plena de si. Enorme obliteração de um texto vergonhoso que se apresenta como uma transparência impossível, mas que reivindica para si mesmo, no limite, *a inexistência*, ao mesmo tempo que reivindica para seu objeto (a pseudofilosofia africana) o privilégio de ter existido desde sempre, fora de qualquer formulação expressa.

Então, inverto a relação: o que existe, aquilo que é dado de maneira indiscutível, é essa literatura. Trata-se, no que diz respeito ao objeto que ela pretende recuperar, na melhor das possibilidades, apenas de um modo de falar, de uma invenção verbal, de um *muthos*. Chamo essa literatura de filosofia africana, e tento entender por que ela fez tantos esforços até agora para se esconder por trás da tela, tanto mais opaca quanto imaginária, de uma "filosofia" implícita concebida como um sistema de pensamento coletivo, espontâneo, irrefletido, comum a todos os africanos, ou, conforme o caso, a todos os membros desta ou daquela etnia africana, passada, presente e vindoura. Tento entender por que os autores africanos, em sua maioria, se aventurando na filosofia, acreditaram até agora que deviam projetar a realidade desconhecida de seu próprio discurso em uma ficção tão grosseira.

Assim, retomemos as coisas de um nível mais alto. No fundo, o que está em jogo é a ideia de *filosofia*, ou melhor, de *filosofia africana*. Mais precisamente, trata-se de saber se a palavra *filosofia* deve manter seu sentido habitual quando é determinada pelo epíteto *africano*, ou se a simples adjunção do epíteto deve, por sua vez, alterar o significado do substantivo. Brevemente, o que está em jogo é a univocidade da palavra *filosofia* através das suas diversas aplicações geográficas.

Minha opinião é que essa univocidade deve ser mantida. Não que a filosofia deva desenvolver os mesmos temas ou, ainda, colocar os mesmos problemas de um país a outro, de um continente a outro, mas porque essas *diferenças de conteúdo* só fazem sentido como diferenças *de conteúdo*, remetendo, como tal, à unidade de princípio de uma mesma disciplina, de um mesmo estilo de interrogação.

Este capítulo, portanto, retomará e desenvolverá os resultados dos dois primeiros. Ele tentará sobretudo mostrar:

1. Que a expressão "filosofia africana", até hoje, tem sido objeto somente de uma exploração mitológica na enorme literatura dedicada ao problema.

2. Que, no entanto, é possível recuperá-la para aplicá-la a outra coisa: não mais a essa ficção de um sistema coletivo de pensamento, mas a um conjunto de discursos, de textos filosóficos.

Irei me esforçar para evidenciar a existência desses textos para determinar os contornos e, ao mesmo tempo, as configurações essenciais (as grandes orientações) da literatura filosófica africana.

O conceito vulgar de filosofia africana

O livro de Tempels nos servirá mais uma vez de referência.[2] Mas não se trata aqui de resumi-lo nem de comentá-lo outra vez; trata-se simplesmente de recordar a ideia que seu autor tem da filosofia, do sentido da palavra *filosofia* na expressão *filosofia bantu*. Tempels salienta isso mais de uma vez: esta filosofia seria somente vivida, mas não pensada, e seus adeptos teriam, no máximo, uma consciência confusa dela.

> Não esperemos que o primeiro negro que apareça (e especialmente se for jovem) seja capaz de nos fazer um relato sistemático de seu sistema ontológico. No entanto, a ontologia existe: ela penetra e informa todo o pensamento do primitivo, ela domina e orienta todo o seu comportamento. Por meio dos métodos de análise e síntese de nossas disciplinas intelectuais podemos — logo, devemos — prestar aos "primitivos" o serviço

de investigar, classificar e sistematizar os elementos de seu sistema ontológico".[3]

E mais adiante:

Não esperemos que os bantos sejam capazes de nos apresentar, exposto num vocabulário adequado, um tratado de filosofia. Nossa formação intelectual nos permite fazer esse desenvolvimento sistemático. Somos nós que poderemos dizer-lhes, de forma precisa, qual é o conteúdo da sua concepção dos seres, de modo que eles se reconheçam nas nossas palavras e concordem, dizendo: "Você nos entendeu, você agora nos conhece completamente, você 'sabe' a maneira pela qual 'sabemos'".[4]

Então está claro. O negro é aqui considerado, nas palavras de Eboussi-Boulaga, como "o Senhor Jourdain[5] da filosofia".[6] Filósofo sem saber, ele rivaliza em tolices com o famoso personagem de Molière, que sem saber escrevia prosa. Ignorante de seus próprios pensamentos, ele necessita traduzi-los para si mesmo através de um intérprete; ou melhor, de um intérprete que, formulando esses pensamentos para o mundo branco, acidentalmente deixa escapar algumas migalhas que desencadearão no banto, assim que as perceber, um reconhecimento sem limites.

Já evocamos antes a crítica de Césaire. Essa crítica política necessária, dizíamos, acabava enfraquecida por não ter percebido suas próprias implicações teóricas. Dirigir críticas cautelosas "não à filosofia bantu, mas ao uso que alguns, para fins políticos, se comprometem a fazer dela"[7] era furtar-se de fazer qualquer questionamento sobre a genealogia do próprio conceito e manter ao acaso sua irrupção na literatura científica com *esta* função política. No fundo, era recuar diante de uma descoberta: a descoberta da natureza fundamentalmente conservadora do projeto etnofilosófico como tal.

Não é apenas *A filosofia bantu*, é toda a literatura etnofilosófica que deve ser submetida à crítica política de Aimé Césaire, ampliada e aprofundada. Seguindo o que se poderia chamar de divisão etnológica do trabalho (uma espécie de equivalente científico da disputa militar do Terceiro Mundo pelas grandes potências), se Tempels passa como o grande especialista da área banta, aliás, se sua reconstituição da "filosofia" africana é a mais sensacionalista em razão do contraste que estabelece, termo a termo, entre a pseudofilosofia africana e uma imaginária[8] filosofia europeia, outros autores europeus em outras partes da África também fizeram tentativas do mesmo gênero. Para citar apenas alguns exemplos, Marcel Griaule consagrou aos dogons da atual República do Mali um livro hoje considerado um clássico da sabedoria dogon, *Dieu d'eau*,[9] depois outro, escrito em colaboração com Germaine Dieterlen, *Le Renard pâle*.[10] Dominique Zahan apresentou ao mundo a religião, a espiritualidade e o que ele chama de "filosofia" dos bambaras.[11] Louis-Vincent Thomas realizou investigações laboriosas sobre os diolas do Senegal e dissertou abundantemente sobre sua sabedoria, seu sistema de pensamento ou, como ele também chama, sua "filosofia".[12]

Como era de esperar, o exemplo desses autores europeus foi amplamente seguido entre nós. Muitos africanos enveredaram pelo mesmo caminho de investigação, retificando ocasionalmente — mas sem nunca abalar as pressuposições de base — o trabalho de seus modelos ocidentais. Assim foi com o abade Kagame, de Ruanda, com a já citada *Philosophie bantu-rwandaise de l'être*.[13] Por sua vez, monsenhor Makarakiza, do Burundi, publicava em 1959 um estudo chamado *La Dialectique des Barundi*.[14] O sacerdote sul-africano A. Mabona distinguiu-se em 1960 com um artigo intitulado "Philosophie africaine"; depois, em 1963, com um texto sobre as "profundezas da filosofia africana"; e finalmente em 1964 com uma meditação sobre "La Spiritualité africaine".[15] O padre A. Rahajarizafy escutava a voz da grande ilha neste concerto, tentando definir a "filosofia" malgaxe, em um artigo de 1963 sobre a "Sagesse malgache et théologie chrétienne".[16] François-Marie Lufuluabo, franciscano do ex-Congo Belga, distinguiu-se em 1962 por um opúsculo, *Vers une théodicée bantue*, depois em 1963 por um artigo chamado "La Conception bantoue face au christianisme", e finalmente em 1964 por outro opúsculo, *La Notion luba-bantoue de l'être*.[17] Seu compatriota, padre Vincent Mulago, consagrava à filosofia africana, em 1965, um capítulo de *Un Visage africain du christianisme*.[18] Em 1967, o ex-pastor protestante Jean-Calvin Bahoken, de Camarões, capinava suas *Clairières métaphysiques africaines*.[19] Dois anos depois, o pastor queniano John Mbiti, sem dúvida fascinado por sua própria infância, revelava ao mundo, numa obra já clássica, *African Religions and Philosophy*, que o africano ignora o futuro, mal conhece o presente e vive inteiramente voltado para o passado.[20]

Antes de continuar com essa enumeração, observemos que todos os autores que acabamos de citar são homens da Igreja, como o próprio Tempels. Portanto, é compreensível que a preocupação essencial tenha sido encontrar uma base psicológica e cultural para enraizar a mensagem cristã na mente do africano sem trair nem uma nem outra. De certo modo, uma preocupação eminentemente legítima. Porém, a consequência é que esses autores são obrigados a conceber a filosofia segundo o modelo da religião, como um sistema permanente e estável de crenças, refratário a toda evolução, sempre idêntico a si mesmo, impermeável ao tempo e à história.

Passemos agora aos leigos. Aqui nos limitaremos a alguns exemplos. Citemos, entre outros: Léopold Sédar Senghor, cujo falatório sobre a "negritude", que frequentemente se apoia em uma análise do que ele chama, já em 1939, de a "concepção de mundo" do negro e que chamará mais tarde, sob a influência de Tempels, de "a metafísica negra";[21] o nigeriano Adesanya, autor de um artigo publicado em 1958 chamado "La Pensée métaphysique yoruba";[22] o ganês William Abraham, autor de um livro notável em muitos aspectos (sou da opinião de que um livro pode ser instrutivo, interessante, útil, por um lado, e, por outro, fundado, em parte, em pressuposições errôneas), *The Mind of Africa*;[23] o saudoso Kwame Nkrumah, cujo célebre *Consciencism* dificilmente pode ser considerado sua melhor publicação;[24] o senegalês Alassane N'Daw, que já escreveu alguns artigos sobre o assunto;[25] o camaronês Basile-Juléat Fouda, autor de uma tese inédita de terceiro ciclo, defendida em Lille em 1967, sobre *La Philosophie négro-africaine de l'existence*;[26] o daomeano Issiaka Prosper Lalèyè, também autor da tese *La Conception de la personne dans la pensée traditionnelle yoruba*,[27] defendida em 1970 na Universidade Católica de Friburgo, na Suíça; o nigeriano J. O. Awolalu, autor de um artigo sobre "La Philosophie de la vie chez les yoruba".[28] E assim por diante.[29]

No entanto, sem ter exatamente as mesmas motivações dos etnofilósofos da Igreja, esses autores procuraram encontrar, como os religiosos, sob as várias manifestações da civilização africana, sob o fluxo da história que bem ou mal carrega essa civilização, um terreno firme e estável que pudesse fundar certezas: um sistema de crenças. Nessa pesquisa, encontramos a mesma preocupação que anima o movimento da negritude: a busca apaixonada de uma identidade negada pelo colonizador, mas com essa ideia subjacente de que um dos elementos da identidade cultural é precisamente a "filosofia", a ideia de que toda cultura repousa sobre um substrato metafísico particular, permanente e inalterável.

Façamos agora a pergunta essencial: este é o significado habitual da palavra filosofia? É assim que se entendem, por exemplo, as expressões "filosofia europeia", "filosofia francesa", "filosofia americana", "filosofia soviética", "filosofia antiga", "filosofia do século XIX" etc.? Evidentemente, não. É como se a palavra automaticamente mudasse de significado assim que deixasse de se aplicar à Europa ou aos Estados Unidos para se aplicar à África. O fenômeno é clássico: há muitos outros exemplos na bibliografia etnográfica e jornalística. Como nosso colega queniano Henry Odera observa com humor:

> Apresenta-se como "religião africana" aquilo que talvez não passe de uma superstição, e espera-se que o mundo branco admita que é de fato uma religião, mas uma religião africana. Apresenta-se como "filosofia africana" o que, em todo caso, é uma mitologia, e uma vez mais a cultura branca é convidada a admitir que é de fato uma filosofia, mas uma filosofia africana.

Apresenta-se como "democracia africana" o que, em todo caso, é uma ditadura, e espera-se da cultura branca que admita que assim o é. E o que é obviamente um processo ativo de des--desenvolvimento ou pseudodesenvolvimento é descrito como desenvolvimento; e, novamente, o mundo branco é convidado a admitir que é desenvolvimento, mas, naturalmente, um "desenvolvimento africano".[30]

Assim, as mesmas palavras, no vocabulário dos escritores europeus e estadunidenses, mudam milagrosamente de sentido logo que passam do contexto ocidental para o contexto africano, e foram nisso fielmente imitados pelos próprios africanos. É o que se passa com a palavra "filosofia". Quando aplicada à África, não pretende mais designar a disciplina específica que ela evoca no contexto ocidental, mas somente uma visão de mundo coletiva, um sistema de crenças espontâneo, implícito e até mesmo inconsciente, ao qual todos os africanos devem aderir: um uso vulgar da palavra, autorizado, por assim dizer, pela vulgaridade presumível do contexto geográfico ao qual ela é aplicada.

Portanto, por trás desse uso funciona um mito: o mito da unanimidade primitiva; mito que sugere que, nas sociedades "primitivas", isto é, de fato, nas sociedades não ocidentais, todo mundo concorda com todo mundo. Em decorrência, não poderia haver, nessas sociedades, crenças individuais ou filosofias individuais, mas somente sistemas de crenças coletivas. A palavra "filosofia" é então empregada para designar cada sistema de crenças desse gênero, e tacitamente concorda-se, entre pessoas bem-educadas, que não poderia significar outra coisa quando aplicada a sociedades "primitivas".

Pode-se aí reconhecer um dos gestos fundadores da "ciência" (da *pseudociência*) que chamamos de etnologia: a tese, geralmente tácita, de uma especificidade absoluta das sociedades não ocidentais, o postulado silencioso de uma diferença de *natureza* (e não apenas de *grau de evolução* em relação a certos tipos de realizações), de uma diferença *qualitativa* (e não apenas *quantitativa* ou de *escala*) entre sociedades ditas primitivas e as sociedades "evoluídas". A antropologia cultural (outro nome da etnologia) deve sua existência, como disciplina pretensamente autônoma (sobretudo em relação à sociologia), a esta divisão arbitrária no seio da coletividade humana entre dois tipos de sociedades que são consideradas, sem qualquer evidência, fundamentalmente diferentes.[31]

Mas voltemos ao unanimismo. À primeira vista, parece que esse consenso teórico postulado pela etnofilosofia entre os membros de cada comunidade "primitiva" deveria se traduzir num consenso paralelo, no nível dos resultados, quando não do método, entre todos os etnofilósofos que estudam uma mesma comunidade. Curiosamente, em vez desse consenso ideal, em vez dessa bela unanimidade que revelaria, por sua transparência, a unanimidade original dos "filósofos primitivos", a literatura etnofilosófica nos oferece uma colheita abundante de obras não apenas diversas, mas às vezes francamente contraditórias.

Mais acima destacamos essas diferenças entre Tempels e Kagame. Certamente encontraríamos diferenças semelhantes entre as numerosas outras obras relativas ao pensamento "tradicional" dos bantos ou dos africanos em geral, se pudéssemos, superando um tédio muito compreensível, lê-las uma a uma, do começo ao fim, descascando-as pacientemente para identificar e confrontar as teses.

Mas, antevejo, nos objetarão que essas divergências são normais, que a diversidade de trabalhos é uma riqueza, e não uma fraqueza, que as contradições internas da etnofilosofia são encontradas em qualquer ciência digna desse nome: física, química, matemática, linguística, psicanálise, sociologia etc.; que elas são mais um signo de vitalidade que de inconsistência, mais uma condição de progresso que de um obstáculo à descoberta. Deve-se acrescentar também que aqui, como em toda ciência, a existência de uma realidade não implica forçosamente que se possa conhecê-la desde o início, que, portanto, não há nada de surpreendente que um sistema de pensamento implícito só possa ser reconstituído ao final de uma longa pesquisa coletiva e contrastante.

Apenas nos esquecemos dessa "pequena diferença" entre as ciências citadas como exemplo e a etnofilosofia: nos esquecemos que elas não postulam nada que possa ser comparado, mesmo de longe, à suposta unanimidade de uma comunidade humana; que nelas, ao contrário, uma contradição nunca é estagnada, mas progressiva, nunca definitiva ou absoluta, mas reveladora de *erros*, de teses ou hipóteses *falsas* que sempre acabam aparecendo como tais, seguindo uma limitação racional do próprio objeto, enquanto uma contradição entre duas teses etnofilosóficas é necessariamente circular, não podendo ser resolvida por nenhuma experimentação nem por qualquer outro processo de verificação. Digamos assim: uma contradição etnofilosófica é necessariamente *antinômica*, no sentido kantiano; a tese e a antítese são igualmente demonstráveis, ou seja, acima de tudo, uma é tão gratuita quanto a outra. Essa contradição, longe de engendrar uma superação, indica somente a necessidade de um retrocesso aos próprios fundamentos dessa disciplina. Em outras palavras, a necessidade de uma crítica da razão etnofilosófica e talvez, mais além, da própria razão etnológica.[32]

A etnofilosofia, então, aparece sob a sua verdadeira luz: a de ter que prestar conta de uma unanimidade imaginária, de ter se empenhado na interpretação de um texto que não existe em parte alguma e que ela deve reinventar incessantemente, ela é uma ciência sem objeto, uma "linguagem enlouquecida" abandonada a si mesma,[33] um discurso que é muito mais "livre" na medida em que não tem referente, e que por isso não se pode de forma alguma demonstrar sua falsidade. Assim, Tempels pode sustentar que, para o banto, o ser é força, e Kagame se convencer do contrário, e não teremos nenhum meio de resolver a questão: a "filosofia banta" de um não é a filosofia dos bantos, mas a do próprio Tempels; a "filosofia banto-ruandesa" do outro não é a dos ruandeses, mas do próprio Kagame. Um e outro utilizam as tradições e a literatura oral africanas apenas para projetar nelas suas próprias crenças filosóficas, e reforçar a própria credibilidade através do efeito de massa assim produzido.

A tese — a tese de uma filosofia africana coletiva — funciona desse modo: ela serve como uma tela para cada autor expressar suas próprias visões filosóficas. Ela se esgota inteiramente nessa função ideológica e permanece, de um extremo ao outro, indeterminável, por falta de objeto.

Rumo a um novo conceito de "filosofia africana"

Para além do pretexto etnológico, ainda restam as próprias visões filosóficas. O preconceito unanimista não terá sido estéril; terá engendrado, pelo menos, uma literatura filosófica de um tipo bastante particular.

Nesse ponto, deve-se apontar uma surpresa: enquanto buscavam a filosofia em um lugar onde ela nunca poderia ser encontrada — no inconsciente coletivo dos povos africanos, nas dobras silenciosas de seu discurso explícito —, os etnofilósofos nunca questionaram a natureza e o status teórico de suas próprias análises. Será que elas ainda eram filosóficas? O problema real estava aí, passando despercebido. Pois não podemos, rigorosamente falando, aplicar a mesma palavra a duas coisas tão diferentes quanto uma visão espontânea, coletiva e implícita do mundo, por um lado, e, por outro, a análise explícita, pessoal e laboriosa que toma essa visão de mundo como objeto. Ao invés de "filosofia", a análise deveria se chamar "filosofologia", ou, para usar um termo menos bárbaro, "metafilosofia". Mas uma metafilosofia da pior espécie, uma metafilosofia desigualitária, que não seria diálogo e confronto com uma filosofia antecedente, mas redução ao silêncio, denegação prática, sob o pretexto de uma reconstituição, dessa filosofia anterior.

De fato, nós sabemos que, em suas fases de elaboração superior, a filosofia sempre é, em certo sentido, metafilosofia, que somente pode evoluir através da reflexão sobre sua própria história, que cada novo pensador deve se alimentar das doutrinas de seus predecessores, e mesmo de seus contemporâneos, aprofundá-las ou refutá-las, de modo a enriquecer o patrimônio filosófico disponível em sua época. Mas, nesse caso, metafilosofia não significa uma exploração filosófica de dados extrafilosóficos, nem a superinterpretação arbitrária de fatos sociais que em si não teriam relação com a filosofia. Uma metafilosofia significa, antes, a reflexão filosófica sobre os próprios discursos aberta e conscientemente filosóficos. Por outro lado, a etnofilosofia pretende ser a descrição de uma visão de mundo implícita e não expressa, que não existia em nenhum outro lugar senão na imaginação do antropólogo. A etnofilosofia é uma pré-filosofia que erroneamente se toma por metafilosofia; uma filosofia que, em vez de fornecer suas próprias justificativas racionais, se refugia preguiçosamente atrás da autoridade de uma tradição e projeta nessa tradição suas próprias teses, suas próprias crenças.

Se voltarmos agora à nossa questão, de saber se a filosofia reside na visão de mundo descrita ou na própria descrição, podemos afirmar que, como se supõe que ela resida em uma das duas, ela não pode residir na visão de mundo, mas na descrição dessa visão de mundo, descrição que é de fato, como vimos, uma invenção que ignora a si mesma e se dissimula por trás de seus próprios produtos. Portanto, a filosofia africana existe, mas em um novo sentido: no sentido de uma literatura produzida por africanos e que lida com problemas filosóficos.

Contradição? Que nada. Alguns poderão se surpreender com o fato de que, tendo pacientemente desmantelado a máquina etnofilosófica, estejamos agora tentando restaurá-la. Não terão entendido que estamos reconhecendo a existência dessa literatura como *literatura filosófica*, acima de qualquer questão sobre seu *valor* ou sua *credibilidade*. Levamos em conta o que ela é, e não o que ela diz. Portanto, podemos prestar atenção mais particularmente ao próprio fato da sua existência, depois de ter desnudado os pressupostos mitológicos de sua fundação e que até aqui reprimiram nela qualquer questionamento sobre o seu próprio estatuto como forma determinada de literatura filosófica, que, por ser mistificada e mistificadora (mistificadora porque mistificada), não deixa de pertencer à história da literatura africana em geral.

Especifiquemos: trata-se aqui apenas da etnofilosofia africana. Um livro como *A filosofia bantu* não pertence à filosofia africana, seu autor não é africano, mas o livro de Kagame é parte integrante da literatura filosófica africana. Em outras palavras, falando da filosofia africana em um novo sentido, temos que traçar uma linha de demarcação no interior da literatura etnofilosófica em geral, entre autores não africanos e autores africanos. Não porque uns valham mais que outros, ou que não possam, no limite, dizer substancialmente as mesmas coisas, mas porque, em se tratando de filosofia *africana*, colocamos em jogo, em hipótese, a variável geográfica, entendida aqui como uma variável empírica contingente, extrínseca ao conteúdo ou ao significado do discurso, e isso independente da questão das *solidariedades teóricas*. Assim, a obra de Tempels, embora trate de um tema africano e tenha desempenhado um papel determinante no surgimento da etnofilosofia africana, pertence à literatura científica europeia, da mesma forma que a antropologia em geral, embora trate de sociedades não ocidentais, é um avatar da ciência ocidental, nem menos nem mais.

Consequência feliz dessa demarcação: ela deixa às claras nuances sutis, e às vezes também diferenças notórias (que de outra forma teriam passado despercebidas) entre os autores africanos a quem primeiro chamamos indiscriminadamente de etnofilósofos. Assim se vê a imensa distância que separa, por exemplo, as *Clairières métaphysiques africaines* de Bahoken, que se pode considerar um exemplo perfeito de falatório ideológico aplicado por um africano, sob a cor do nacionalismo, para adular o gosto exótico do público ocidental, por um lado,[34] e, por outro, *Consciencism* de Kwame Nkrumah, uma obra escrita sobretudo em benefício do público africano e devotada ao conhecimento da sua nova identidade cultural — embora o livro de Nkrumah também participe, infelizmente, do preconceito etnológico de uma filosofia coletiva.[35]

Consequência ainda mais importante: fazem parte dessa literatura filosófica africana também os trabalhos filosóficos dos africanos que não acreditam no mito de uma filosofia coletiva, ou até a rejeitam explicitamente. A título de exemplo, gostaria apenas de citar alguns. O belo artigo de Fabien Eboussi-Boulaga, "Le Bantou problématique", já mencionado várias vezes.[36] Outro camaronês, Marcien Towa, nos deu uma crítica brilhante da etnofilosofia em geral, o *Essai sur la Problématique philosophique dans l'Afrique actuelle*, e depois uma crítica política mordaz da doutrina senghoriana da negritude, *Léopold Sédar Senghor: Négritude ou servitude?*.[37] Henry Oruka Odera, do Quênia, publicou um belo artigo intitulado "Mythologies as African Philosophy".[38] O daomeano Stanislas Spero Adotevi se destacou em 1972 com sua brilhante obra *Négritude et négrologues*.[39]

E tem mais: a literatura filosófica africana compreende obras que de forma alguma abordam o problema da "filosofia africana", seja para afirmar ou negar a sua existência. Assim, devemos estender o conceito a todas as pesquisas realizadas pelos africanos sobre a filosofia ocidental. Essa ampliação não implica qualquer contradição: assim como os escritos dos antropólogos ocidentais sobre as sociedades africanas pertencem à literatura científica ocidental, também os escritos filosóficos dos africanos relativos à história do pensamento ocidental são parte integrante da literatura filosófica africana. E também, em boa medida, todas as obras filosóficas africanas relativas aos problemas universais sem qualquer ligação especial com a experiência africana. Nesse sentido, considero os artigos do ganês J. E. Wiredu sobre Immanuel Kant, sobre o problema da implicação ou sobre o conceito de verdade,[40] como parte integrante da filosofia africana, assim como as análises sobre o conceito de liberdade ou de livre arbítrio do queniano Henry Odera e do nigeriano D. E. Idoniboye.[41] O mesmo pode ser dito da reflexão do zairense Elungu Pene Elungu sobre a filosofia francesa do século XVII, em seu livro *Étendue et connaissance dans la philosophie de Malebranche*,[42] ou dos pressupostos epistemológicos que introduzem a reflexão teológica de seu compatriota Tharcisse Tshibangu em *Théologie positive et Théologie spéculative*,[43] os trabalhos do camaronês Njoh-Mouelle, sobretudo *Jalons: Recherche d'une mentalité neuve* e *De la Médiocrité à l'excellence: Essai sur la signification humaine du développement*,[44] também podem ser incluídos neste grupo, embora tratem de temas que não são simplesmente universais, mas mais particularmente relacionados com a atual situação histórica da África.

Na mesma ordem de ideias, é lícito reivindicar obras como as de Anton Wilhelm Amo, um professor axânti que estudou e depois lecionou em universidades alemãs durante a primeira metade do século XVIII, como parte da literatura filosófica africana,[45] embora este possa parecer um caso limítrofe, pela formação quase exclusivamente ocidental do personagem. Mas, no fundo, não é esta a condição de quase todos os intelectuais africanos dos dias atuais?[46]

Aqui, o essencial é que produzimos uma definição radicalmente nova da filosofia africana, em que o critério de africanidade não reside mais em uma pretensa especificidade de conteúdo, mas simplesmente na origem geográfica dos autores. Isso feito, ampliaremos de fato o estreito horizonte que até então havia sido imposto à filosofia africana, dando-lhe, agora entendida como reflexão metódica, os mesmos objetivos universais pretendidos por qualquer outra filosofia no mundo. Em suma, estamos demolindo a concepção mitológica dominante de africanidade e voltando à evidência muito simples e muito banal de que a África é antes de tudo um continente, e de que o conceito de África é um conceito geográfico, empírico, não um conceito metafísico. Assim, ao "desmitificar" a ideia de África e de filosofia africana, pretendemos apenas libertar o nosso sentido teórico de todos os preconceitos e obstáculos intelectuais que até então bloqueavam a sua expansão.[47]

Considerações finais

Não há mais dúvida, portanto, de que a filosofia africana existe, embora em um sentido diferente daquele a que os antropólogos nos acostumaram. Ela existe como uma forma particular de literatura científica. É evidente que, uma vez estabelecido esse ponto, muitas questões permanecem. Por exemplo, como distinguir a literatura filosófica de outras formas de literatura científica, como matemática, física, biologia, linguística, sociologia etc., na medida em que essas disciplinas também se desenvolvem como formas específicas de literatura? Dito de outra maneira, qual é o objeto específico da filosofia como campo de estudo? De maneira mais geral, qual é a relação entre a literatura científica e a literatura não científica (por exemplo, a literatura artística), e por que deveríamos incluir a literatura filosófica na primeira e não na segunda?

Não é aqui o lugar para responder a essas questões. Tudo o que tentamos fazer até agora foi limpar o terreno para questões desse gênero, uma vez que elas pressupõem que se admita previamente que a filosofia é uma disciplina teórica e nada mais, uma disciplina que, como qualquer outra disciplina, somente pode se desenvolver sob a forma de uma literatura.

Melhor, tais questões não poderiam receber respostas definitivas e imutáveis: de fato, a definição de uma ciência deve ser constantemente revista à luz do progresso dessa mesma ciência, e a própria articulação do discurso teórico em geral — em outras palavras, a distinção entre as diferentes ciências — está sujeita a mudanças históricas. Daí deriva, é verdade, outra questão ou uma série de questões muito mais difíceis: como se determina o objeto de uma ciência? Que condições econômicas, históricas, ideológicas ou outras contribuem para fixar as fronteiras de uma disciplina? Como nasce uma nova ciência? Como uma ciência antiga vem a morrer ou deixa de ser considerada ciência?[48]

Aqui tampouco é o lugar para responder a essas perguntas. Mas há pelo menos uma coisa que podemos afirmar: qualquer ciência, qualquer ramo do conhecimento só pode aparecer na forma de um acontecimento de linguagem ou, mais precisamente, de um produto de debate. Então, a primeira coisa a fazer é organizar o debate dentro da sociedade em que queremos ver nascer essas várias ciências. Em outras palavras, seja qual for o objeto específico da filosofia, a primeira tarefa dos filósofos africanos hoje, na medida em que desejam desenvolver uma autêntica filosofia africana, é promover e manter constantemente dentro de si uma livre discussão sobre todos os problemas relativos à sua disciplina, em vez de se contentar com o diálogo individual e um tanto abstrato de cada um deles com o mundo ocidental.[49] Assim, ao reorientar o seu discurso, irão superar facilmente a tentação permanente do folclorismo, a tentação de limitar as suas investigações aos temas pretensamente africanos, porque essa tentação retirava sua força principalmente do fato de que seus escritos eram destinados a um público estrangeiro.

Estranho paradoxo: nas condições que prevalecem atualmente, o diálogo com o Ocidente só pode estimular o folclorismo, uma espécie de exibicionismo cultural coletivo, porque obriga o intelectual do "Terceiro Mundo" a "defender e ilustrar", para o público ocidental, as particularidades de sua civilização de origem. Portanto, esse diálogo aparentemente universal equivale, de fato, a desenvolver o pior tipo de particularismo cultural — o pior tipo porque essas pretensas particularidades são na maioria dos casos puramente imaginárias, e porque o intelectual que as defende pretende falar em nome de todo seu povo, que não somente nunca se interessou, como, na maioria das vezes, também ignora a existência desse diálogo.

Em contrapartida, pode-se esperar que, quando os próprios africanos começarem a discutir problemas teóricos, sentirão espontaneamente a necessidade de reunir informação mais ampla sobre as realizações científicas de outros continentes e outras sociedades. Irão se interessar por essas realizações não porque seriam, a seus olhos, as melhores possíveis, porém para apreciar mais objetivamente e, se necessário, melhorar suas próprias conquistas nessas mesmas áreas.

Então, o paradoxo é fácil de resolver: raramente, ao debater com pessoas do mesmo país, sentimos a necessidade de exaltar as próprias particularidades culturais. Essa necessidade só é sentida quando se endereça a pessoas de outros países, porque é preciso então afirmar a própria originalidade identificando-se com a imagem de Épinal,[50] da sua sociedade e da sua civilização. A universalidade é apenas acessível onde os interlocutores se livram da necessidade de se afirmar uns perante os outros, e o melhor meio de isso acontecer na África é organizar um intercâmbio e uma discussão interna entre todos os cientistas do continente, em cada disciplina e — por que não? — de uma disciplina para outra, de maneira a produzir em nossas sociedades uma tradição científica digna desse nome. As difíceis questões que formulávamos um tempo atrás sobre o nascimento, a definição, as fronteiras, a evolução e o destino das diversas ciências, e mais particularmente sobre a natureza da filosofia e sua relação com as outras disciplinas, encontrarão assim sua solução através da história concreta de nossa literatura teórica.

Nós DEVEMOS, portanto, nos arriscar; não ter medo de pensar novos pensamentos; simplesmente não ter medo de *pensar*. Pois, todo pensamento é novo se tomarmos a palavra em seu sentido ativo, mesmo o pensamento de ideias antigas — contanto que este último não se contente em remoer temas antigos, ao modo do catecismo ou de um balbuciar da boca para fora, mas que efetivamente articule esses temas tentando justificá-los, fundamentá-los. Inversamente, qualquer declaração ruidosa de adesão a uma doutrina "moderna" na melhor das hipóteses é apenas folclore, quando não funciona objetivamente como meio de mistificação — desde que não seja acompanhada de um esforço intelectual para *conhecer, entender e pensar* sobre essa doutrina, remontando, para além das suas fórmulas mais espalhafatosas, à problemática que as fundamenta. Não podemos continuar desempenhando esse papel cômico indefinidamente. É chegado o tempo da responsabilidade teórica. É chegado o tempo de falar sério.

Por fim, na África, é necessário que o indivíduo se libere: do peso do passado, assim como da atração das modas ideológicas; que, entre os diversos, mas em última análise tão semelhantes catecismos do nacionalismo convencional e de um pseudo-marxismo não menos convencional; que, entre tantas ideologias de Estado que funcionam ao modo fascista, como álibis destinados a mascarar a realidade, e ao abrigo dos quais o poder pode, com toda a tranquilidade, fazer o contrário daquilo que diz e dizer o contrário do que faz; que, no meio dessa imensa confusão, em que a mais vulgar ditadura policial se batiza pomposamente de "ditadura do proletariado", na qual se dá o nome de "marxismo-leninismo" a um neofascismo com fraseologia pseudorrevolucionária, em que a enorme subversão teórica e política de Marx é reduzida às dimensões de um cassetete, onde, em nome da revolução, mata-se, massacra-se, tortura-se e sangram até o fim, em primeiro lugar, os operários, os sindicalistas, os dirigentes, os estudantes — que, no meio dessa desordem intelectual e política, todos possamos abrir bem os olhos e o nosso próprio caminho. Somente a esse preço será possível uma discussão entre indivíduos livres e intelectualmente responsáveis. Somente a esse preço será possível uma filosofia.

Como se vê, o desenvolvimento da literatura filosófica africana pressupõe a remoção de um certo número de obstáculos políticos. Em particular, pressupõe que em todos os regimes sejam reconhecidas, defendidas e zelosamente preservadas as liberdades democráticas, e sobretudo a liberdade de crítica, cuja supressão constitui o objetivo e única razão de ser das ideologias oficiais. Filosofar na África de hoje obriga-nos a tomar consciência desta exigência: o preço inestimável da liberdade de expressão como condição necessária de toda a ciência, de todo o desenvolvimento teórico e, em última análise, de todo progresso político e econômico real.

CONCLUAMOS COM UMA PALAVRA: a filosofia africana existe; contudo, não é aquilo que se crê. Mais do que um pensamento implícito e coletivo, ela se desenvolve objetivamente sob a forma de uma literatura: de uma literatura que se mantém prisioneira, na maior parte das suas produções, do preconceito unanimista, mas em que já se pode detectar, muito felizmente, sinais que anunciam um novo fôlego. Libertar plenamente esse fôlego é hoje a condição para qualquer progresso nesse domínio. E, para isso, é preciso começar pelo começo: fazer jus à crítica e à livre expressão, tão poderosamente ameaçadas sob os nossos regimes de terror e de confusão ideológica.

Em suma, não basta reconhecer a existência de uma literatura filosófica africana. O mais importante é transformá-la, de uma simples coleção de escritos destinados a leitores não africanos e, consequentemente, defendendo as particularidades de uma pretensa "visão de mundo" africana, em um veículo de discussão rigorosa e livre entre os próprios filósofos africanos. Somente assim essa literatura irá adquirir valor universal e poderá contribuir para enriquecer a herança mundial do pensamento humano.

4. A filosofia e suas revoluções[1]

Eu gostaria de tentar mostrar três coisas:

Primeiramente, que a filosofia é uma história, e não um sistema, um processo essencialmente aberto, uma investigação inquieta e inacabada, não um saber fechado.

Em segundo lugar, que essa história não procede por evolução contínua, mas por saltos e sobressaltos, por revoluções sucessivas. De modo que não segue um caminho linear, mas o que se poderia chamar de caminho dialético. Ou, em outros termos, ela não tem um aspecto contínuo, mas descontínuo.

Enfim, em terceiro lugar, depois desse esboço de uma teoria da evolução teórica, de uma teoria da história teórica, de uma teoria da filosofia como história teórica descontínua, gostaria de sugerir que a filosofia africana talvez esteja, neste momento, em processo de operar sua primeira mudança decisiva, cujo resultado depende apenas de nós: da lucidez e da coragem com as quais a levaremos a bom termo.

A filosofia como história

Então, em primeiro lugar, a filosofia é uma história, não um sistema. Eu não entendo aqui a palavra "sistema" no sentido fraco de saber metódico. Se a tomássemos nesse sentido, é evidente que a filosofia seria um sistema, o que significaria dizer simplesmente que não se filosofa sem método e sem conhecimento prévio, e que a filosofia apenas pode ser praticada por meio de uma conceitualidade um tanto especial; em outras palavras, que existe uma terminologia, um vocabulário e todo um aparato conceitual legado pela tradição filosófica que absolutamente não se pode contornar, mas dos quais devemos tirar proveito se quisermos ser autênticos filósofos. Nesse sentido, nem será preciso dizer que a reflexão filosófica comporta um inevitável aspecto *sistemático*: sistemático, isto é, ao mesmo tempo metódico e situando-se constantemente em relação a uma tradição teórica existente, seja para confirmá-la, seja para abalá-la; e que nenhum filósofo pode escapar desse rigor próprio à sua disciplina, se realmente pretender ao menos filosofar, e não simplesmente, como dizia Platão, "contar histórias".[2] Parece-me que os filósofos africanos, não mais do que os de outros continentes, não deveriam ter vergonha de verdadeiramente filosofar: de pensar com método e rigor, na e através da conceitualidade legada pela tradição sob a etiqueta de filosofia. O físico africano geralmente não tem vergonha de utilizar os conceitos específicos de sua disciplina. Como ele, o filósofo africano não deveria recuar diante do tecnicismo próprio da linguagem filosófica. Não é contornando a tradição filosófica existente que iremos elaborar uma autêntica filosofia africana, uma filosofia que seja verdadeiramente filosofia, e que seja também verdadeiramente africana (é nesse sentido, esteja entendido, que emprego aqui o qualificador "autêntico"). Não é contornando e muito menos ignorando a herança filosófica mundial que verdadeiramente filosofaremos; pelo contrário, é assimilando-a para melhor superá-la.

Neste sentido, mas apenas nesse sentido, parece-me óbvio que a filosofia é, gostemos ou não, um sistema; que ela é ou se supõe, gostemos ou não, uma abordagem metódica de um tipo determinado.

Mas, em outro sentido, no sentido forte da palavra "sistema", a filosofia *não é* um sistema, se com isso entendemos um conjunto de proposições consideradas definitivas, um conjunto de verdades últimas e insuperáveis que representariam ao mesmo tempo uma culminância e uma interrupção do pensamento. Nesse sentido, a filosofia não é um sistema, pois ela nunca para; ao contrário, ela apenas existe como filosofia no elemento próprio da discussão, sob a forma de um debate incessantemente sobressaltado. Fora desse debate, não há filosofia. A filosofia não é um sistema fechado, mas uma história, um debate que se transmite de geração em geração, e no qual cada autor, cada pensador, intervém com plena responsabilidade: sei que sou responsável pelo que digo, pelas teses que sustento. Eu sou "responsável" por elas no sentido mais literal da palavra: devo ser capaz de "responder" por elas. Devo ser capaz de justificar minhas afirmações a qualquer momento. Devo ser capaz de fornecer a qualquer momento os seus instrumentos de validação. E é como indivíduo que participo deste debate, tomando partido, ao mesmo tempo, do desvelamento progressivo de uma verdade que não será uma coisa *minha*, mas de todos, o resultado de uma investigação coletiva feita do confronto de todos os pensamentos individuais e destinados a continuar indefinidamente.

Se a filosofia é uma história, e não um sistema, isso quer dizer, entre outras coisas, que nenhuma doutrina filosófica pode ser considerada *a* verdade no singular, a *Verdade* com V maiúsculo. Então, em filosofia, de uma certa maneira, não há verdade absoluta. Ou melhor, nela, o absoluto está no relativo: processo ilimitado, essencialmente aberto. Em outros termos, a verdade não poderia ser um conjunto de proposições definitivas e insuperáveis, mas o próprio processo pelo qual buscamos proposições mais adequadas umas às outras. Portanto, a verdade, de certa forma, é o próprio movimento pelo qual a buscamos, pelo qual enunciamos proposições enquanto tentamos justificá-las, fundamentá-las.

No *Teeteto*, um de seus diálogos dedicados ao problema da natureza do conhecimento, Platão, depois de mostrar que o conhecimento não é simplesmente a sensação nem a opinião verdadeira, chega mesmo a sugerir que talvez ele seja, a rigor, a opinião verdadeira acompanhada da razão, ou mais exatamente pelo discurso, pela justificação (a palavra grega usada é *logos*[3]). Eu digo "talvez" e "a rigor" porque a continuação do texto tenta mostrar a insuficiência dessa própria definição, sem, no entanto, substituí-la por outra.[4]

Não deixa de ser interessante notar a importância dada aqui ao *logos*, ou seja, ao discurso, ou mesmo à *justificação teórica*, como elemento determinante da *verdade científica*. O que claramente nos leva a pensar que nem toda verdade é forçosamente científica, e que a ciência reside menos no resultado que no método. Em todo o caso, é neste *logos*, neste discurso, nesta investigação infinita por provas que propriamente reside, a meu ver, não somente a ciência, mas também a filosofia, que é apenas o seu projeto refletido.[5]

Eu sei muito bem que irão me objetar: muitos filósofos não pretenderam construir sistemas? Por exemplo, Spinoza e Hegel, para citar apenas os maiores, não pretendiam pensar a Totalidade em um sistema de sistemas, em um sistema que era ele mesmo a síntese dos sistemas, a soma, a culminância e como que o fim de todos os sistemas possíveis?

Pode ser. Mas, ao raciocinar dessa maneira, deixamos passar o essencial. Em primeiro lugar, esquecemos que as doutrinas de um Spinoza e de um Hegel devem seu caráter de sistemas precisamente ao fato de que eles pretenderam resumir, no espaço de uma única obra, toda a história (e não apenas a história real, mas a história possível: passado, presente e o porvir) da filosofia: três gêneros do conhecimento em Spinoza, etapas da "fenomenologia do espírito" em Hegel. A (pretensa) sistematicidade dessas doutrinas advém do fato de terem integrado, ou pretendido integrar, todas as formas possíveis de doutrinas em um discurso que de uma só vez as respeita e as supera. Elas reconhecem assim, cada uma a sua maneira,[6] que a verdade não poderia residir em uma doutrina, que ela não poderia aparecer de imediato e repentinamente, mas só nos termos de um longo percurso, de um longo itinerário que atravessa sucessivamente as diversas doutrinas, para finalmente sobrepô-las. As filosofias de Spinoza, de Hegel etc., todas as filosofias que tomaram a forma de sistemas, sempre foram filosofias *eruditas*, consideravelmente *instruídas na história da filosofia*. É precisamente por isso que, acreditando compreender a lei do desenvolvimento dessa história e imaginando que essa lei era puramente interna, imanente (que a passagem de uma etapa do pensamento a outra obedecia a motivações puramente filosóficas, puramente conceituais), essas filosofias tentaram, num gesto ilusório, controlar *a priori* o curso futuro dessa história, reduzir *a priori* as suas surpresas, graças a um sistema de sistemas que permitisse prever, em sua substância, toda doutrina possível.

Comparem os sistemas filosóficos ao modo de Spinoza ou de Hegel com essas filosofias ambiciosas, repetindo sabidamente (mesmo que seja para fechá-la ilusoriamente) a história da filosofia, ao que os antropólogos nos apresentam hoje como "sistemas de pensamento africano".[7] Quanto escárnio!

Isso não é tudo. Aproveitando o pretexto do exemplo de Spinoza e de Hegel, esquece-se também que, de fato, a filosofia não teve fim com eles, e, por isso, toda pretensão de encerrar a sua história foi vã. Prova de que a filosofia é, a bem dizer, uma história sem fim, e que qualquer tentativa de encerrá-la é um sonho ou uma ilusão. É necessário entender tanto a necessidade desse sonho quanto sua impossibilidade.

Sua necessidade: é a expressão de um desejo de domínio, de uma obrigação de segurança inseparável da subjetividade do pensador — melhor ainda: constitutiva de toda subjetividade em geral. Além disso, esse sonho assombra não apenas os criadores de sistemas como Spinoza e Hegel, mas, de forma mais ou menos visível, todos os filósofos sem exceção; e não apenas os filósofos, mas também os pensadores e todas as pessoas em geral, na medida em que pensam: todos, sem exceção, acreditamos pronunciar a verdade como um tribunal pronuncia uma sentença. Apenas podemos progredir no pensamento graças a essa crença. A verdade — a verdade do nosso discurso como a verdade em geral — não é apenas um mito ideológico, mas um mito ideológico necessário, fecundo.

Sua impossibilidade: não podemos parar a história. Não apenas não a paramos como também não podemos neutralizá-la nem reduzir as suas surpresas. É verdade para a história em geral: se podemos estabelecer suas leis, isto é, as correlações funcionais entre seus diferentes níveis (por exemplo, entre as formações da estrutura econômica e as formações da superestrutura ideológica), se desse fato podemos estabelecer uma ciência (e sabemos que essa ciência foi fundada por Marx sob o nome de materialismo histórico), o conhecimento dessa ciência não nos permite de modo algum prever nem, em maior medida, neutralizar, em sua singularidade, o acontecimento. Isso também é verdade para a história do pensamento em particular. No máximo, pode-se definir, como tentou Engels (que as reduziu a duas), as tendências fundamentais da filosofia; pode-se, no limite, partindo dos pressupostos de uma dessas tendências (a tendência idealista, neste caso), esboçar *a priori* algumas das configurações possíveis do pensamento filosófico, da cultura, daquilo que Hegel chama de Espírito Objetivo.[8] Isso não nos ensina nada sobre a sucessão efetiva nem *a fortiori* sobre o conteúdo real das doutrinas filosóficas que, na história, são convocadas e se respondem, se refutam ou se confirmam mutuamente.

Assim o é para a filosofia como para a ciência. Edmund Husserl tentou para esta o que outros, mais ambiciosos, tentaram para o pensamento em geral (porque o pensamento científico é também um momento da "fenomenologia do espírito" hegeliana). Para o autor de *Investigações lógicas* (1900-1), a tarefa suprema da teoria da ciência é elaborar uma "teoria das formas possíveis de teoria", que permitisse dominar *a priori* o campo do saber e, por assim dizer, neutralizar a história da ciência.[9] Sabemos que Kurt Gödel demonstrou, em um célebre teorema (1931), a impossibilidade matemática dessa teoria, a impossibilidade de uma axiomática universal fixando *a priori* todos os sistemas possíveis de axiomas. Talvez se deva acrescentar que, embora esse ideal pudesse se realizar, somente as *formas* das teorias possíveis teriam sido assim definidas. Isso não nos teria ensinado nada sobre o conteúdo, o material das teorias científicas por vir, nem sobre as modalidades concretas da sua aparição e da sua sucessão; não teria servido de nada para o desenvolvimento de técnicas fundadas nessas teorias; não teria tornado supérflua a investigação, o esforço incansável para resolver os problemas, os métodos complexos de demonstração e validação; em suma, o trabalho concreto do pesquisador. Prova de que a ciência, não mais que a filosofia, não poderia se reduzir a um sistema, mesmo um sistema de formas possíveis de sistemas, mas que é uma história sem fim, um processo aberto e incompleto. Os "sistemas" reais que se sucedem na história das ciências ou da filosofia, as doutrinas reais, com sua relativa coerência e seu fechamento relativo, não poderiam substituir um Sistema em sentido forte: o Sistema por excelência, o saber absoluto, soma de todas as verdades possíveis, nunca é mais que um projeto: horizonte incessantemente fugidio de uma busca infinita.

DIZER QUE A FILOSOFIA É UMA HISTÓRIA, e não um sistema, é também dizer que não há filosofia coletiva. De modo que a "filosofia africana", no sentido dessa expressão que foi consagrada pelos antropólogos, é um imenso contrassenso. Não há uma filosofia que fosse um sistema de proposições implícitas, um sistema de crenças implícitas ao qual adeririam espontaneamente todos os indivíduos passados, presentes e futuros de uma dada sociedade. Isso não existe, nunca existiu, e o verdadeiro problema não deveria ser definir o conteúdo da filosofia africana assim compreendida, os temas essenciais ou ainda a problemática fundamental da filosofia africana como visão de mundo espontânea, coletiva e irrefletida; o verdadeiro problema é um problema crítico: é saber *por que* certos autores ocidentais, e depois — mais grave! — africanos, sentiram a necessidade, a partir de um certo momento, de investigar na alma, nos desvios insondáveis da alma secreta do africano, uma visão de mundo coletiva. Em outras palavras, por que Tempels, por exemplo, sente necessidade de escrever sua *A filosofia bantu*? De onde vem o extraordinário sucesso desse livro nos mais sérios círculos filosóficos europeus e entre os próprios intelectuais africanos? Como explicar que um filósofo francês da categoria de Bachelard (para citar apenas o caso mais inquietante) julgasse necessário propagar elogios a um livro tão equivocado?[10] O verdadeiro problema está aí. *A filosofia bantu* de Tempels surgiu em um momento determinado de nossa história, e pertence a uma estrutura ideológica característica desta época. É essa estrutura ideológica que seria interessante destacar e caracterizar, para melhor superá-la.

Ao ser examinado de perto, o problema é ainda mais real, uma vez que o livro de Tempels está consideravelmente atrasado em relação à literatura antropológica da época. Cerca de vinte anos antes de sua publicação, Paul Radin havia lançado uma obra mais metódica e rigorosa, *Primitive Man as Philosopher* (1927).[11] O etnólogo americano não buscava reconstruir, como Tempels o faria mais tarde, por meio de uma interpretação pessoal e não verificável, a visão de mundo coletiva dos "primitivos". Pelo contrário, ele se insurgia explicitamente contra o preconceito clássico segundo o qual, nas sociedades "não civilizadas", o indivíduo é inteiramente submergido pelo grupo, incapaz e pouco desejoso de pensar por si mesmo, desde sempre e completamente comprometido com o sistema de pensamento da sua comunidade. O livro de Radin se apresentava expressamente como um "estudo do homem excepcional nas comunidades primitivas" — *account of the exceptional man in primitive communities*[12] —, uma tentativa de mostrar a existência de uma "classe de intelectuais" nas sociedades "primitivas" e definir o papel e a atitude dessa classe. Portanto, para ele, não se tratava de reconstruir, com grandes reforços de hipóteses gratuitas, um sistema de pensamento coletivo, mas de transcrever com a maior fidelidade possível as palavras daqueles que chamava de "pensadores" e "filósofos" das comunidades "primitivas", de escrever de maneira simples, sob ditado, obedientemente, reduzindo ao mínimo a parte da interpretação e até do comentário.[13]

Como sabemos, depois de Radin, Marcel Griaule também tentou escrever sob o ditado de um pensador "primitivo", o dogon Ogotemmêli. O livro do etnólogo francês, *Dieu d'eau: Entretiens avec Ogotemmêli*, foi escrito, é verdade, apenas em 1946-7, e só foi publicado em 1948, ou seja, três anos depois que os primeiros exemplares de *A filosofia bantu* apareceram em Elisabethville (atual Lubumbashi), no ex-Congo Belga, a partir de 1945 (antes da edição da Présence Africaine, que data de 1949[14]). Portanto, não faria sentido culpar Tempels por não ter aprendido as lições do método de Griaule. No entanto, não podemos deixar de notar, comparando esses dois textos apresentados quase ao mesmo tempo ao público, a distância que os separa quanto ao rigor e ao valor demonstrativo, e de nos espantar que o menos consistente dos dois tenha recebido precisamente, pelo menos no meio africano, a recepção mais entusiasmada.

Para isso, uma única explicação: o público da época esperava uma obra desse gênero, que pudesse momentaneamente colocar todos de acordo — todo o mundo: os detratores apaixonados e os zelosos defensores da cultura africana —, mesmo que sob o preço do mais grosseiro engano. Ao afirmar a existência de uma "filosofia banta", Tempels satisfazia de forma barata a exigência dos africanos de ver sua cultura reabilitada; ele confirmava indiretamente as teses de Lévy-Bruhl, ao afirmar ao mesmo tempo o caráter coletivo e irrefletido dessa "filosofia", além da incapacidade de seus adeptos de formulá-la adequadamente. Todos tinham a sua parte nisso: o nacionalista clássico (e o seu cúmplice, o antropólogo ou o intelectual europeu "progressista"), para quem a autenticidade cultural se confunde com uma revalorização exclusiva do passado; mas também o etnólogo tradicional, pronto a trocar, se necessário, o termo "mentalidade" por "filosofia", desde que permaneça o epíteto "primitivo", e que seja reafirmada a imutabilidade, a a-historicidade e a inércia da estrutura assim denominada. Assim se realizava o milagre: graças à miragem de uma *palavra*, de uma simples *palavra* utilizada deliberadamente às avessas. Drama da precipitação e da irreflexão: o nacionalista é um homem apressado, como seu cúmplice, o etnólogo. Nenhum dos dois poderia se satisfazer com a transcrição dos pensamentos de um indivíduo como Ogotemmêli, ou dos pensamentos de muitos indivíduos comparáveis. Para eles, a filosofia africana não poderia residir nessa pluralidade incontrolável de pensamentos individuais; eles não podiam limitar-se, para estudá-la, à longa paciência de uma busca infinita, condenados a meditar, uma após a outra, sobre doutrinas inumeráveis, irredutíveis umas às outras e, na melhor das hipóteses, encontrando no seu caminho apenas sínteses provisórias, essencialmente revogáveis. Tanto um quanto o outro precisavam de algo mais massivo, mais determinado, qualquer coisa que pudesse imediatamente causar uma reviravolta, num piscar de olhos, alguma coisa que pudessem tornar objeto e manipular à vontade, seja para reivindicá-lo apaixonadamente (caso do nacionalista), seja para reconhecer nele, sem qualquer vergonha, a própria infância intelectual (caso de Bachelard *et ceteris*), seja para ver nele a confirmação da inferioridade das culturas "exóticas" (caso do etnólogo clássico). O livro de Tempels atendia a essa expectativa multiforme. E, assim, foi posto nas nuvens.

ALÉM DISSO, é notável que Griaule, embora tivesse se esforçado para transcrever as palavras de *um* homem, tenha pensado que deveria negar, no prefácio, que esse pensamento pertencia ao próprio Ogotemmêli, e que tenha feito deste último, ao invés de um pensador original e responsável, o simples guardião da tradição ancestral, o repetidor servil da sabedoria do grupo. O etnólogo francês acreditou que, para credenciar seu livro junto ao público, deveria evitar a todo custo deixar que as pessoas acreditassem "que ali havia especulação individual de interesse secundário".[15] Pelo contrário, ele deveria sublinhar seu carácter coletivo, mostrar que essa doutrina era o apanágio de toda a sociedade dogon e mesmo, para além dos dogons, de todas as populações do Sudão:

> O pensamento bambara repousa sobre uma metafísica tão ordenada, tão rica, e cujos princípios de base são comparáveis aos utilizados pelos dogons. [...] É o que acontece com os bozos, pescadores do Níger, os kurumbas, agricultores do centro da Curva do Níger, os enigmáticos ferreiros das mesmas regiões. [...] Portanto, não se trata aqui de um sistema de pensamento insólito, mas do primeiro exemplo de uma sequência que será longa.[16]

Assim como Tempels, Griaule se recusa a admitir que possa existir em uma sociedade não ocidental uma pluralidade de opiniões possivelmente divergentes, ainda que sua abordagem concreta o convide a fazê-lo. Colocado na presença de *um* pensador, ele considera que o pensamento deste último somente tem valor como atualização de um pensamento coletivo difuso; portanto, que o pensador em questão não é um pensador, mas um recitador — supondo desde o início a completa imersão do indivíduo no grupo, ou melhor: a impossibilidade do indivíduo e da individualidade como tais em uma sociedade supostamente primitiva.

Desse ponto de vista, a obra de Radin ainda é, até onde sabemos, a mais lúcida crítica feita por um etnólogo aos pressupostos teóricos da etnofilosofia. Ao enfatizar a importância das variantes nas diversas narrativas de um mesmo mito; ao mostrar como, pelo jogo dessas variantes, se exprime a fantasia individual do narrador; ao denunciar vigorosamente o preconceito clássico que queria apenas a boa versão de um mito ou de um rito, e que qualquer desviante ou variante era efeito do esquecimento, da ignorância ou de uma degradação geral;[17] ao afirmar o profundo individualismo do homem "primitivo", sua sede de prestígio, seu desejo de se distinguir e, por conseguinte, sua completa "liberdade de pensamento" (esta última expressão constitui inclusive o título do capítulo 5); ao interpretar mitos e provérbios como criações pessoais de poetas e de pensadores, mais do que como um patrimônio anônimo, imemorial e coletivo[18] — o antropólogo estadunidense inverte termo a termo a abordagem habitual de seus confrades e sugere a possibilidade de uma pluralidade de opiniões e de crenças, a possibilidade de individualidades teóricas nas sociedades "primitivas" e a profunda semelhança, a esse respeito, dessas sociedades com as sociedades ocidentais.

Infelizmente, essa inversão tem seus limites. Assim, o autor continua a falar sem hesitar do homem "primitivo", da sociedade "primitiva", dos povos "aborígenes" etc. — um índice infalível que claramente permite pressentir que no fundo a tese de uma diferença essencial entre a cultura ocidental e as outras não foi suprimida, mas apenas deslocada, determinada de uma nova maneira.

Exemplo: Radin começa por rejeitar as afirmações clássicas "relativas à tirania do grupo e à ausência de qualquer forma de individualismo nas comunidades primitivas",[19] mas só para admitir no instante seguinte que o homem "primitivo" tem uma concepção da realidade social radicalmente diferente daquela dos ocidentais; que, para o "primitivo", "a realidade social é qualquer coisa de única e fundamentalmente distinta do indivíduo, algo que emana dele tanto quanto do mundo exterior".[20]

Ou ainda:

> Na sociedade primitiva, o indivíduo e o grupo são termos rigorosamente incomensuráveis, em que cada um existe de forma separada e independente. Não temos nada nem remotamente comparável à ideia que tem o homem primitivo sobre um mundo social objetivo, um mundo que é tão real quanto o mundo exterior e que é concebido como algo tão independente do indivíduo quanto o mundo exterior.[21]

Segundo o autor, essa concepção da ordem social explicaria o aparente conformismo do "primitivo", "a ausência de céticos ou de incrédulos consistentes e a inexistência de revoltas contra a estrutura real da sociedade",[22] muitos fatos que de outro modo permaneceriam inexplicáveis, tendo em vista a fantasia e a independência intelectuais de que dá mostra, aliás, esse mesmo "primitivo".

Em outros termos, o pensamento nunca produz, na sociedade "primitiva", um efeito subversivo real. É uma questão puramente individual, sem qualquer alcance prático. Tem apenas valor estético:

> A liberdade de pensamento encontrada aqui não é o efeito de alguma emancipação tardia das restrições do dogmatismo tradicional, como acontece entre nós [nós, ocidentais, claro]. Ela se baseia no reconhecimento da personalidade e do direito de expressão da personalidade, bem como na percepção clara da falta de contato entre pensamentos, ideias e opiniões, de um lado, e realidades sociais, do outro. A vida do pensamento não exerce, mesmo sobre o mais intelectual dos primitivos,

a dominação e a tirania que às vezes exerce sobre o menos intelectual dentre nós.[23]

Como se vê, a diferença subsiste, tão massiva, tão radical. O "primitivo" permanece, em Radin como em Lévy-Bruhl, o *completamente outro* do "civilizado": a sua alteridade é apenas redefinida. O antropólogo estadunidense não soube, ou melhor, não quis, derrubar de vez o muro espesso dos preconceitos etnológicos, apesar das brechas consideráveis que ele havia aberto. Não ousando ir até o fim de sua crítica, prefere fechar-se em um círculo, substituindo os mitos clássicos da unanimidade primitiva, da imersão do indivíduo no grupo e outras invenções do mesmo gênero, por novos mitos, mas não menos gratuitos, não menos perniciosos. Aparentemente, teria sido muito simples reconhecer a aptidão do "primitivo" para um pensamento responsável, sem mais. Simples e perigoso demais, porque o "primitivo" teria então deixado de aparecer como um primitivo e de alimentar o gosto ocidental pelo picante, pelo sensacional, pelo exótico. Então, era necessário acrescentar isso, retratar o não ocidental sob os traços de um profundo individualista devotado à "caça do prestígio" (*prestige-hunting*) e à "autoglorificação ingênua" (*naive self-glorification*), mantendo com sua sociedade relações bem diferentes das do ocidental com a sua. De relações bem outras: estranhas relações de exterioridade, de exclusão recíproca — que ao mesmo tempo limitava o alcance desse individualismo e confinavam essa famosa "liberdade de pensamento" ao domínio dos sonhos, do imaginário, da arte. Fica assim salvaguardada, no essencial, a bela irresponsabilidade do "primitivo", a sua imprudência infantil, a sua passividade, a sua impotência: salvaguardados, ao final desse prodigioso desvio, todos os atributos clássicos (etnológicos) da sua diferença.

O único resultado da crítica de Radin situa-se assim no plano da estética. Ela liberta a ideia de uma arte *individualizada* nas sociedades não ocidentais (sobretudo sob gêneros como poesia, canto, conto, narrativa etc.; em suma, artes verbais) justamente onde os antropólogos contemporâneos viam uma arte de grupo, coletiva e anônima. Fora desse domínio, essa crítica é limitada.

Aqui tocamos o coração do problema. Não basta uma arte do discurso individualizada para que haja filosofia. A fala individual (em lugar do discurso silencioso do grupo), *o tomar a palavra* (em lugar da aquiescência passiva), sem dúvida é uma condição necessária: ela sozinha não poderia constituir o ato filosófico.

No plano social, essa proposição se traduz da seguinte maneira: dado que a filosofia apenas tem existência histórica por meio de uma literatura, que ela é, propriamente falando, um gênero particular de literatura, disso não decorre que toda literatura seja filosófica.

Portanto, se Griaule teve o mérito, em relação a Tempels, de *deixar falar* o "primitivo" na pessoa de Ogotemmêli (embora tenha persistido em reduzi-lo ao papel de porta-voz), se Radin, mais audacioso, teve o mérito de mostrar que toda sabedoria é, em última análise, irredutivelmente pessoal e evidenciar a existência de uma *literatura de pensamento*[24] produzida, em cada sociedade não ocidental, por aqueles que ele chama de seus "intelectuais", e transmitida oralmente de geração em geração, não decorre automaticamente que essa literatura do pensamento seja literatura *filosófica*, assim como o discurso em geral não é automaticamente discurso *filosófico*. Radin e Griaule foram apressados, muito apressados em afirmá-lo.

A esse respeito, se relermos as histórias de Ogotemmêli em *Dieu d'eau*, facilmente nos convenceremos de que se trata de um discurso mitológico, e não filosófico. Mais exatamente, de uma vasta e ambiciosa cosmogonia — mas cosmogonia *não é* filosofia.

Leia-se, entre outros textos, este hino fúnebre *Ewe* (Togo) traduzido por Radin:

Canta-me um cântico, um cântico fúnebre,
Para te conduzir pela mão,
Canta-me um cântico dos subterrâneos do mundo.
Canta-me um cântico, um cântico fúnebre,
Para que eu possa seguir ao subterrâneo do mundo!
É assim que o mundo subterrâneo fala comigo
O mundo subterrâneo fala comigo destas formas:
"Oh, tão bem se sente na sepultura,
Oh, tão belo é o mundo subterrâneo!
Só falta o bom vinho de palma".
Deixa-me te levar pela mão
E te conduzir para o mundo subterrâneo.[25]

Ou este triste lamento de um guerreiro ameríndio:

Forte, forte, invencível na batalha,
Assim fui honrado;
Aqui agora estou velho e miserável![26]

Leiam-se os feitos e os gestos do grande Artesão da Terra (*Earthmaker*, como diz Radin) na cosmogonia e na mitologia dos indígenas winnebago[27] — reconheceremos sem dificuldade que essa literatura está infinitamente mais próxima da poesia do que da filosofia. Se essa poesia veicula um pensamento, isso não muda nada: a poesia não é necessariamente um jogo gratuito de palavras. Ela pode ser tão profunda quanto bela. Mas nem todo pensamento profundo é filosofia. Nem todo pensador é forçosamente um filósofo. Devemos nos decidir e romper de uma vez por todas com essa ilusão comum.

Eu sei muito bem que eles estão me "esperando na esquina". Com um sorriso malicioso me farão a questão capciosa, a questão das questões que divide os filósofos: o que é a filosofia? Se ela não é nem a poesia, nem o conto, nem o mito, nem o provérbio, nem outra espécie de aforismo, nem a narrativa histórica ou biográfica, se não pertence a nenhum dos *gêneros* entre os quais geralmente se distribui a literatura oral dos chamados povos primitivos, o que ela é afinal?

Não me apresso em responder a essa questão: é meu direito, porque não sou antropólogo. No momento, contento-me em mostrar aquilo que a filosofia *não é*. Quanto ao resto, veremos mais adiante. Acrescentarei somente um ponto: por falar em poesia, não pretendo reduzir a literatura oral dos povos não ocidentais a um puro jogo verbal. Porque, primeiramente, a poesia não é somente um jogo verbal: eu disse isso, eu insisto. Em segundo lugar, os textos em questão estão longe de pertencer ao gênero "poesia". Eu quis somente fazer uma aproximação, indicar um parentesco, mostrar que, se estes textos não podem ser todos reduzidos à poesia, também não podem, *a fortiori*, ser caracterizados como filosóficos. Eles estão objetivamente mais próximos da poesia que da filosofia. Mais próximos: conto, fábula, lenda, mito, provérbio, narrativa autobiográfica ou biográfica etc. são gêneros "literários" no sentido comum do termo, gêneros que chamaremos de *literatura artística*, em oposição à *literatura científica*. Pelo contrário, a filosofia pertence à literatura científica. Ela vive a mesma vida e evolui no mesmo ritmo que as matemáticas, a física, a química, a biologia, a linguística. É por isso que os textos citados por Radin estão mais próximos da poesia que da filosofia. É assim que um pensamento pode ser arte em vez de ciência.

Se quiséssemos especificar a diferença entre essas duas formas de literatura, seríamos obrigados a introduzir, uma vez mais, a noção de história. Grosso modo, podemos dizer que um poema ou um romance vale por si mesmo, independentemente da história da poesia ou do romance em geral. Uma obra filosófica ou matemática, ao contrário, somente pode ser entendida como o momento de um debate que a transporta e a transborda: ela sempre se refere a posições anteriores, seja para refutá-las, seja para confirmá-las ou enriquecê-las. Ela tem sentido apenas em relação a essa história; em relação aos termos de um debate que não cessa de evoluir, e onde o único elemento estável é a referência constante ao mesmo objeto, ao mesmo domínio da experiência, cuja caracterização também se faz nessa evolução. Em resumo, a literatura científica é histórica de uma ponta a outra.

A literatura artística, ao contrário, conhece apenas uma história extrínseca, sem nenhuma relação essencial com seu conteúdo. Ela é a acumulação indefinida de obras, cada uma das quais constitui em si uma unidade perfeitamente autônoma, significativa em si e por si mesma, uma totalidade acabada que poderia ter surgido em qualquer outro momento da história empírica e cuja data de surgimento real não está ligada a nenhuma necessidade interna. Um poema ou um romance não refuta outro, a menos que seja um poema ou um romance com uma tese, ou seja, por definição, algo diferente de um simples poema ou de um simples romance. De um ponto de vista puramente artístico, *O cemitério marinho* de Paul Valéry (1920) poderia ter surgido antes de *As flores do mal* de Baudelaire em 1857. *Les Armes miraculeuses* de Césaire (1946) poderia ter aparecido no século XIX. Essas obras não se situam nem no conteúdo, nem na forma, em relação às obras que as precederam, ou, se o fizerem, esta relação é acidental e não essencial, não é isso que as constitui como obras.[28] No sentido mais estrito do termo, a arte não tem história, embora se passe na história. A filosofia, ao contrário, como qualquer ciência, é histórica em sua própria substância: a historicidade intrínseca de um discurso pluralista, onde os diversos interlocutores se interpelam e se respondem de uma geração a outra, bem como no seio de uma mesma geração.

À luz desse debate, fica evidente que o discurso de um Ogotemmêli, uma vez que pretende enunciar uma sabedoria eternitária, intangível, um saber fechado, vindo das profundezas das eras e excluindo toda discussão, exclui-se a si mesmo da história em geral e, mais particularmente, dessa história tateante e sem fim, dessa investigação inquieta e inacabada que chamamos de filosofia.

As revoluções filosóficas

Isso já é suficiente para compreender a nossa primeira tese: a filosofia é história, não sistema. É evidente que, ao afirmar isso, pretendemos colocar a história acima do sistema. Mais ainda: queremos que se admita que a filosofia não poderia, sem negar a si mesma, se reduzir a uma certeza muda, a um balbuciar satisfeito, à repetição catequética de dogmas intangíveis; melhor ainda, queremos que se admita que ela não está apenas *na* história como um conteúdo em um recipiente, mas que, carregada pela história empírica, é ela mesma história em segundo grau: *progresso*, processo de *produção* (de algo que restaria a ser definido). É nesse sentido que, em vez de simplesmente ter uma história, é, ela mesma, estruturalmente, uma história.

Sem dúvida, alguns descobrirão que nossa análise traduz uma superestimação da filosofia, uma ilusão de seu poder. A rigor, admitirão que a filosofia existe, como a ciência, apenas sob a forma de uma história teórica, mas se apressarão em acrescentar que, contrariamente à história das ciências, a da filosofia é puramente repetitiva, puramente circular, que nela nada se cria, que afinal ela é uma história em vão, um discurso em vão. Esses opositores poderiam encontrar na história da filosofia referências sólidas para apoiar suas teses: Kant, por exemplo, e, de certa forma, Marx, depois Lênin.

Primeiro Kant. O imenso projeto da *Crítica da razão pura* parte, como se sabe, de uma constatação, a constatação dolorosa do fracasso da razão humana todas as vezes que ela pretende resolver problemas transcendentes. A história da filosofia é, para Kant, apenas a história desse fracasso. A filosofia é esse "campo de batalha" (*Kampfplatz*) onde se enfrentam, desde sempre, doutrinas inconciliáveis, que se reduzem essencialmente a dois grandes tipos: o dogmatismo e o ceticismo. Para pôr fim às batalhas estéreis nas quais a razão se esgota em um desperdício inútil de energia, é necessário nada menos que um exame crítico do próprio poder do espírito como uma faculdade de conhecimento, uma determinação da extensão real desse poder e os limites do seu legítimo exercício. Assim, o projeto kantiano se funda em um parêntese da história da filosofia: em que importa essa história, se ela não foi capaz de trazer à luz, depois de tantos desvios, uma única verdade que seja unanimemente reconhecida por todos, se ela foi até agora apenas o teatro de querelas vãs, o campo fechado de uma guerra generalizada de todos contra todos: *bellum omnium contra ommes*, como diria Husserl?

Assim se risca a história da filosofia. Em curso desde o prefácio (dos dois prefácios), esse gesto será mais preciso e mais explícito na introdução à *Crítica da razão pura*. Sabemos que essa introdução se esforça, de uma ponta a outra, para *estipular* (para articular) o único problema ao qual todo o livro será dedicado: como são possíveis os juízos sintéticos *a priori*? Sabemos também como esse único problema é imediatamente cunhado em três questões distintas e complementares:

1. Como é possível a matemática pura?
2. Como é possível a física pura?
3. Como é possível a metafísica?

O mais notável é que a terceira questão, que, de certa maneira, é a primeira, porque é ela que motiva a própria questão geral e, consequentemente, as duas questões particulares, aparece desde o início marcada por um equívoco insuperável. No caso da matemática e da física puras, estamos lidando com duas ciências realmente dadas, cujas condições de possibilidade nos empenhamos em descobrir por meio de uma análise regressiva. No caso da metafísica, nada disso: ela não existe como ciência, mas somente como "disposição natural", desejo irreprimível, falta. Portanto, não é de uma ciência, mas do desejo de uma ciência, não é de uma presença, mas de uma dolorosa ausência que será necessário mostrar, por recorrência, as condições de possibilidade. A análise induzida pela palavrinha "possível" permanece regressiva apenas à custa dessa discrepância na realidade, entre os status dos *objetos* a serem analisados: "ciências", num caso, "disposição natural" ou "necessidade", no outro. Em contrapartida, quando a terceira questão é formulada nos mesmos termos das duas precedentes ("Como é possível a metafísica *enquanto ciência?*"), a identidade da forma será apenas aparente. Não se tratará mais de *remontar* uma ciência dada às suas condições de possibilidade, mas de definir as condições de emergência de uma ciência *por vir*. A palavrinha "possível" terá mudado de sentido: não mais se chamará análise regressiva, mas exploração prospectiva.

O equívoco, dizíamos, é notável. Por quê? Porque a tese da não cientificidade da metafísica (da metafísica pré-crítica, entenda-se) produz, no texto kantiano, um efeito preciso: efeito de anulação, de invalidação de toda a história da filosofia ocidental, considerada como a incansável repetição do mesmo dogmatismo engendrando teses contraditórias, e entrecortadas de tempos em tempos por doutrinas céticas:

O uso dogmático da razão sem crítica leva apenas [...] a afirmações sem fundamento, às quais se podem opor outras igualmente semelhantes, que conduzem, consequentemente, ao *ceticismo*. Portanto, podem-se e devem-se *considerar nulas*[29] todas as tentativas feitas até aqui para constituir *dogmaticamente* uma metafísica.[30]

A esta anulação de uma história cujas diversas produções são "consideradas nulas" se articula uma tese complementar, a tese da universalidade da metafísica como "disposição natural": "É desse modo que, em todos os homens, assim que neles a razão se eleva ao ponto da especulação, sempre houve realmente em todos os tempos uma metafísica, e é por isso também que sempre haverá".[31]

O esforço de Kant visa justamente explicar a possibilidade dessa "metafísica natural", a possibilidade dessas questões que se impõem, por assim dizer, por si mesmas, universalmente, à razão humana. Se todas as pessoas são naturalmente metafísicas, é em virtude da própria natureza da razão, que a impele irresistivelmente para fora do campo da experiência para remontar a série de suas condições, rumo ao incondicionado que as fundamenta. O movimento é irreprimível em todos os homens, em todas as culturas. A esse respeito, a civilização ocidental não goza de nenhum privilégio: nela a razão está condenada, como em qualquer outro lugar, ao mesmo destino, à repetição interminável das mesmas questões. Enquanto não for instituído um "tribunal" encarregado de "garanti-la em suas reivindicações legítimas" e para "em troca condenar todas as suas usurpações sem fundamento", enquanto não for instituída uma *crítica da razão pura*, a história da metafísica é uma história *em vão*. As discussões sutis, a enorme literatura dedicada ao longo dos séculos pelo Ocidente a essa ordem de problemas, tudo não passa de vãs agitações teóricas, diatribes estéreis de que nada têm a invejar a conversa mole das mitologias ditas primitivas. Na Europa, como em outros lugares, a metafísica existe apenas como uma "disposição natural". Em nenhum lugar ela existe como uma ciência. Nesse aspecto, estamos todos no mesmo ponto: no mesmo grau de pobreza teórica.

Isso realmente poderia nos tranquilizar, ao reabilitar de certa maneira, como modos dessa "metafísica natural" universal, nossas mitologias (cosmogonias, teogonias, antropogonias, escatologias etc.), nossas concepções de mundo, nossas sabedorias — em suma, todas aquelas formas de pensamento que anteriormente opusemos, em razão do seu fechamento sistemático, à filosofia considerada como história.

Entretanto, olhando mais de perto, a própria crítica kantiana é um momento dessa história que ela recusa: aparece em um determinado ponto de sua evolução e é alcançada, efetivamente, por toda essa evolução. O próprio Kant tem plena consciência disso. Não é por acaso que ele se situa tão frequentemente em relação a David Hume. A análise humeana do conceito de causa, a redução psicologista de todas as ligações predicativas a simples efeitos de associação, a parcialidade subjetivista, que reduz as relações objetivas entre os fenômenos às leis do funcionamento da mente humana, a impossibilidade daí resultante tanto da ciência como da metafísica, tudo isso havia exercido em Kant uma profunda impressão que deveria, segundo a famosa fórmula dos *Prolegômenos*, "despertá-la do seu sono dogmático".[32]

Tanto é assim que a *Crítica da razão pura* pode ser lida, do início ao fim, como a resolução metódica do problema único de Hume, reformulado e situado no plano de generalidade que este último não pode situar: como é possível o juízo causal? A esse respeito, vale a pena ler e reler as entusiasmadas páginas dedicadas a Hume na introdução e no próprio texto dos *Prolegômenos*, depois as numerosas passagens, que chegam às dezenas, em que sua problemática é evocada no interior da *Crítica*. Veremos até que ponto Kant se sentiu *interpelado* por Hume, até que ponto sua obra, longe de estar simplesmente justaposta à do grande cético inglês numa história, por assim dizer, extrínseca, pelo contrário, se articula intimamente com ela, numa relação de continuidade e oposição — numa relação *dialética* em sentido estrito. Prova de que, apesar de seu enorme apagamento da história do pensamento, ou melhor, por causa mesmo desse apagamento, pela paciente desconstrução dos mais belos edifícios da razão especulativa, Kant de fato se insere no interior de certa *corrente* dessa mesma história. Melhor, é ainda ele quem nos dá os meios para pensar a função teórica precisa *dessa* corrente por oposição a todas as outras: o ceticismo, pai da filosofia crítica, não é uma filosofia entre outras; não pode ser colocada em pé de igualdade com as diversas construções da metafísica dogmática; pelo contrário, funciona na história da metafísica tanto como um poder de negação e questionamento quanto como uma má consciência. Antes, é aquilo pelo que a metafísica, escapando à simples justaposição ou à oposição frontal de sistemas fechados e irredutíveis, vem a se inscrever numa história do pensamento, numa história da filosofia, que inclui tanto a metafísica quanto o seu próprio contrário.

Encontramos nas últimas páginas da *Crítica da razão pura*, nessa "Doutrina transcendental do método" que devia constituir a segunda parte do livro, mas que contrasta pela brevidade com a extensão da primeira parte, denominada "Doutrina transcendental dos elementos", o esboço daquilo que Kant chama de uma "história da razão pura".[33] Se essa história apenas nos apresenta "edifícios em ruínas", sistemas em colapso sem qualquer credibilidade nem poder de convicção, o fato é que as ruínas nos instruem, que elas têm uma história que não é puramente negativa, pois através dela devia amadurecer a ideia do próprio projeto de uma *crítica da razão pura*; e que o agente constante das ruínas, o elemento corrosivo que, ao demolir os edifícios um após outro, ao neutralizar reciprocamente os sistemas dogmáticos, dinamiza a razão e faz nascer dela as exigências da crítica, nada mais é que o ceticismo. Portanto, somos tentados a distinguir com todo rigor metafísica e filosofia, para dar conta das nuances da posição kantiana nesse capítulo, generalizando a oposição explicitamente estabelecida por Kant entre metafísica dogmática e filosofia transcendental: se não há história da metafísica como tal porque ela é pura repetição, confrontação sem saída de dogmatismos opostos, por outro lado, existe uma história da filosofia que é a história da questão da possibilidade da metafísica, e que depois pode recuperar retrospectivamente, integrando-as, as diversas produções da metafísica dogmática. A história da filosofia assim compreendida obedece a uma necessidade interna, a uma lógica. Como Kant escreve em um capítulo intitulado "A disciplina da razão pura":

O primeiro passo, nas coisas da razão pura, que lhe marca a infância, é *dogmático*. O segundo passo [...] é *cético* e testemunha a prudência do julgamento refinado pela experiência. Mas há ainda um terceiro passo necessário, que pertence apenas ao juízo maduro e viril apoiado em máximas sólidas e de uma universalidade inquestionável: consiste em submeter não pontualmente a exame *os fatos* da razão, mas a própria razão no que diz respeito a todo o seu poder e toda a sua capacidade que tem de chegar ao conhecimento puro *a priori*.[34]

Há, portanto, algo como uma racionalidade interna, uma teleologia da história da razão pura, que faz aparecer progressivamente a exigência do conhecimento de si: da crítica. Por aí Kant se mostra plenamente um homem de seu tempo. O progresso da filosofia é apenas um caso particular do progresso do Iluminismo. O próprio projeto da *Crítica* está profundamente enraizado no espírito do século: disso somos advertidos desde o prefácio do livro. E sabemos como Kant define o Iluminismo: "a saída do homem de sua menoridade, da qual ele mesmo é responsável".[35]

Apenas citamos a relação de Kant com Hume como exemplo. Há outras talvez menos diretas, às vezes menos favoráveis, mas igualmente decisivas. Assim, John Locke é citado mais de uma vez como o verdadeiro fundador do empirismo moderno, que em seguida Hume levaria à mais perfeita coerência. A noção de categoria, na analítica transcendental, é emprestada de Aristóteles, para em seguida ser redefinida, reavaliada numa perspectiva crítica. Platão, George Berkeley e, às vezes, René Descartes funcionam no discurso kantiano como modelos negativos, exemplos de armadilhas a serem evitadas, para não falar do racionalismo de Gottfried Leibniz e Christian Wolff, que o próprio Kant havia muito professava (o famoso "sono dogmático"), antes de submetê-lo a uma crítica ainda mais radical, sob o efeito corrosivo do empirismo humeano.

Poderíamos nos deter nisso, pois aqui está provado, a partir do exemplo de Kant, o que queríamos demonstrar: que nenhuma filosofia, por mais nova que seja, nasce *ex nihilo*, que toda doutrina, nesse domínio, se coloca em resposta a doutrinas anteriores, no modo duplo da confirmação e da refutação; melhor ainda, para um apelo a novos desenvolvimentos, à espera de futuras confirmações e refutações; que toda filosofia se refere, para a frente ou para trás, à história inesgotável da disciplina.

Restaria, no entanto, dar conta do já mencionado gesto kantiano: sua redução da história da filosofia pela qual a filosofia crítica quis se instaurar, mas que, nos fatos, parece desmentir as múltiplas relações que continua a manter com essa mesma história.

Não é somente em Kant que observamos esse equívoco. Nós o encontramos em diversos graus em todos os grandes clássicos, em todos aqueles que souberam operar uma mutação na história da filosofia. No século XVII, Descartes delineou um limite para o ensino escolástico, que não fora capaz de lhe dar a certeza que procurava, e fundou, a partir dessa restrição, o retorno violento ao *cogito* como a última fonte de toda a verdade. Mais próximo de nós, Husserl, cansado dos falatórios empiristas sobre a origem psicológica das leis lógicas, exige, em uma fórmula famosa, o "retorno às coisas mesmas", para além dos discursos eruditos que tendem a dissolvê-las no fluxo da consciência subjetiva; a história da filosofia somente poderia ser percebida, nesse estágio inaugural da fenomenologia, como a história de um esquecimento, de uma perda do essencial, de uma alienação. Todo o esforço de Husserl tenderia a restabelecer o contato original com as coisas, essa abertura para o sentido pelo qual se define toda a consciência. Daí a regra claramente formulada em *A filosofia como ciência de rigor*: "O ímpeto não precisa nascer das filosofias, mas das coisas e dos problemas".

Mas é conhecido o que vem em seguida na história. Para além da ruptura com a herança escolástica, seu retorno radical ao *ego cogito*, a filosofia cartesiana veicula conceitos e explora temas herdados dessa mesma tradição. Muitos de seus gestos, que estão entre os mais decisivos — e às vezes entre os menos convincentes —, como a famosa reificação do *cogito*, a pressa de lastrear o ato puro de pensar com um suporte substancial (definido como *res cogitans*), que Kant, depois Hegel, Husserl e tantos outros, cada um à sua maneira, iriam lhe censurar, só podem ser entendidos em função da lógica tácita da metafísica aristotélica e medieval. Por sua vez, Husserl, ao romper com o psicologismo reinante, ao retornar ao ego transcendental para identificar de forma metódica suas estruturas intencionais, tem consciência de repetir, essencialmente, o gesto fundador da filosofia cartesiana. Melhor: em suas últimas obras, meditando sobre a crise das ciências e da humanidade europeias, ele colocaria em perspectiva sua própria filosofia, interpretando-a como a manifestação de um *télos* inerente à própria história.

Portanto, a posição de Kant está longe de ser singular. Toda grande filosofia começa por um parêntese, por uma denegação prática da história da filosofia. Toda grande filosofia é um recomeço, um questionamento radical. Mas só se pode pensar a própria ruptura após o golpe, numa recorrência também essencial a toda a filosofia, como um momento necessário da história da filosofia: reviravolta, renascimento, revolução, mutação etc. ocorrendo dentro dessa história, e não supressão ou aniquilação vinda de fora.

Está assim constatado o *fato*: a história da filosofia não evolui de maneira simplesmente cumulativa, por adição de pensamentos novos a pensamentos antigos. Ela progride por patamares sucessivos separados por falhas bruscas e rupturas profundas, ela traça para si um caminho através de crises, de questionamentos radicais, onde todo o passado, de repente, parece engolido para ressurgir no momento seguinte, transfigurado. Assim, a história da filosofia apresenta uma estrutura análoga àquela que Bachelard descreveu para as ciências: "Não há *desenvolvimento* das antigas doutrinas em direção às novas, mas sim o *envolvimento* dos antigos pensamentos pelos novos".[36]

Sem dúvida, esta é uma estrutura típica da história do pensamento: a estrutura da *retrospectiva*, a recorrência que permite a cada figura da ciência, como da filosofia, reinterpretar as figuras anteriores depois de, em princípio, rejeitá-las, e voltar a situá-las em um espaço teórico reorganizado. Na filosofia, como nas ciências, não se passa por um simples processo de explicitação de uma teoria antiga para uma nova. É preciso já ter acedido a essa nova teoria para poder descobrir os limites da antiga, bem como a sua validade relativa.

Até agora nos contentamos em descrever esse *fato* com alguns exemplos clássicos. Porém, restaria explicar algo, explicar por que a história da filosofia não procede em linha reta, mas, por assim dizer, em zigue-zague; por que toda grande filosofia deve, para se estabelecer, perturbar o espaço teórico existente; a que leis, a que regularidades ou série de condições essas perturbações obedecem? Notemos que fazer tal pergunta já é sair de algum modo da filosofia para pensá-la propriamente como objeto, tentar elaborar sobre ela um discurso que de certa forma antecipe aquilo que um dia será talvez, como deseja Althusser, "uma teoria não filosófica da filosofia".[37] Pois é impossível ouvir essa questão no *interior* da filosofia. O filósofo pode apenas *constatar* esse modo de articulação das doutrinas. Ele não pode *explicá-lo*, e por uma razão muito simples: todas as razões que ele poderia evocar irão sempre se referir, em última análise, à essência universal do discurso em geral, como princípio último da articulação da filosofia na história. Essas razões podem ajudar a compreender que a filosofia tem uma história — melhor, que ela seja propriamente história —, mas não podem explicar por que essa história tem uma estrutura descontínua em vez de contínua.

É necessário considerar aqui, por conseguinte, outras instâncias além daquela do discurso. Isso é o que Marx e Engels nos convidam muito especificamente a fazer em *A ideologia alemã*. Sobre esse ponto, conhecemos sua posição abrupta: a filosofia não tem história! Ficamos tentados, seguramente, depois do que foi dito acima sobre Kant, Descartes e Husserl, a ver nessa denegação teórica da história da filosofia apenas a expressão figurativa de sua denegação prática, tal como ocorre no gesto de ruptura instaurador de toda nova filosofia. E não deixa de ser verdade que a tese não pode, sem absurdidade, ser tomada literalmente: Marx e Engels não ignoram o *fato* da sucessão real das filosofias, nem o complexo emaranhado de suas razões, de suas argumentações; não ignoram que, nessa sucessão, tudo se mantém, que, no limite, cada filosofia se refere, como um elo da corrente que a carrega, ao conjunto das filosofias anteriores, contemporâneas e vindouras.

No entanto, não se conclui que a tese se reduza a uma figura de retórica. O que Marx e Engels afirmam é que nem a sucessão de doutrinas nem sua solidariedade teórica são suficientes para fazer uma história. Não há e não pode haver, no domínio puro do pensamento, nenhuma mutação ou revolução, nenhum *acontecimento* no sentido forte, que não se refira a algum acontecimento do mundo material, e não deva precisamente a essa referência aparecer como um acontecimento. É isso o que os jovens hegelianos não entenderam. Estes, tomando a história do pensamento pelo todo da história, superestimaram a importância de sua própria efervescência intelectual, viram na Alemanha da época "o teatro de uma convulsão sem precedentes" e acreditaram promover "uma revolução em relação à qual a Revolução Francesa foi apenas uma brincadeira de criança, uma luta mundial que faz parecer mesquinhas as lutas dos Diádocos".[38] A esses ideólogos pretensiosos, Marx e Engels respondem que as suas revoluções teóricas são de natureza puramente onírica, fantástica, que não têm qualquer influência sobre o real, que a verdadeira história se passa noutro lugar: no mundo material, onde os homens não param de *produzir* os seus meios de subsistência.

Assim, eles oporão à concepção hegeliana da história sua própria abordagem em *A ideologia alemã*:

> Em completo desacordo com a filosofia alemã, que desce do céu para a terra, aqui ascendemos da terra para o céu. Dito de outra forma, não se parte do que os homens dizem, imaginam e representam, nem dos homens narrados, pensados, imaginados, representados, para depois se chegar aos homens de carne e osso; não, parte-se dos homens em sua atividade real; é a partir de seu processo de vida real que representamos também o desenvolvimento das reflexões e dos ecos ideológicos desse processo vital. Mesmo as fantasmagorias no cérebro humano são sublimações necessariamente resultantes do processo de sua vida material que se pode constatar empiricamente e que repousa sobre bases materiais. *Como resultado, a moral, a religião, a metafísica e todo o resto da ideologia*, assim como as formas de consciência que lhes correspondem, perdem imediatamente toda aparência de autonomia. *Elas não têm história, não têm desenvolvimento*; pelo contrário, são os homens que, desenvolvendo a sua produção material e as suas relações materiais, transformam, com essa realidade que lhes é própria, o seu pensamento e os produtos do seu pensamento. *Não é a consciência que determina a vida, mas a vida que determina a consciência*. [...]
>
> É aqui que cessa a especulação, é na vida real, então, que começa a verdadeira ciência positiva, a exposição da atividade prática, do processo de desenvolvimento prático dos homens. As frases vazias sobre a consciência cessam, o conhecimento real deve substituí-las. *A partir do momento em que a realidade é exposta, a filosofia deixa de ter um meio onde ela existe de forma autônoma.*[39]

Essa longa citação foi necessária para recolocar em seu contexto certas fórmulas já clássicas que, ao serem repetidas mecanicamente fora desse contexto, acabaram por perder toda significação real e por funcionar apenas em modo encantatório. A propósito, esta página é mortal para alguns dos nossos "marxistas" oficiais porque, se não devemos partir "do que os homens dizem, imaginam, representam [...] para depois se chegar aos homens de carne e osso"; se, pelo contrário, é preciso julgar as suas palavras à luz de sua prática, é também evidente que não basta se dizer marxista para sê-lo, que sempre se deve apreciar as declarações oficiais de um poder, mesmo e sobretudo se esse poder se diz revolucionário à luz de sua prática real; que o problema maior em matéria de análise política não é tanto saber o modo como um regime define a si próprio, mas sim a função objetiva que desempenha no jogo político em que esse regime se encontra encerrado, a identidade que ele próprio ostenta; que, para além da declaração de adesão, real ou falsa, ao marxismo, o verdadeiro problema diz respeito ao modo de apropriação histórica do marxismo, ao papel concreto que lhe é atribuído, em uma palavra, a maneira como *funciona*: meio de libertação ou, pelo contrário, de subserviência; catalisador de energias ou ópio ideológico; matriz teórica de debates científicos e políticos ou monólogo de poder; linguagem das massas ou discurso mistificador, traiçoeiro. Mas deixemos o problema para lá.

É mais importante, para nossos propósitos, medir o alcance exato, o sentido da afirmação paradoxal, porém clássica: a filosofia não tem história. Dirigida a intelectuais pretensiosos confinados em seu universo teórico e que, à semelhança do seu mestre Hegel, consideravam o desenvolvimento da Ideia o motor da história universal, essa tese só tinha como sentido relativizar a própria história das ideias, colocá-la no contexto de que os ideólogos a tinham extraído para hipostasiá-la indevidamente, para mostrar que em si mesma e por si mesma ela tem todas as características de um jogo, e que ela só é ordenada em referência à história real do mundo material. Não há Ideia em si, nem Espírito, que não seja o espírito de um indivíduo, nem Consciência que não se refira a um sujeito determinado. Portanto, não há desenvolvimento autônomo da Ideia, como se fosse um ser vivo dotado de espontaneidade e tirando de si a lei de seu próprio crescimento. A ideia é sempre um produto do pensamento humano, um produto da atividade espiritual, inseparável da atividade material, dos indivíduos.

Portanto, assistimos aqui a uma inversão de perspectivas. Marx e Engels não negam que — ou não o fazem verdadeiramente — a filosofia possa ter uma história. Ao contrário, eles admitem explicitamente que "os indivíduos [...], desenvolvendo sua produção material e suas relações materiais, transformam, com essa realidade que lhes é própria, o seu pensamento e os produtos do seu pensamento", o que é uma maneira de reconhecer a existência dessa história. Eles acrescentam, entretanto, que essa história não é autônoma e não tira de si mesma a lei de seu próprio desenvolvimento, mas é determinada, em última análise, pela história da produção de bens materiais e das relações sociais de produção.

As modalidades precisas dessa determinação, que hoje sabemos ser apenas uma determinação *em última instância*, não estão definidas neste texto. Para lhes dar uma explicação teórica, é preciso interrogar outros textos e situar *A ideologia alemã* no conjunto da obra de Marx. Percebe-se então o quão enigmáticas são as fórmulas incisivas desse livro, e o quanto seria errônea, no que diz respeito à teoria desenvolvida em obras posteriores, uma interpretação literal. Louis Althusser disse coisas sobre esse assunto que hoje não podemos mais ignorar: a concepção marxista da história não é a simples inversão da concepção hegeliana, a substituição mecânica, por assim dizer, por um monismo materialista (economista), de um monismo idealista. Marx não se contenta em "receber" o conceito hegeliano de história para determiná-lo diferentemente ou preenchê-lo com outro conteúdo; ele mesmo constrói outro conceito de história a partir de uma concepção inteiramente diferente da natureza do todo social. Enquanto para Hegel a sociedade era um todo homogêneo, em que cada parte é *pars totalis*, expressando, da mesma forma e no mesmo grau quanto qualquer outra parte, a essência interior do todo, e manifestando, à sua maneira, a presença do conceito para si em dado momento histórico, o todo marxista é um todo complexo, hierarquizado e descentrado, compreendendo níveis distintos e relativamente autônomos. Cada nível desse todo evolui segundo seu próprio ritmo, cada instância possui um tipo diferente de existência histórica, e não é possível pensar os diferentes níveis ou instâncias no mesmo tempo histórico. Portanto, rigorosamente falando, não há uma única e mesma "história" da sociedade, muito menos uma "história geral" da humanidade, uma espécie de ambiente neutro onde se hospedariam sucessivamente, como clientes na cama de uma prostituta, diferentes acontecimentos; mas há, para cada modo de produção, histórias diferenciais dos diferentes níveis ou instâncias: uma história econômica marcada segundo seu próprio ritmo, uma história política, uma história das religiões, uma história das ideologias, uma história da filosofia, uma história das ciências, uma história da arte etc., todas igualmente marcadas de maneira específica. A ideia de um tempo homogêneo e contínuo desaparece. A história abstrata irrompe em uma pluralidade de histórias diferenciais sem referência a um tempo comum (o tempo abstrato do relógio), mas articuladas umas às outras seguindo a natureza específica do todo considerado (do modo de produção considerado), e somente determinadas "em última instância", por toda uma série de mediações absolutamente incontornáveis, pela "base" econômica.[40]

Aqui não é o lugar para desenvolver esse tema. Apenas o evocamos para situá-lo em seu devido lugar e, então, relativizar, em relação às obras da maturidade de Marx (sobretudo *Miséria da filosofia*, *Contribuição à crítica da economia política* e *O capital*), as posições inesperadas de *A ideologia alemã*, bem como as *Teses sobre Feuerbach*, que datam do mesmo período. Nesses textos de 1845, a filosofia é inteiramente rejeitada como parte da ideologia e fadada, como tal, a uma morte jubilosa em benefício apenas da ciência, que só escapa da ideologia porque é concebida, segundo o esquema clássico das teorias empiristas do conhecimento, como um decalque da realidade, e não como uma obra conceitual que produz seus próprios objetos. Para entender esses textos enigmáticos, é preciso lembrar que eles pertencem ao chamado período da "ruptura" (Althusser), quando Marx se comprometeu, em suas próprias palavras, a "acertar as contas com nossa antiga consciência filosófica"; que, como tais, são fatalmente marcados pelo selo do exagero e da violência polêmica. Reagindo contra o idealismo de Hegel, Marx e Engels não podiam, em 1845, se preocupar com nuances. Eles só poderiam inverter suas proposições termo a termo, e inesperadamente opor a esse monismo da Ideia um materialismo de aspecto mecanicista, enquanto esperavam formar os novos conceitos nos quais se expressariam a nova ciência e a nova filosofia fundadas na ruptura.

TODAVIA, quaisquer que sejam essas reformulações posteriores, a reversão operada nesse trecho de *A ideologia alemã*, mesmo atenuada, mesmo esclarecida pelas obras da maturidade de Marx, nos remete a outro conceito de história que não aquele de onde partimos. De fato, não poderíamos imaginar outra história senão aquela do discurso. A história era para nós apenas a forma desenvolvida da articulação da fala, de sua propagação no tempo e, consequentemente, a forma desenvolvida da ligação das letras na escrita, do desdobramento linear das palavras na superfície do papiro. A história, para nós, era a história do *logos*, era, no limite, apenas outro nome para o *logos*: discurso, raciocínio, razão. Portanto, poderíamos seguramente pensar a historicidade tanto da filosofia como das ciências como modos do *logos*, mas só poderíamos pensar na história da arte reduzindo-a à história do discurso sobre a arte. Poderíamos pensar ainda menos a história econômica, a história da produção material, no que Marx e Engels chamam, nesse trecho, de o "processo da vida real", o "processo da vida material", o "desenvolvimento da produção material", o "processo de desenvolvimento prático" dos homens.

Que se diga a palavra: nosso conceito de história era um conceito *idealista*. Subjacente à nossa análise estava a concepção hegeliana da filosofia como puro desenvolvimento da Ideia, concepção que faz da história do pensamento o núcleo racional e, no limite, o todo da história. A crítica de Marx estilhaça esse conceito elementar de história. Obriga-nos a remeter o desenvolvimento linear das ideias, o encadeamento do discurso, a solidariedade teórica das doutrinas para uma história mais fundamental, determinante em última instância, a história da produção.

Evidentemente, não é possível esconder as dificuldades teóricas desse novo conceito de história. Falta-lhe a expressiva evidência da metáfora da *linha* ou, mais exatamente, da *cadeia*. É infinitamente menos transparente e menos límpido que o primeiro conceito. A história marxista não é mais a simples articulação de um discurso linear, que se complica ao máximo pela pluralidade de tradições teóricas divergentes, mas, no limite, redutíveis entre si por leis matemáticas de transformação e conversão. Ela é a articulação complexa de "níveis" ou de "instâncias" em que cada um tem o seu modo de existência e a sua legalidade própria, e que são, por conseguinte, heterogêneos, irredutíveis entre si. Nesse desdobramento de "níveis", perde-se a unidade do conceito de história, que parecia tão assegurada na concepção de Hegel. Ao mesmo tempo, surge uma nova dificuldade desconhecida de Hegel: a da *passagem* de um momento histórico a outro. Essa passagem era evidente na filosofia idealista, não sendo mais do que a própria fluência da fala, a evocação, confirmatória ou contraditória, de uma ideia por outra — aquilo que os empiristas interpretavam mecanicamente como uma "associação". Mas, e a transição de uma estrutura econômica para outra? De um modo de produção para outro?

Não tentaremos aqui resolver esse problema, nem mesmo colocá-lo em toda a sua extensão.[41] Ressaltemos apenas que, de fato, esse problema da passagem não diz respeito somente à história material. Ele também se impõe no nível das formações espirituais, em que somente é ocultado pelos pressupostos continuístas da concepção idealista e logocêntrica da história. Portanto, a dificuldade do problema não é um argumento contra o materialismo. Pelo contrário, este apenas a *revela*, e torna assim possível sua solução, ali onde ela estava simplesmente despercebida, reprimida.

Acrescentemos igualmente isso: em razão da diferença de estatuto entre os dois conceitos de história, não se trataria simplesmente de renunciar a um em benefício do outro, mas de integrar um no outro como integramos a parte no todo, o particular no geral: como uma nova teoria "envolve" posteriormente, no dizer de Bachelard, uma velha teoria. O conceito hegeliano de história permite pensar o modo específico de existência da filosofia e das ciências em oposição ao discurso repetitivo da cotidianidade da vida ou da arte. Para nós, apenas tem sentido por este valor polêmico, discriminativo. É apenas nessa condição que o utilizamos antes. Mas, uma vez circunscrito o nível teórico (filosófico e científico) próprio, uma vez definido o que poderíamos chamar de instância do teórico, também era preciso, para tornar inteligível o modo específico de desenvolvimento dessa instância, situá-lo em seu devido lugar no todo complexo, hierarquizado, que é a sociedade. Daí o recurso a outro conceito de história infinitamente mais rico, infinitamente mais complexo.

Para concluir, levemos adiante algumas hipóteses fortuitas. Não podemos justificá-las plenamente aqui. Nós as tomamos pelo que são: elementos possíveis de resposta para o problema antes enunciado acerca das condições de possibilidade das revoluções filosóficas. À luz das análises anteriores pode-se formular o problema: o que, além da filosofia, determina as mutações de que é feita a sua história? Em última instância, como e por quais mediações a prática da filosofia é determinada pelas práticas materiais?

E aqui está a nossa resposta. Ela se apoia mais uma vez em uma valiosa observação de Althusser. Este último, retomando, em *Lênin e a filosofia,* uma das teses de seu inédito "Curso de filosofia para cientistas", adverte-nos que as grandes revoluções filosóficas sempre seguem as grandes revoluções científicas; e que, portanto, a filosofia está organicamente ligada, tanto em sua gênese como em sua evolução, ao nascimento e ao desenvolvimento das ciências:

> A filosofia nem sempre existiu; observamos a existência da filosofia apenas em um mundo que comporta aquilo que se chama de ciência ou ciências. Ciência em sentido estrito: disciplina teórica, isto é, ideal e demonstrativa, e não um agregado de resultados empíricos. [...] Para que a filosofia nasça ou renasça, as ciências devem existir. Talvez seja por isso que a filosofia em sentido estrito somente começou com Platão, estimulada a nascer pela existência da matemática grega; foi perturbada por Descartes, levada à sua revolução moderna pela física galileana; foi reformulada por Kant, sob o efeito da descoberta newtoniana; foi remodelada por Husserl, sob o aguilhão das primeiras axiomáticas etc.[42]

Em outros termos, a filosofia apenas se levanta depois do cair da tarde: sabemos disso pelo prefácio a *Princípios da filosofia do direito*, de Hegel. Mas esse atraso é especificado aí como um atraso em relação à ciência, um contragolpe adiado, no discurso filosófico, em relação aos grandes acontecimentos da história das ciências.[43]

Ora, se essa hipótese estiver correta, temos aí a resposta para nossa pergunta. As mutações filosóficas são função das revoluções científicas, das grandes "rupturas" nas quais se reorganizam as problemáticas das ciências existentes ou se fundam, se for o caso, novas ciências. Essas rupturas em si não são, evidentemente, puros eventos de discurso; são efeitos teóricos no campo do discurso das práticas experimentais que informam, de uma ponta à outra, a ciência: práticas organicamente ligadas ao conjunto das práticas materiais do homem, implementando diversos processos técnicos e, por conseguinte, dependentes do desenvolvimento da tecnologia e, então, das forças produtivas. Para pensar as revoluções filosóficas em sua possibilidade, é necessário chegar a admitir que o discurso filosófico, sem ser, como poderia pretender um materialismo vulgar, um reflexo mecânico da estrutura econômica, é, no entanto, rigorosamente consistente com o discurso científico (do qual também não é, evidentemente, uma simples reduplicação) e se articula, por esse viés, com a história das práticas materiais. Decerto isso ainda é apenas uma hipótese. Para lhe dar consistência, são necessárias novas e difíceis análises da história e da filosofia da ciência, que evidenciariam, particularmente, o caráter experimental de cada uma delas, inclusive as ciências matemáticas. Também são necessárias novas análises da história da filosofia para descobrir a relação específica de cada grande problemática filosófica com a ciência dada, ou, se necessário, em gestação. Em todo o caso, essa via se mostra fecunda, e é, aliás, a única que hoje nos promete uma solução para os difíceis problemas já mencionados.

E é aqui que queremos chegar: se a nossa hipótese é justa, se o desenvolvimento da filosofia é função, de uma forma ou de outra, do desenvolvimento das ciências, então a filosofia africana não pode ser separada da ciência africana; e nunca teremos, na África, uma filosofia no sentido estrito, uma filosofia articulada como uma busca sem fim, enquanto não produzirmos também uma história da ciência, uma história das ciências. A prática filosófica, essa forma particular de prática teórica que se chama filosofia, é inseparável daquela outra forma de prática teórica que se chama ciência.

Em vez de reivindicar em alto e bom som a existência de uma "filosofia" africana que nos dispensasse para sempre de filosofar, seria melhor, pois, nos empenharmos com paciência, com método, para promover aquilo que poderíamos chamar de uma *ciência* africana: uma *investigação científica* africana. Não é de filosofia, mas antes de tudo de ciência que a África precisa. Se a filosofia também lhe pode servir, é somente na medida em que possa contribuir para libertar, neste continente, uma verdadeira tradição teórica, uma tradição científica aberta, senhora dos seus problemas e dos seus temas; na medida em que possa, uma vez instaurada essa tradição, contribuir de uma forma ou de outra para o seu enriquecimento. Essa filosofia, essa investigação teórica articulada com todo o rigor sobre a ciência, nos deixa a mil léguas das preocupações em torno das quais se forjou e se desenvolveu o mito da chamada "filosofia" africana tradicional. Ela nos deixa longe dos problemas metafísicos da origem do mundo, do sentido da vida, do porquê da morte, do destino do homem, da realidade do além, da existência de Deus e de todos os outros problemas insolúveis que, no fundo, partem da mitologia e com os quais a ruminação filosófica habitualmente se compraz. Pelo contrário, ela liberta novos problemas teóricos: todos aqueles relativos à essência, às condições de possibilidade e à história do discurso científico.

A primeira condição da história da filosofia, a primeira condição da filosofia como história é, então, a existência real de uma prática científica, a existência da ciência como prática material regulada refletindo-se em um discurso. Mas devemos ir ainda mais adiante: a condição primeira da própria ciência é a escrita. É difícil imaginar uma civilização científica que não seja uma civilização da escrita, é difícil imaginar uma tradição científica em uma sociedade em que o saber se transmita apenas por meio oral. Portanto, as civilizações africanas não poderiam dar à luz uma *ciência*, no sentido mais estrito e rigoroso do termo, enquanto não tivessem sofrido a profunda mutação cujo espetáculo elas hoje nos oferecem, mutação que, agindo em seu interior, as transforma pouco a pouco em civilizações da escrita.

Convenhamos: a África pré-colonial decerto tinha acumulado uma rica colheita de conhecimentos verdadeiros, de técnicas eficazes, que foram transmitidos oralmente de geração em geração e que ainda hoje sustentam uma boa parte das populações dos nossos campos e das nossas cidades. Recolher esse precioso patrimônio, testá-lo e sistematizá-lo é, sem dúvida, uma das tarefas mais urgentes da nossa geração. Já que falamos em recolhê-lo e sistematizá-lo, visto que achamos urgente integrá-lo ao nosso saber moderno, então acreditamos que esse patrimônio ainda não havia sido, até a nossa época, *recolhido, sistematizado, integrado*. É preciso reconhecer que, em si mesmo e por si mesmo, não poderia, por movimento próprio, produzir aquela forma específica de conhecimento a que chamamos, por um termo muito aproximado, de "saber moderno"; que, pelo contrário, foi necessário que tivéssemos acedido a esse saber "moderno" para perceber retrospectivamente a possibilidade e a necessidade de sua recuperação. Envolvimento, como diria Bachelard, do saber antigo pela episteme moderna, investimento recorrente daquele por esta última, e não desenvolvimento espontâneo do primeiro para a segunda. Diga-se de passagem, a execução correta desse projeto de envolvimento (de integração, de recuperação etc.) supõe a elaboração de uma metodologia que talvez não seja apenas tarefa dos "cientistas", mas também dos filósofos.

Eu acrescentaria ainda uma observação. A África pré-colonial certamente não era, ou não era inteiramente, uma sociedade sem escrita. Théophile Obenga descreveu recentemente, no seu excelente trabalho sobre *L'Afrique dans l'Antiquité*,[44] alguns dos sistemas de escritura praticados no nosso continente antes da invasão europeia, por exemplo entre os vai de Serra Leoa, entre os bamum de Camarões, para não falar, evidentemente, dos sistemas mais antigos e mais conhecidos, como o egípcio antigo. Mas isso não resolve nosso problema. Pois, não basta saber que os sistemas gráficos existiam em tal e qual sociedade, em tal e qual parte do continente. Também é necessário saber *como* esses sistemas eram praticados, *a que* serviam concretamente, qual era o seu *lugar* na cultura espiritual e material da sociedade: se estavam reservados a uma classe privilegiada, a classe sacerdotal, por exemplo, e veiculavam por isso um conhecimento esotérico e aristocrático, ou se, pelo contrário, estavam ao alcance do grande público. Esse é o verdadeiro problema.

Também podemos sustentar, com Cheikh Anta Diop, a tese da regressão histórica: a África teria conhecido, na mais alta Antiguidade, uma civilização científica das mais brilhantes, como evidenciam sobretudo as realizações grandiosas do Egito do tempo das pirâmides. Sua atual carência em termos científicos e tecnológicos não seria, pois, original, mas efeito de uma regressão, de uma decadência.[45] Não vou insistir aqui nas dificuldades dessa tese, que me parece extremamente fecunda, mas que deve ainda, para se tornar uma certeza, estabelecer de forma peremptória, e não somente impressionista ou conjectural, a continuidade histórica e biológica entre as populações do antigo Egito e as da África atual. O ponto mais importante é que, mesmo nessa hipótese, a possibilidade da regressão cultural ainda teria de ser explicada. Sem dúvida, caberia então mencionar como uma das causas possíveis o caráter esotérico, hierático, da ciência e da escrita em uma sociedade em que eram monopolizadas por uma minúscula classe sacerdotal, que as tornava instrumentos de sua dominação. É certo que estamos aqui no campo das hipóteses. Eu não gostaria de me aventurar mais que isso. O que é certo, porém, é que a primeira e mais elementar condição da *filosofia* e da *ciência* (no sentido estrito dessas palavras) é uma ampla e democrática prática da escritura. Condição necessária, embora não suficiente.

A filosofia africana hoje

Acho que já disse o suficiente sobre isso para não me alongar mais no terceiro ponto: a filosofia africana talvez esteja em via de operar diante dos nossos olhos sua primeira mutação decisiva. Para entender o significado da proposição, é necessário ter em mente:

1. Que a filosofia africana *existe*.
2. Que ela é algo diferente do que acreditamos, daquilo que a literatura etnológica há muito nos fez crer.

A atual mutação teórica, rica das promessas mais inesperadas, residiria então na tomada de consciência do que a filosofia *não é*, na denúncia vigorosa das ilusões anteriores relacionadas ao modo de existência histórico da filosofia africana.

De fato, estamos começando a compreender que a filosofia africana não é a hipotética visão de mundo coletiva, espontânea, irrefletida e implícita com a qual se confundia até então. Começamos a admitir que não é o sistema de crenças tácitas ao qual adeririam, consciente ou inconscientemente, todos os africanos em geral, ou, de modo mais específico, os membros desta ou daquela etnia, desta ou daquela sociedade africana. Reconhecemos que, portanto, "filosofia banta", "filosofia dogon", "filosofia diola", "filosofia iorubá", "filosofia fon", "filosofia uólofe", "filosofia sererê" etc. são, todas, mitos inventados pelo Ocidente; que não há "filosofia" africana espontânea mais do que existem "filosofias" espontâneas ocidentais ou francesas, alemãs, belgas, estadunidenses etc., que alcançariam silenciosamente a unanimidade entre todos os ocidentais, ou entre todos os franceses, os alemães etc.; que a filosofia africana somente pode existir da mesma forma que a filosofia europeia: através do que se chama de uma *literatura*.

Convenhamos: a filosofia africana *é* a literatura filosófica africana.[46] Então, o único problema é saber se essa literatura deve ser entendida em sentido estrito, ou se deve incluir, além da soma dos escritos, as falas não escritas e a longa tradição que se chama literatura oral.

A ampliação do conceito de literatura não parece suscitar, à primeira vista, nenhuma dificuldade. Melhor, parece que o conceito de literatura *oral* deveria teoricamente preceder o de literatura, como a fala precede a escrita. O texto escrito parece ser simplesmente a transcrição de um enunciado antes oral, transcrição que em nada modificaria o conteúdo e o alcance desse enunciado.

Aliás, poderíamos ser tentados a invocar em apoio a essa tese a autoridade de um Jacques Derrida, sobretudo as análises de sua famosa *Gramatologia*.[47] Poderíamos tomar como modelo a considerável ampliação que este livro parece ter dado ao conceito de escritura, para além do seu sentido estrito de escrita fonética, alfabética. Na verdade, sabe-se com que vigor Derrida denuncia o etnocentrismo ocidental, que erigiu a escritura alfabética, isto é, europeia por excelência, como modelo universal da escritura em geral. Poderíamos nos sentir tentados, em nome de uma reação legítima contra esse etnocentrismo, a dizer que, afinal, a fala é também uma forma de escritura, e que suas mais belas invenções, transmitidas oralmente de pai para filho, e prodigiosamente conservadas na memória dos povos ditos sem escrita, não têm o que invejar das invenções transmitidas pela via do arquivo sob a forma de documentos visíveis, materiais e manipuláveis; que, no fim das contas, a tradição oral já é um começo da escritura, uma vez que não somente a fala supõe uma articulação, um contraste fonológico, como mostrou Derrida, portanto, um jogo de diferenças que não é outro, em essência, que o próprio jogo da escritura, mas também a palavra transmitida, veiculada de pai para filho sem o suporte do arquivo, é apenas possível graças a outros dispositivos mnemotécnicos que, como adjuvantes da memória, desempenham objetivamente o mesmo papel que o arquivo ou o documento.

O argumento é sedutor, mas só terá feito o problema recuar. Pois, finalmente, se suprimimos a clássica oposição entre fala e escrita, se afirmamos, como Derrida acertadamente o faz, que a escritura no sentido corrente, no sentido empírico e voluntarista, é apenas o modo derivado de uma arquiescritura que também opera na fala, ainda resta saber se esses dois modos ou formas de escritura são rigorosamente equivalentes, se desempenham o mesmo papel e produzem os mesmos efeitos na história da cultura. Em nenhum momento Derrida afirma essa equivalência. Ele concordaria ainda menos em reduzir a escritura empírica a um simples complemento da fala, à simples transcrição de um pensamento previamente realizado e em plena posse de si — em suma, a uma técnica derrisória sem efeito sobre o conteúdo a que se aplica. Longe de endossar essa afirmação, o autor da *Gramatologia*, pelo contrário, adverte-nos expressamente contra ela, identificando-a muito precisamente como a tese central de uma ideologia determinada, que ele chama de logocentrismo: a ideologia segundo a qual o *logos*, ou fala, seria a forma mais acabada de linguagem, e a escrita, uma simples técnica de conservação ou memorização; ideologia segundo a qual a fala seria anterior à escritura, a *toda* escritura concebível, e seria, como fala "viva", como fala "plena", a manifestação mais espontânea e tranquilizadora da vida, da presença de si, da consciência. Para Derrida, esse "logocentrismo" (ou "fonocentrismo") é a mais antiga e a mais constante das ilusões da civilização ocidental. De minha parte, estaria inclinado a vê-lo não como um defeito específico da civilização ocidental, mas como um preconceito universal, sem dúvida ligado às exigências da vida em sociedade como tal.

Mas voltemos ao nosso problema, para além dessa aparente digressão. Falávamos da filosofia africana, mais exatamente do que ela *não é*. Rejeitando a ilusão clássica que a reduzia a um sistema de crenças coletivas, irrefletidas e implícitas, dizíamos que ela só podia existir sob a forma de discursos explícitos, isto é, antes de tudo, sob a forma de uma literatura. Impôs-se então o problema de saber em que sentido se deveria entender essa "literatura": se era necessário reduzi-la à literatura "escrita" (no sentido habitual e empírico da palavra "escritura"), ou se cabia aí incluir também a literatura "oral". O que finalmente compreendemos é que a questão envolve outra: a dos respectivos papel e estatuto da literatura "escrita" e da literatura "oral"; dito de outra forma, da escritura no sentido empírico e derivado (a escritura livresca), e da escrita como pura memorização (a escritura, por assim dizer, psíquica).

Sendo assim colocada a questão, gostaria de arriscar uma hipótese: a tradição oral tenderia antes a favorecer a consolidação do saber em um sistema dogmático e intangível, enquanto a transmissão através dos arquivos aumentaria a possibilidade, de um indivíduo para outro, de uma geração para outra, da crítica do saber. O que predomina na tradição oral é o *medo do esquecimento*, o *medo dos lapsos de memória*, pois esta é abandonada a si mesma, sem recursos externos nem suporte material. O homem é então obrigado a guardar zelosamente todas as suas memórias, a evocá-las incessantemente, a repeti-las sem parar, acumulando-as e amontoando-as em um saber global, inteiramente presente a cada instante, sempre pronto a ser aplicado, perpetuamente disponível. Nessas condições, o espírito está muito ocupado em *preservar* o saber para se permitir *criticar*. Contrariamente, a tradição "escrita", recorrendo a um suporte material, liberta a memória, que pode, de agora em diante, se permitir esquecer, excluir provisoriamente, questionar, interrogar, segura de antemão de poder reencontrar, se necessário, em qualquer momento, suas aquisições anteriores. Ao garantir uma memória sempre possível, o arquivo torna supérflua a memória atual e liberta assim a audácia do espírito.

Desse ponto de vista, não se pode deixar de considerar insuficiente a análise de Lévi-Strauss quando, para distinguir as sociedades europeias das sociedades ditas sem escrita, afirma que as primeiras produzem uma história "cumulativa", "aquisitiva", se esforçando indefinidamente para acrescentar bens e descobertas, enquanto as segundas viveriam passivamente uma história "fria", "não cumulativa", "não aquisitiva".[48] Seria necessário com todo o rigor reverter os termos da oposição. As sociedades ditas sem escrita (e que, como vimos, muitas vezes de fato possuem escrita, mesmo no sentido mais empírico da palavra, mas são únicas por não a utilizarem como meio privilegiado de transmissão e disseminação de conhecimento) estão condenadas a guardar ciosamente na memória as suas invenções e descobertas, a amontoá-las, a acumulá-las. Portanto, sua história é por excelência uma história *cumulativa*, se é que essa palavra tem algum significado. Pelo contrário, a história do Ocidente não é imediatamente cumulativa, mas *crítica*: ela não progride por simples acúmulo de conhecimentos, por simples adição de descobertas e invenções, mas através de questionamentos periódicos do saber estabelecido que constituem outras tantas *crises*.

Ora, o que autoriza essas crises, como já dissemos, é a certeza de que nelas sempre nos reencontramos, de todo modo, no momento desejado, a certeza de poder voltar ao passado se necessário, graças aos vestígios visíveis e às marcas materiais que tivemos o cuidado de deixar. Nada se perde: o vigor crítico somente pode se desdobrar, e dar livre curso ao impulso iconoclasta, por ter primeiro colocado em lugar seguro, protegido de qualquer ataque, aquilo que se pretende depois destruir.

Essa é a verdadeira função da escritura (empírica): ela confia à matéria (livro, documento, arquivo etc.) um papel de salvaguarda que de outro modo se atribuiria ao espírito, e consequentemente o liberta para novas invenções suscetíveis de abalar as antigas, ou mesmo de as condenar definitivamente.

Ora, se nos lembrarmos do que dissemos da filosofia, se admitirmos que ela é história e não sistema, movimento perpétuo de crítica e contracrítica em vez de segurança tranquila, compreenderemos que pode ser plenamente realizada apenas em uma civilização da escrita (no sentido empírico). A "escritura" simplesmente oral, sem, evidentemente, interditar toda crítica, não obstante a contém em limites estreitos e favorece o crescimento de uma cultura tradicionalista, conservadora, ciosa de suas conquistas e preocupada apenas em aumentá-las quantitativamente, multiplicá-las, sem jamais questioná-las: uma cultura *cumulativa*, se é que isso existe. Portanto, a filosofia, reflexão crítica por excelência, só pode se desenvolver plenamente sob a condição de "escrever as suas memórias", de "manter o seu diário". Não que seja impossível, como atividade intelectual, numa civilização "oral", mas estaria então confinada a um tempo e lugar específicos, e apenas poderia sobreviver na memória coletiva sob a forma empobrecida de um *resultado*, de uma *conclusão*, separada do longo percurso teórico que levou a ela.

Assim, o círculo das nossas definições gradualmente se estreita. A filosofia africana, originalmente concebida por Tempels e seus discípulos, herdeiros de uma longa tradição etnológica, como visão coletiva, implícita e no limite inconsciente do mundo, começa hoje a recusar essa definição que se pretendia dar a ela e a tomar consciência de si mesma como discurso, pensamento explícito, história inacabada de um debate pluralista. A filosofia africana começa a perceber a si mesma como uma espécie determinada de literatura. Um certo número de textos muito explícitos testemunha essa revolução. Quer sejam assinados pelos cameroneses Eboussi-Boulaga, Towa, Njoh-Mouelle, o ganês Wiredu, o queniano Odera ou, às vezes, por mim mesmo, quer se trate de textos coletivos redigidos sob a forma de manifestos, isso não tem importância aqui, pois o essencial é o que todos esses textos, para além de suas divergências reais, desenham ou anunciam: uma nova estrutura teórica na história de nossa filosofia.

Entretanto, o que tentamos estabelecer no presente exposto é que a definição de filosofia africana como um conjunto de discursos explícitos produzidos por filósofos africanos é apenas uma *definição mínima*; que, a rigor, ela ainda é muito ampla e deve ser especificada, trazendo a instância do documento, do arquivo, do rastro visível, da escritura empírica. Em outros termos, devemos ser extremamente prudentes sempre que examinarmos nossa literatura oral para dela cortar, por assim dizer, fatias de literatura filosófica. Devemos saber que as fatias, pelo próprio fato de terem sido não somente conservadas, mas repetidas de pai para filho e devotamente transmitidas a nós durante séculos, sem ter tido de sofrer a prova decisiva da crítica e, por assim dizer, do esquecimento tático, representam, na melhor das hipóteses, apenas os resultados de uma reflexão longínqua, que não foi ela própria registrada; que os contos morais, as lendas didáticas, os aforismos, os provérbios expressam não uma busca, mas no máximo os resultados de uma busca, não uma filosofia, mas no máximo uma sabedoria; e que somente hoje podemos, ao transcrevê-los, eventualmente conferir-lhes o valor de documentos filosóficos, ou seja, textos que possam servir de suporte a uma reflexão crítica e livre.

Permitam-me, para concluir, situar essa análise em relação às minhas próprias abordagens anteriores. Em um artigo publicado em 1970 na revista *Diógenes*,[49] escrevi como advertência, de maneira abrupta, sem justificação prévia: "Chamo de 'filosofia africana um conjunto de textos: o conjunto de textos escritos por africanos e qualificados por seus próprios autores, como filosóficos".

Com isso, recusei a concepção etnológica da filosofia africana, reduzida a uma visão de mundo coletiva e irrefletida. Mas, desde então, muitas vezes me perguntam se os discursos filosóficos de nossos ancestrais, que não tiveram a chance de serem transcritos, não são também parte integrante da filosofia africana; em outras palavras, se é necessário que um pensamento seja escrito preto no branco para merecer o qualificador de "filosófico". Estamos agora em condições de responder. A ausência de transcrição certamente não diminui o valor intrínseco de um discurso filosófico; no entanto, impede que ele se integre a uma tradição teórica coletiva, que tome seu lugar na história como um possível termo de referência convocado a alimentar futuras discussões. Portanto, no limite, pode haver *filósofos africanos* sem uma *filosofia africana* (embora o inverso, espero ter mostrado, seja rigorosamente impossível). Milhares de Sócrates jamais teriam sido suficientes para dar origem a uma filosofia grega, qualquer que fosse seu talento dialético. Da mesma forma, milhares de filósofos sem obras nunca teriam sido suficientes para dar origem a uma filosofia africana. Sócrates apenas pôde entrar na história teórica da Grécia graças a seus discípulos ou concidadãos que dedicaram seu tempo a escrever e que transcreveram, discutiram, às vezes criticaram, e muitas vezes deformaram seus pensamentos. Sem dúvida, da mesma maneira, podemos hoje recuperar os fragmentos filosóficos de nossa literatura oral, mas devemos saber que, de fato, como filosofia autêntica, tudo começa no momento preciso dessa transcrição, quando a memória, despojada do saber que a sobrecarregava, e cuja guarda doravante é confiada ao papiro, liberta-se para uma tarefa de crítica que inaugura, no único sentido concebível desta palavra, a *filosofia* propriamente dita.

E tem mais. Também tentamos estabelecer que a filosofia africana é inseparável da ciência africana, da pesquisa científica africana; que apenas pode existir como forma específica de literatura na sua diferença regulada e na sua articulação com a literatura científica; que a única perspectiva fecunda que se oferece hoje à nossa filosofia é a de estar estreitamente ligada ao devir da ciência, se integrando ao imenso movimento de apropriação do saber que se desenvolve atualmente no continente, no domínio das ciências.

Mostramos como esse processo de apropriação da herança científica internacional condiciona a atualização e, por assim dizer, a reapropriação de nosso saber pré-colonial. É claro que, da mesma maneira, a apropriação metódica da herança filosófica internacional, inseparável dessa herança científica, é a condição absoluta de qualquer reapropriação de nosso passado filosófico, de qualquer reconstituição de nossa história teórica. Nossa tarefa nessa área é complexa, nossa responsabilidade é imensa. Devemos ser ambiciosos para a África e para nós mesmos, não cortar pela raiz as promessas inauditas de nossa história, não a fechar prematuramente, mas, ao contrário, abri-la, libertá-la. Os geniais curtos-circuitos do nacionalismo, as mentiras pseudorrevolucionárias têm, na melhor das hipóteses, uma eficácia limitada. Para além de todas as soluções fáceis, para além de todos os mitos, hoje, corajosamente, devemos ousar recomeçar.

PARTE II

Análises

5. Um filósofo africano na Alemanha do século XVIII: Anton Wilhelm Amo[1]

Axim é uma antiga cidade africana localizada no golfo da Guiné (oceano Atlântico), no sudoeste da atual Gana, não muito longe da fronteira com a Costa do Marfim. Foi aí que nasceu, nos primeiros anos do século XVIII, o filósofo negro, que mais tarde se assinaria em latim, Amo Guinea-Afer (ou Amo-Guinea Africanus) — Amo, o guineense —, como se temesse esquecer ou deixar que aqueles que o rodeavam esquecessem, ao longo da sua longa aventura europeia, suas origens e seus laços africanos.

A carreira filosófica de Amo se deu principalmente na Alemanha. Foi lá que estudou, recebendo uma formação que depois ele próprio viria a ministrar, lecionando nas universidades de Halle, Wittenberg e Jena, nas décadas de 1730 e 1740, antes de regressar ao seu país de origem, onde terminaria os seus dias.

Sua obra é quase inteiramente escrita em latim. Estão a seguir os principais títulos. *Dissertatio inauguralis de jure maurorum in Europa* (1729): Direitos dos africanos na Europa (texto ainda não encontrado). *Dissertatio de humanae mentis apatheia* (1734): Da impassividade do espírito humano. *Tractatus de arte sobrie et accurate philosophandi* (1738): Sobre a arte de filosofar com sobriedade e precisão. Este último é o texto mais importante (208 páginas).

Seria necessário acrescentar à lista, para ser completa, um texto intitulado *Disputatio philosophica continens ideam distinctam eorum quae competunt vel menti vel corpori nostro vivo et organico*, ou Discussão filosófica contendo a ideia distintiva entre os atributos que pertencem respectivamente ao nosso espírito e ao nosso corpo vivo e orgânico.

Essa breve dissertação (dezesseis páginas) é um memorial supervisionado e defendido sob a orientação de Amo em 29 de maio de 1734 por um aluno chamado Jean Théodose Meiner. Na verdade, ela é apenas a retomada e um desenvolvimento das ideias essenciais do *De humanae mentis apatheia*.

A obra do filósofo "ganense"[2] ainda não foi objeto de nenhum estudo sistemático. Até agora, os trabalhos publicados sobre ele, ao que sabemos, são puramente biográficos e se contentam em mencionar sua produção filosófica sem analisar o conteúdo. Keame Nkrumah, é verdade, invocou com muita pertinência o *De humanae mentis apatheia* na longa polêmica contra o idealismo que abre seu ensaio filosófico *Consciencism*.[3] Mas a alusão é breve e não poderia ser considerada uma análise histórica e teórica da obra.

Provavelmente ainda não chegou o momento de empreender tal análise. Seria necessário não somente que se lesse (no sentido imediato do termo) a obra de Amo, o que não é difícil, mas também que se possa situá-la no contexto da época, de modo a identificar plenamente os pormenores e meandros, ou seja, o que está *em jogo*. Essa pesquisa histórica, indispensável para uma leitura crítica (para uma *leitura* em sentido forte), exige mais tempo e esforço, e, acima de tudo, não poderia ser tarefa de uma só pessoa. No entanto, acreditamos que ela deve ser feita um dia.

Escolhemos apresentar aqui a dissertação do *De humanae mentis apatheia* com interesse tanto no método e na doutrina de Amo como no significado atual de sua aventura para nós.

Ao fazer isso, de forma alguma prejulgamos a importância teórica do trabalho. Talvez tenhamos mesmo de admitir desde o início, em todo o caso, que Amo só poderia estar situado no contexto da filosofia europeia, e isso em razão da própria consciência que tinha de pertencer a outra civilização, como um autor de segundo plano, isto é, não um autor original, criador, mas como um honesto professor e repetidor de filosofia, cujo único mérito deveria ser, no máximo, refletir, tal qual um espelho, o pensamento de seu tempo através das opções teóricas que ele mesmo foi levado a fazer ali.

Sem dúvida, um dia será necessário que se formule com clareza e se elabore de maneira sistemática a questão subjacente a toda "história" da filosofia, cuja solução condiciona, muitas vezes sem o conhecimento do historiador, as escolhas e exclusões de que essa história se compõe: com que se mede a importância de um filósofo, sobre quais critérios se baseia a escolha de tais e tais nomes, de tais e tais obras para serem dignas da atenção da posteridade, entre a imensa multidão de obras do discurso?

Aqui não é o lugar para abordar essa questão. Gostaríamos de nos situar provisoriamente aquém e, sem prejulgar minimamente o *interesse filosófico* de Amo (a questão terá de ser levantada *mais tarde*), simplesmente assinalar sua existência e tentar apreender a sua problemática, nem que seja em razão da aventura singular do autor e, portanto, de seu interesse histórico em sentido amplo.

Elementos para uma história

Atualmente os biógrafos de Amo dispõem de um número significativo de documentos históricos. Os mais antigos datam da própria época de Amo. São eles:

1. O registro dos batismos na capela Brunswick-Wolffenbüttel, onde o jovem Amo foi batizado em julho de 1708, de acordo com os ritos da igreja luterana.

2. O registo financeiro da Corte do duque de Brunswick--Wolffenbüttel, que menciona os subsídios concedidos a Amo entre 1716 e 1720. Atualmente, esses dois registros se encontram nos arquivos do estado de Wolffenbüttel.

3. Uma revista da época, *Hallische Frage-und-Anzeigen Nachrichten*, e, de modo mais amplo, os arquivos da Universidade de Halle, onde se encontram numerosas informações sobre Amo durante o período de 1727 a 1737 e mesmo, para terminar, uma alusão isolada, datando do ano de 1747.

4. Alguns números de outra revista, publicada em Hamburgo, *Hamburgische Berichte von neuen gelehrten Sachen*, em especial os números de 2 de junho de 1733 e 24 de novembro de 1739.

5. Por fim, um discurso de felicitações proferido por Jean Godefroi Kraus, reitor da Universidade de Wittenberg, na ocasião da defesa do *De humanae mentis apatheia*, e uma epístola de felicitações redigida na mesma ocasião pelo orientador de tese de Amo, Loscher. O discurso e a carta foram publicados em anexo ao *De humanae mentis apatheia*, na edição hoje encontrada em um exemplar na biblioteca da Universidade Livre de Berlim e na da Universidade do Gana em Legon, Acra.

No entanto, é necessário acrescentar a esses testemunhos da época referências menos antigas à vida e à obra de Amo, datadas de finais do século XVIII e da primeira metade do século XIX. A primeira se encontra em um texto de Winkelmann escrito em 1782, em memória do físico holandês David Henri Gallandet, e baseado em notas redigidas por ele próprio em vida, mas atualmente desaparecidas. Gallandet exercia a função de médico de bordo em um navio que atracou em Axim, na Costa do Ouro, em 1753. Lá ele conheceu Amo, que havia voltado ao seu país depois de quarenta anos na Europa e levava uma vida de eremita. Portanto, Amo é mencionado por acaso no obituário de Winkelmann.

Outra nota figura no texto de Blumenbach publicado em 1787, em Gotha, sob o título "Von den Negern", em *Magazin für das Neueste aus der Physik und Naturgeschichte*. No entanto, sem especificar suas próprias fontes, o texto nos informa em particular que Amo teria residido em Berlim, no final da sua estada na Alemanha, como conselheiro da Corte do rei.

Por fim, encontramos no abade Henri Grégoire, bispo constitucional de Blois durante a Revolução Francesa, quatro páginas sobre Amo em seu livrinho intitulado *De la Littérature des nègres*.[4]

É a partir desses últimos três documentos que a entrada dedicada a Amo foi escrita na *Nouvelle biographie générale*, publicada por Firmin-Didot et Cie., tomo II, nova edição de 1859.[5] A entrada neste dicionário também contém um erro ao qual voltaremos adiante.

Finalmente, podemos colocar em um terceiro grupo de documentos os ensaios de síntese esboçados desde o início do século XX, com base nos documentos citados.

Já em 1910, um pastor "ganense", Attoh Ahuma, publicava um livro intitulado *Memoirs of West African Celebrities: 1700-1850*, no qual dedicava um capítulo a Amo. Porém, na Alemanha, é ao professor Wolfram Suchier, bibliotecário da Universidade de Halle, que se deve a descoberta, no início do século, da história de Amo. Suchier publicou dois artigos nesse sentido: "A. W. Amo, Ein Mohr als Student und Privatdozent der Philosophie in Halle, Wittemberg und Iena, 1727- 1740" [A. W. Amo, um homem negro como estudante e professor particular de filosofia em Halle, Wittemberg e Jena, 1727-1740];[6] "Weiteres über den Mohren Amo" [Mais sobre o mouro Amo].[7]

A partir de então, novos esforços foram realizados para reconstituir com a maior exatidão possível as diferentes etapas da vida e da carreira de Amo. Até onde sabemos, os trabalhos mais recentes são aqueles de Norbert Lochner, "Anton-Wilhelm Amo",[8] e de William Abraham: "The Life and Times of Anton-Wilhelm Amo".[9]

De acordo com o obituário de Winkelmann, Amo deve ter nascido por volta de 1703. Efetivamente, Wilkelmann escreve que "ele tinha cerca de cinquenta anos" quando Gallandet o visitou em 1753.

O local de nascimento do filósofo axânti deu origem, durante sua vida, a uma confusão que diz muito sobre as lacunas nos conhecimentos geográficos da época. Alguns o faziam nascer na Abissínia (atual Etiópia), e não na Costa do Ouro, no golfo da Guiné. O reitor Kraus diz, no seu já mencionado discurso de felicitações, que Amo teria nascido *in ultimo Africae, qua spectat in Orientem, recessu* (no ponto mais distante da África, por onde se olha para o Oriente), expressão que designa inequivocamente a parte mais oriental do nosso continente, considerada, na mitologia geográfica da época, a mais afastada (*recessus* = "afastamento") da Europa.

A *Nouvelle biographie générale* repete o erro ao tentar esclarecê-lo, pois situa o encontro entre Amo e Gallandet em Axum, na Abissínia, e afirma que esse foi o seu local de nascimento.

Entretanto, os dois textos encerram uma contradição. De fato, em seu discurso, o mesmo Kraus chama Amo de *Antonius-Gulielmus Amo Guiné-Afer*, Anton Wilhelm Amo, o Africano da Guiné. Ora, a África Oriental nunca foi chamada de Guiné. Da mesma forma, no artigo da *Nouvelle biographie générale* lemos, logo após a passagem citada, que o pai e a irmã de Amo viveram em 1753 no interior do país, "a vários dias de distância da Costa do Ouro". Esta indicação não faria sentido algum, no contexto, se a Costa do Ouro não fosse precisamente o ponto de encontro entre Amo e Gallandet.

A verdade é que Axim, cidade da Costa do Ouro na África Ocidental, provavelmente pouco conhecida pelos geógrafos da época, foi confundida com a então mais conhecida cidade etíope Axum. No entanto, mais do que o discurso de felicitações do reitor Kraus, é preciso contar com a carta de Löscher, que situa o nascimento de Amo com muita precisão "naquela região da África tão afastada de nós, a Guiné, outrora chamada pelos europeus Costa do Ouro, por causa da sua abundante produção de ouro, mas que, quanto a nós, chamamos a tua Pátria, país em que nasceu…". De resto, o próprio Amo, ao inscrever-se no registro da Universidade de Halle em 1727, teria acrescentado ao seu nome as seguintes palavras: *Ab Aximo in Guinea-Africana*, originário de Axim, Guiné, África.[10]

No que se refere às razões da ida de Amo para a Europa, ficamos reduzidos às hipóteses que Abraham repartiu em três grupos: 1. Amo teria sido sequestrado pelos piratas do mar, que então o teriam levado para a Europa; 2. teria sido comprado como escravo e levado para a Europa; 3. teria sido enviado para a Europa para se tornar pregador da Igreja Reformada Holandesa. Sem entrar aqui nos detalhes do argumento de Abraham, podemos concordar com ele que a terceira hipótese é a mais plausível.

Seja como for, Amo chegou a Amsterdam em 1707. Algum tempo depois, no mesmo ano, foi apresentado ao duque Anton Ulrich von Brunswick-Wolffenbüttel,[11] que, segundo Winkelmann, o cederá a seu filho, August Wilhelm. Note-se que os primeiros nomes de Amo, Anton Wilhelm, serão tomados de seus dois protetores. Com o novo nome ele foi batizado em 29 de julho de 1708, na capela do castelo, sob o apadrinhamento dos dois duques.

Treze anos depois, em 1721, ele receberá sua "crisma" na mesma capela. O registro de cultos que documenta a cerimônia o designa então por "Anton Wilhelm Rudolph Mohre", sendo o terceiro nome, Rodolphe, tomado emprestado de Ludwig Rudolph, outro duque de Brunswick, que sucederia August Wilhelm à frente do ducado, e o quarto nome provavelmente vindo, como diz Abraham, da palavra alemã *Mohre*, que significa *homem negro* (e não apenas mouro). Como faz Abraham, cabe notar que o nome africano *Amo* não aparece nesse registro. Presumivelmente, os pastores o rejeitaram deliberadamente por sua origem "pagã" (como ainda acontece hoje com frequência na África).

Em todo o caso, mesmo antes da confirmação, o registro financeiro do tribunal menciona que Amo recebeu subsídios no valor de 64 táleres para o período da Páscoa de 1716 à Páscoa de 1717; e trinta táleres para o período da Páscoa de 1720 ao Natal de 1720.

Interrogando-se sobre o significado desses subsídios, Abraham refuta a ideia de que pudessem constituir um *salário* (por exemplo, para um trabalho de pajem que Amo teria realizado na corte de Wolffenbüttel) e admite que lhe foram simplesmente acordados como mesada durante sua permanência na Corte. Consequência: da Páscoa de 1717 até a Páscoa de 1720, pode-se supor que Amo não estava na Corte, mas frequentava a escola (razão pela qual ele não teria recebido os subsídios, porque sua pensão deveria ser paga diretamente para o estabelecimento).

É a conjecturas desse mesmo tipo que nos limitamos ao período de 1720 a 1727, data em que Amo se matriculou na Universidade de Halle. Podemos supor que nesse intervalo ele deve ter continuado seus estudos e frequentado por algum tempo uma universidade diferente da de Halle, algo que ainda não foi comprovado (Abraham, aqui seguindo Lochner, diz ser a Universidade de Helmstedt).

De qualquer forma, Amo se matriculou na Universidade de Halle em 9 de junho de 1727. Sabemos que a então recente universidade, fundada apenas em 1694, estava em plena expansão e podia ser considerada uma das capitais do *Aufklärung* (Iluminismo). Christian Wolff aí ocupou a cadeira de matemática de 1706 a 1723. Foi em Halle que esse famoso leibniziano compôs seus *Pensées*, o primeiro trabalho filosófico de alguma importância que havia sido publicado até então em língua alemã. É verdade que Wolff acabou demitido de suas funções e expulso do território prussiano por Frederico

Guilherme I em novembro de 1723,[12] sob efeito da reação obscurantista e clerical cujo maior líder foi Joachim Lange. Apesar disso, sua influência continuava a se espalhar, como testemunham as declarações do próprio Lange, que nunca deixou de deplorar a perigosa atração exercida pela doutrina de seu adversário sobre a juventude alemã. Por outro lado, Christian Thomasius, também conhecido pelo liberalismo e anticlericalismo, ainda ensinava em Halle e lá permaneceria até sua morte, em 1728.

É, pois, numa universidade em plena expansão (apesar dos pontos importantes marcados na época pelo partido obscurantista) que Amo se matricula em 1727, para aí estudar direito. Foi em Halle que, em 1729, defendeu sua "dissertação inaugural" intitulada *De jure maurorum in Europa* [Os direitos dos africanos na Europa], sob a orientação do Decano da Faculdade de Direito, Peter von Ludewig. Desse texto ainda não localizado encontramos um breve resumo em um número de *Anais* da Universidade de Halle (*Hallische Frage-und-Anzeigen Nachrichten*), datado de 28 de novembro de 1729. O artigo é importante porque prova o quanto Amo estava ciente de sua posição de africano e preocupado com o problema da escravidão e da condição social dos negros na Europa. Efetivamente,

> ele não apenas mostrou [em sua dissertação], com base na lei e na história, que os reis da África em um determinado momento haviam sido vassalos do imperador romano, e que cada um deles tinha uma franquia imperial, uma franquia que Justiniano em particular havia renovado, como também examinou especialmente a questão de até que ponto a liberdade ou a servidão dos

africanos que viviam na Europa, depois de terem sido comprados pelos cristãos, estava em conformidade com as leis comumente admitidas naquela época.[13]

Aliás, temos outro indício das preocupações políticas de Amo: o abade Henri Grégoire o cita na dedicatória de *De la Littérature des nègres*, na longa lista daqueles a quem dedica seu livro, como um dentre "todos os homens corajosos que defenderam a causa dos infelizes negros e mestiços, seja por suas obras, seja por seus discursos em assembleias políticas, em sociedades estabelecidas em prol da abolição do tráfico de escravos, o alívio e a liberdade dos escravos".[14]

Por razões difíceis de conhecer, Amo deixou Halle e se inscreveu, em 2 de setembro de 1730, na Universidade de Wittenberg. Foi aí que estudou medicina e psicologia (que na época se chamava pneumatologia), sob a direção de Martin Gotthof Löscher. Foi sob a orientação deste último que em abril de 1734 defendeu o segundo memorial, *De humanae mentis apatheia*. Nesse ínterim, já havia sido promovido, em 10 de outubro de 1730, a "mestre em filosofia e em artes liberais". Sem dúvida era nessa qualidade que podia dar os cursos particulares na universidade a que se refere a epístola de felicitações do reitor Kraus.

Talvez seja também nessa mesma condição que pôde orientar e fazer aprovar, a partir de 29 de maio de 1734, a *Disputatio philosophica*, de Meiner.

Encontramos Amo dois anos mais tarde em Halle, em 1736. De fato, um documento datado deste ano o autoriza a dar conferências públicas na Universidade de Halle "em certos domínios da filosofia, como fazia anteriormente na localidade de Wittenberg".¹⁵ Por outro lado, alguns dos *Anais de Halle*, datados de novembro de 1736, nos contam que "o mestre Amo, originário da África e mais precisamente da Guiné, um autêntico negro, mas humilde e honrado filósofo",¹⁶ vetara publicamente, sendo o único entre todo o júri, a aceitação de uma tese de anatomia. Enfim, há um poema escrito em alemão por Amo e publicado como apêndice de uma tese em medicina defendida por um certo Moise Abraham Wolff em 1737.

A julgar por Abraham, entre outras atividades, Amo teria dedicado uma série de cursos a uma exposição crítica do princípio da razão suficiente de Leibniz e outra ao pensamento político de Christian Wolff. É em Halle, em todo caso, que ele escreve e publica, em 1738, o *Tractatus de arte sobrie et accurate philosophandi*, obra de lógica e psicologia do conhecimento; atualmente podem ser encontrados exemplares nas bibliotecas das universidades de Erlangen e Bamberg, na Baviera, e, segundo Abraham, na biblioteca da Academia Soviética de Ciências, em São Petersburgo.¹⁷

Mais uma vez, contudo, Amo deixará Halle. Em 27 de junho de 1729, ele enviou um pedido à Faculdade de Filosofia de Jena para ministrar conferências públicas. A candidatura foi logo aprovada, e uma nota datada de 17 de julho enumera a lista de seus cursos, uma série dos quais deveria incidir sobre "as partes válidas da filosofia", e outra sobre a refutação das crenças supersticiosas.

Finalmente, há uma breve nota manuscrita de Amo no álbum de certo Gottfried Achenwall e que se encontra hoje na biblioteca da Universidade de Göttingen. Achenwall reuniu nesse álbum autógrafos de professores e homens de cultura que haviam alcançando certa notoriedade em sua época. O autógrafo de Amo é datado de 5 de maio de 1740, em Jena, e começa com a seguinte citação de Epiteto: "Aquele que consegue chegar a um acordo com a necessidade é sábio e tem uma visão divina das coisas".[18]

Se acreditarmos em Blumenbach, seguido ainda neste ponto pelo abade Grégoire, Amo teria sido, após sua estada em Jena, conselheiro da Corte de Berlim. No entanto, não se encontrou nenhum documento da época que confirme a informação.[19]

A alusão contemporânea mais recente a Amo pode ser encontrada em uma edição de 1747 da *Hallische Frage-und-Anzeigen Nachrichten*. Esta edição menciona uma história satírica produzida por um teatro sob o título "Um estudante cômico, a falsa virgem acadêmica e as intenções do mestre Amo".[20] A data do documento sugere que Amo havia retornado a Halle depois de 1740 e que ainda estava na Alemanha por volta de 1747.

O certo é que em 1753 ele já havia voltado à terra natal, "em Axim, na Costa do Ouro, na África", onde, de acordo com o manual de Winkelmann, Gallandet o encontrou. Levava uma vida de eremita e ganhou a reputação de adivinho. Seu pai e sua irmã ainda viviam e residiam a uma distância de quatro dias de caminhada para o interior daquelas terras. Segundo Winkelmann, seu irmão era um escravo no Suriname, na Guiana.

Finalmente, algum tempo depois, Amo teve que deixar Axim para se estabelecer em Chama, em um forte da Companhia das Índias Ocidentais, sempre na costa africana. A data de sua morte nos é desconhecida.

O problema de Amo em *De humanae mentis apatheia*

De humanae mentis apatheia se insere, grosso modo, em um famoso debate da época: a querela entre os mecanicistas e os vitalistas. Amo, com sua dissertação, participa desse debate e se posiciona contra o vitalismo.[21] Numa polêmica visivelmente dirigida contra a doutrina de Stahl, ele se propõe a mostrar que a mente humana é impassível, querendo dizer com isso, como ele mesmo explica no subtítulo, que [a mente] não é sede de sensações e não possui em si mesma a "faculdade de sentir", algo que apenas pode pertencer ao nosso corpo vivo e orgânico.

A demonstração se efetua em dois tempos: um tempo negativo e um tempo positivo. De uma parte, a mente humana é insensível ou mais exatamente "apática", ou seja, estranha a qualquer paixão propriamente dita (momento negativo); de outra parte, a sensibilidade pertence ao corpo (momento positivo). O segundo momento, complementar ao primeiro, é também o menos desenvolvido. Amo não estuda seriamente *como* a sensação opera no corpo; ele não procura fazer o trabalho de fisiologista, mas se contenta em situar a fisiologia em seu próprio terreno, que é o do corpo, da matéria viva, e não o do espírito. O que ele critica é essa confusão de gêneros, essa *metabasis eis allo genos*, que leva certos estudiosos a sustentar no campo específico da fisiologia uma linguagem que se adequaria melhor à pneumatologia, por não ter operado desde o início, com todo o rigor necessário, a distinção ontológica elementar entre matéria e espírito.

Com todo o rigor necessário, porque, de uma certa maneira, o stahliano conhecia bem a distinção. Mas, para ele, o problema é o da matéria viva, que afinal deve ser distinguida da matéria inerte. O problema que se colocava para a "medicina" da época era saber a qual das duas substâncias, a espiritual ou a material, situadas de um lado ou do outro da misteriosa barreira ontológica, deveria ser atribuído o fenômeno da vida. A essa questão, Stahl havia respondido que a vida tinha como princípio a alma, significando com isso não somente a alma sensitiva ou animal de Aristóteles, mas a própria alma racional, o espírito em sentido forte, o entendimento ou o *logos*. Como resultado, todos os fenômenos característicos da vida, incluindo a própria sensação, deveriam ser explicados em última análise pela ação do entendimento. Assim, a fisiologia se tornaria uma pneumatologia, ou melhor, um discurso híbrido incapaz de sustentar sua própria inteligibilidade e sem qualquer status a ele atribuível no universo teórico.

Não é certo que Amo tenha lido Stahl: ele não o cita nenhuma vez em *De humanae mentis apatheia*. Porém, não há dúvida de que o conhecia, nem que fosse por intermédio de seus discípulos, como Georges Daniel Coschwitz, autor de *Organismus et mechanimus*, que sabemos ter sido aluno de Stahl, e que Amo cita nominalmente em *Status controversiae* (ou "Estado da questão"). Amo repreende tanto Coschwitz quanto os outros que critica pela falta de rigor e incoerência; é possível ver como, em certo sentido, a repreensão poderia recair sobre o próprio Stahl. Este último, de fato, baseava sua argumentação antes de tudo na ideia de que a matéria era inerte, passiva, e por consequência não podia se mover por si mesma. Daí a necessidade de admitir a intervenção de um princípio ativo e não material para comunicar vida ao corpo, ou seja, movimento; para Stahl, não se poderia simplesmente designar esse princípio de instinto ou alma sensitiva, pois esses termos, que comumente significam o princípio vital, nomeiam o problema sem resolvê-lo. O verdadeiro princípio vital deveria ser buscado na única substância ativa, que é a alma racional.

Nesse breve texto, Amo vai virar o argumento dos vitalistas contra eles mesmos: a alma, justamente porque é uma substância ativa, não pode reger todas as funções vitais, em particular aquelas que implicam uma passividade, uma receptividade. A sensação é uma função desse tipo. Antes de tudo, ela é receptividade, afeto. Portanto, não pode vir da mente, mas da única substância passiva em nós: o corpo.

Não se pode negar a pertinência dessa crítica; pertinência tanto mais notável quanto mais facilmente se admitir que o exemplo da sensação é privilegiado, que a sensação não é uma função vital entre outras, porém a manifestação mais característica da vida. Isso é o que o próprio Amo sugere quando escreve:

> Viver e sentir são dois predicados inseparáveis. A prova disso é a conversibilidade dessas duas proposições: tudo que vive necessariamente sente, e tudo que sente necessariamente vive; de tal modo que a presença de um implica a do outro.[22]

A própria vida talvez não seja movimento, esse movimento que o vitalismo pretende explicar, atribuindo-o à alma, mas receptividade, permeabilidade, abertura para o mundo.

Se assim for, no entanto, permanece o problema de saber se essa receptividade viva é do mesmo tipo que a passividade da matéria inerte. O próprio Amo, sem formular a questão dessa maneira, a coloca e a responde de forma negativa. Em uma observação que segue imediatamente a que acabamos de citar, ele distingue explicitamente "viver" e "existir". Enquanto viver e sentir são dois "predicados inseparáveis", "viver e existir", ao contrário,

> não são sinônimos. Tudo que vive existe, mas nem tudo que existe vive. De fato, o espírito e a pedra existem, mas seria errado dizer que vivem. Porque o espírito existe e age com inteligência, a matéria existe e sofre a ação de um agente. Mas o homem e o animal existem, agem, vivem e sentem.[23]

Nessa observação, a proximidade do espírito e da pedra não deixará de surpreender. Porém, traduz bem a intenção (secreta?) de Amo: a insensibilidade do espírito não é nele uma qualidade, mas um defeito, uma falta, exatamente como na pedra. Ambos carecem de um poder, que é a "faculdade de sentir". Essa faculdade reside em um certo tipo de organização ou agenciamento (Amo usa a palavra latina *dispositio*, ou o adjetivo *organicum*), ou seja, em uma estrutura particular que pertence especificamente a uma matéria viva e que falta tanto à matéria inerte quanto ao espírito.

Poderíamos seguir o raciocínio de Amo nesses termos: é essa estrutura particular que a "medicina" deve estudar (sabemos que é assim que a biologia era chamada naquela época). O campo dessa ciência é assim claramente delimitado. O estudioso não terá mais que recorrer, para explicar os processos fisiológicos, à misteriosa ação do espírito. Doravante, a medicina deve ser uma ciência independente.

Assim, Amo não foi além de estabelecer as condições de sua possibilidade e definir seu estatuto teórico. Ele mesmo não precisava entrar nesse campo; sem dúvida é por isso que o momento positivo de sua tese, aquele que atribui ao corpo "vivo e orgânico" (agora podemos entender como esses dois termos são pleonasmos) a sensação e a faculdade de sentir, é tão pouco desenvolvido. Tão pouco desenvolvido que o conceito de organismo, novo àquela época no arsenal de conceitos científicos, e do qual se esperaria ver uma justificação teórica, não é absolutamente tematizado, embora Amo o invoque em diversas ocasiões. Em seu discurso, ele funciona quase como um tapa-buraco teórico, como um *flatus vocis* destinado a compensar artificialmente uma falta; aliás, generalizando um pouco, seria possível dizer o mesmo de toda a última parte da tese (seu momento positivo), que se reduz a uma recordação puramente formal dos elementos teóricos presentes no momento precedente. Mas não poderia ser de outra maneira, tendo em conta o projeto essencial do livro, que não era simplesmente elaborar uma fisiologia, mas dissipar certas confusões relativas ao seu objeto; dito de outra forma, preparar o terreno para o advento de uma teoria fisiológica digna desse nome. Tratava-se de demonstrar a impossibilidade de uma psicologia da sensação[24] como de uma psicologia das funções vitais em geral, e o caráter ideológico (se é que se pode empregar anacronicamente este termo recente) de qualquer discurso que atribui à mente as propriedades pertencentes ao corpo.

É essa intenção polêmica que governa todo o livro. Aliás, ela está expressa no título, que fala apenas da insensibilidade (ou, mais literalmente, da não passividade) da mente humana, relegando ao subtítulo a menção positiva da estrutura receptiva do corpo. Também o momento negativo da tese teve que receber um desenvolvimento mais particular. A própria negação é dupla e composta de duas proposições complementares que Amo distingue cuidadosamente, com uma insistência que já não pode mais nos surpreender: a apatia da mente significa, por um lado, que o espírito é desprovido de sensações e, por outro lado, que é desprovido da faculdade de sentir. A segunda proposição não se limita a repetir a primeira de outra forma, mas ela a completa e a especifica. A "faculdade de sentir" não é a simples virtualidade das sensações atuais, qualquer coisa como uma vaga hipótese intelectual destinada a "explicar" a possibilidade das sensações, no sentido de que a "virtude dormitiva" explica a ação do ópio. Trata-se de uma coisa bem diferente: não um ser de razão ou de uma ficção intelectual, mas de uma estrutura positiva, de uma organização particular que realmente pertence ao corpo vivo e o distingue da matéria inerte. A faculdade de sentir é, como ele escreve, "um certo agenciamento (*dispositio*) de nosso corpo vivo e orgânico, graças ao qual o ser animado é afetado por coisas materiais e sensíveis, dadas em uma presença imediata".[25]

Antes lamentamos a ausência de uma justificação teórica da noção de organismo no livro de Amo. No entanto, ele faz uma breve incursão no campo da fisiologia, e o faz em duas ocasiões.

Primeiro, para mostrar que a mente não experimenta sensações, ele invoca em apoio à sua tese todos os médicos e cientistas "que admitem que a sensação é produzida nos fluidos e nos sistemas nervosos".[26] Entre esses médicos são mencionados pelo nome Jean-Godefroi de Berger, cuja

Physiology Amo cita, Martin Gotthelf Löscher, cujo *Physika experimentalis compendiosa* ele menciona, e Senners, cujo *Abrégé de science naturelle* ele invoca.

Em seguida, numa página adiante, para provar que a mente não possui a faculdade de sentir, ele é levado a especificar que essa faculdade, como o princípio da vida em geral, supõe a circulação do sangue. Aqui novamente se refere a Berger, a Löscher, mas também a um certo Christian Vater, igualmente autor de uma *Physiologia*. Em ambos os casos, ele cita abundantemente a Sagrada Escritura, como que para mostrar a concordância de sua tese filosófica e das doutrinas científicas que a fundamentam com a verdadeira fé cristã.

A referência ao sistema nervoso e à circulação sanguínea sugere que ambos eram considerados naquela época, pela escola fisiológica a que Amo se liga, os elementos essenciais da "organização" dos seres vivos. Evidentemente, pode-se perguntar quais eram as suas relações. Amo não especifica. Todavia, para citá-lo literalmente, "o fluido e o sistema nervoso" seriam a sede da sensação, o lugar do corpo onde ela se produz, enquanto a circulação sanguínea, responsável pela faculdade de sentir e pela vida em geral, seria a condição de possibilidade do próprio sistema nervoso.

Assim, o conceito de organismo, embora não teoricamente justificado (essa justificação teria de questionar suas origens metafóricas), ao menos é dotado de um conteúdo positivo que o torna outra coisa além de pura ficção intelectual.

Desde então, sustentar que a mente humana é desprovida da faculdade de sentir equivale a dizer que nela falta algo — sendo este "algo" a organização particular que torna possível a vida, ou, em outros termos, a circulação sanguínea e seu corolário, o próprio sistema nervoso. É nisso que a segunda "tese negativa" contém algo mais do que a primeira. No entanto, é também nisso que ela revela, mais do que a precedente, a verdadeira intenção da obra, que não é valorizar a mente atribuindo-lhe perfeições superiores às do corpo, mas pelo contrário desvalorizá-la, ou pelo menos reduzir ao máximo seu papel e sua importância na existência humana, insistindo tanto quanto possível na importância decisiva das funções corporais.

Uma ironia metódica

Isso posto, percebe-se mais claramente a ironia que governa todo o início do livro.[27] Com efeito, Amo começa por reproduzir todos os lugares-comuns da teologia escolástica sobre os atributos do espírito. Diz ele: "Nós entendemos por espírito toda substância puramente ativa, imaterial, sempre compreendendo por si mesma e agindo espontaneamente segundo uma intenção, para um fim determinado e consciente".[28]

Toda a demonstração será baseada nessa definição. Ela enumera vários atributos, e esses atributos serão desenvolvidos sucessivamente na parte 1 do primeiro capítulo. Pode-se dizer que Amo praticamente alcançou seu objetivo e demonstrou sua tese desde o primeiro desses desenvolvimentos: "O espírito é uma substância puramente ativa; isso equivale a dizer: o espírito em si mesmo não sofre nenhuma paixão".[29]

Entretanto, olhando mais de perto, o desenvolvimento diz respeito apenas ao espírito em geral (*spiritus in genere*), e não à mente humana em particular (*mens humana in specie*). O espírito em geral é por excelência o espírito de Deus ou dos anjos, ou seja, o espírito não encarnado ou, como diz Amo, "livre de todo comércio com a matéria" (*extra materiam positus*).[30] Em tal espírito, se ele existe, a não passividade é o inverso de uma atividade pura, e, como tal, é uma perfeição. Aí Amo fala voluntariamente a linguagem da teologia. Em razão de sua própria onipotência, Deus não poderia ser passivo e se contentar em sentir as coisas como elas são. Mas, pelo simples fato de pensar nelas, Ele as cria (ou as recria). É nesse sentido que Ele é impassível, insensível, e esses termos designam aqui perfeições. Ora, Amo aplicará esses mesmos termos à mente humana, e eles não mais designarão perfeições, mas faltas. Por quê? Porque, como a mente humana está encarnada, sua não passividade não é mais o inverso de uma pura atividade, mas antes expressa sua dependência do corpo, o único que pode permitir que se conheçam as coisas sensíveis. Assim, a passividade, essa noção verdadeiramente central no texto de Amo, e em torno da qual se desenrola *toda* a demonstração (já que a sensação e a faculdade de sentir são negadas à mente humana apenas em razão da passividade que implicariam) é uma noção equívoca, que não tem o mesmo sentido quando se aplica ao espírito divino ou à mente humana.

A ironia de Amo é justamente jogar com esse equívoco, ao estender à mente humana o predicado da não passividade inicialmente reconhecido em relação ao espírito divino, mas que, ao passar de um a outro, sofre uma verdadeira *transvaloração*. A não passividade aplicada ao homem não será mais uma qualidade, mas um defeito, porque significa a total ausência de receptividade em uma mente que, não possuindo de outra forma o poder de criá-la, é reduzida, no que diz respeito às coisas, a uma relação mediata e puramente representativa.

Essa transvaloração decerto não é tematizada por Amo, mas aí, justamente, reside sua ironia. Assim, sem dizer, ele desmascara as contradições internas do espiritualismo vitalista. Serve-se das premissas de seus adversários para voltá-las contra eles, mostrando assim a inconsistência teórica de seu sistema. Ao discorrer exaustivamente sobre os atributos do espírito divino, os espiritualistas gostam de reconhecer nele todas as qualidades, inclusive a de ser puramente ativo (ou absolutamente não passivo). E, cada vez que se interrogam sobre a mente humana e tentam defini-la diretamente, eles também reconhecem nela os mesmos atributos (exceto o infinito). Mas, quando invocam a mente não mais para tematizá-la em si mesma, mas para explicar o fenômeno da vida, atribuem-lhe *ipso facto* funções incompatíveis com a *essência* que eles mesmos lhe haviam atribuído antes. É essa incompatibilidade que Amo evidencia, ele próprio aderindo provisoriamente (ou deixando parecer aderir) às premissas dos seus adversários por razões puramente metodológicas ou estratégicas, mas de modo algum dogmáticas.

Finalmente, somente a conclusão importa, não as premissas; estas últimas são invocadas com um propósito polêmico, com o único fim de mostrar aos adversários vitalistas o que eles *deveriam* com todo rigor admitir, levando em consideração seus pressupostos espiritualistas; e que, além do mais, é possível a qualquer um reconhecer como axioma fundador da ciência fisiológica, sem necessariamente passar por essas mesmas premissas.

Aliás, de uma certa maneira, o texto de Amo refuta as próprias premissas. A comunidade de gênero entre o espírito divino e a mente humana é então questionada discretamente. Com efeito, surpreende-nos que o autor, querendo definir "o espírito em geral", venha a atribuir-lhe uma propriedade que ele recusa expressamente à mente humana: a de "sempre compreender por si mesmo". Diz ele: "Todo espírito sempre compreende por si mesmo (*per se semper intellegit*), isto é, tem por si consciência de si e de suas operações, bem como de outras coisas".[31]

Essa é a afirmação da independência e da autossuficiência do espírito em geral no ato do conhecimento. Mas Amo acrescenta tão logo, em uma nota, que a mente humana está privada dessa bela faculdade e que, para conhecer, necessita da mediação do corpo e dos órgãos sensoriais. Isso significa que o espírito humano não pode ser considerado uma espécie particular do gênero "espírito"; e que esse gênero não existe de verdade; aquilo que se chama de "o espírito em geral" é sempre de fato "o espírito por excelência", o de Deus ou dos anjos (isso dá no mesmo), ou, como escreve Amo, o espírito "sem comércio com a matéria".[32] A relação entre o espírito divino e a mente humana não se reduz, na realidade, à relação entre duas espécies do mesmo gênero, mas um e outro instauram dois gêneros radicalmente heterogêneos. Heterogeneidade sugerida pelo vocabulário latino, que comumente emprega dois termos diferentes conforme se trate de um ou de outro: *mens* humana, *spiritus* divinus.

Aqui, novamente, a ironia de Amo pode ser percebida no uso sutil que ele faz desses dois termos e no aspecto paradoxal da afirmação inicial pela qual pretende justificar seu preâmbulo sobre o espírito em geral: *mens humana in genere est spirituum*, uma frase que podemos traduzir somente para reduzir seu paradoxo, sugerido apenas pela oposição gráfica de uma letra minúscula e uma maiúscula: "a mente humana pertence ao gênero dos Espíritos".[33] Aliás, é essa proposição dogmática que será questionada ao longo do texto. Aqui, ela desempenha apenas um papel estratégico, visando permitir que se estenda à *mens humana* o predicado da não passividade. Mas o próprio Amo a refutará pelas diferenças essenciais que em seguida descobrirá entre os espíritos em geral e a *mens humana* em particular.

Essas diferenças essenciais, não de grau, mas de natureza, devem-se à encarnação do espírito humano. É essa encarnação que o torna um gênero original, absolutamente novo e irredutível à suposta essência dos espíritos puros. É também ela que funda, ao mesmo tempo, a mudança de signo ou, como temos chamado, a transvaloração que ocorre com os atributos do espírito em geral quando, desviando-os de sua função teológica primitiva, os aplicamos ao homem.

O próprio discurso teológico é incidentalmente questionado quando Amo escreve: "Embora eu não saiba de que maneira Deus e os espíritos encarnados compreendem a si mesmos e às suas operações e às outras coisas, não me parece provável, todavia, que eles o façam por meio de ideias".[34] Isso é professar claramente um agnosticismo que, embora piedoso, não é menos ruinoso para a teologia. É, se quiserem, refugiar-se numa teologia negativa, em nome do mistério insondável de Deus e da fragilidade do nosso poder de conhecimento; mas a teologia negativa sempre é precisamente um refúgio. Ao se negar com devoção todo o discurso sobre Deus, ao se recusar a definir a sua essência e as suas propriedades, torna-se praticamente cúmplice do ateísmo, que nega a sua existência. É essa cumplicidade secreta que Hume tornaria, algumas décadas depois, um dos grandes temas da obra-prima da ironia que são os *Diálogos sobre a religião natural*.

Amo não tematiza essa cumplicidade, mas se contenta em praticá-la. Sem dúvida Deus existe, mas não sei nada sobre ele e não posso dizer nada sobre isso. Em todo caso, não posso adivinhar seu modo de pensar. Não consigo compreender como um espírito pode se relacionar diretamente com as coisas e comungar com elas em uma presença imediata. Então vou me ater exclusivamente ao homem. Basta-me ver como pensa este último e identificar claramente os limites desse pensamento.

Por último, uma vez que se trata de ironia, não se pode deixar de vê-la no *Status controversiae*, em que Amo coloca sucessivamente em contradição com eles mesmos um autor como Descartes e médicos e estudiosos tão renomados em sua época como Senners, Jean Leclerc, Coschwitz etc. Se um dos efeitos mais constantes da ironia é forçar o interlocutor a uma contradição expressa que o obrigue a renunciar a uma de suas premissas, então, nesse *Estado da questão* culmina a ironia, latente ao longo de todo início do livro, no qual aparece claramente o método do autor.

O conhecimento finito

Devemos, contudo, voltar ao conceito de ideia por meio do qual Amo quer expressar os limites próprios do conhecimento humano. Diz ele: "A ideia é uma operação momentânea de nossa mente, pela qual ela representa a si mesma, isto é, mantém como presentes (*praesentes sistit*) coisas previamente percebidas pelos sentidos e pelos órgãos sensoriais".[35]

É precisamente nesse sentido que o pensamento ideal pressupõe o corpo e não poderia pertencer a Deus e aos espíritos puros. Também nesse sentido ele revela a finitude da mente humana, visto que esta está assim ligada ao organismo por uma dependência funcional insuperável.

É por isso que esse pensamento é representativo, em sentido próprio. A mente humana não conhece as coisas imediatamente, mas mediatamente. Ela não pode senti-las, mas somente refleti-las. Sua presença incessantemente lhe escapa e deixa em seu lugar apenas uma evocação abstrata, um substituto derrisório de uma plenitude ausente. Escreve Amo: "A representação supõe a ausência de seu objeto". Ela apenas intervém depois do fato, quando o objeto não está mais ali. A não ser que ela própria desempenhe a função paradoxal de o afastar, de o pôr à distância, pelo simples fato de o pensar. É também por isso que se deve admitir que "em Deus não há representação", pois Deus desconhece o passado e o futuro, que são as formas temporais da ausência, "mas, em seu conhecimento, todas as coisas estão presentes".[36]

Assim, a representação pertence ao homem, e somente a ele. O pensamento humano não se comunica diretamente com as coisas, não as cria pensando-as, não é produtor, mas reprodutor, a menos que entendamos por produção a constituição desses seres puros de razão que são as ideias.[37] Mas o ser da razão não é a mesma coisa que o ser real, ele é apenas o pálido reflexo em um espírito finito, cujo único poder é o de repetir as sensações do corpo ou, caso se prefira, reativá-las. A ideia é precisamente, como sugere Amo, uma *sensatio repetita*, uma sensação reativada. Ela pressupõe tanto a passividade do corpo quanto a espontaneidade da mente; é uma operação secundária que se constrói com base em uma receptividade primária. A ideia é ambígua e, como tal, é própria do homem. Escreve Amo:

> Deus e os outros espíritos compreendem a si mesmos, assim como suas operações e as outras coisas, sem nenhuma idealidade, ou seja, sem aquelas sensações reativadas que são as ideias (*sine ideis et sensationibus repetitis*); mas é somente nosso espírito que compreende e age por meio de ideias, por causa de seu encadeamento e de sua relação muito próxima com o corpo.[38]

Portanto, essa breve *observação* nos parece um dos momentos mais fortes desse breve texto. Ela une em um mesmo discurso o pensamento da finitude e o pensamento do corpo. Amo retornará a esse tema longamente no *Tractatus*. Mas então ele insistirá sobretudo na finitude do pensamento ideal, enquanto aqui a ênfase é colocada tanto na insuficiência radical da ideia quanto no privilégio do corpo, graças ao qual preservamos, apesar de tudo, uma relação imediata com o mundo, porque nos liga a ele através do afeto, de uma maneira, por assim dizer, umbilical.

Esse nos parece ser, essencialmente, o sentido filosófico da obra. Evidentemente, sua importância não deve ser exagerada: o *De humanae mentis apatheia* pretende ser e é, efetivamente, antes de tudo um trabalho acadêmico; e, como tal, é tanto um exercício de estilo quanto uma reflexão filosófica propriamente dita. É isso que explica em parte a abundância de observações formais, justificativas de método, que o leitor nem sempre irá considerar indispensáveis (bastará um exemplo: a "Observação sobre o título desta parte", que abre a parte 1 do capítulo 1). Desse ponto de vista, o *Tractatus* será um tanto mais fluente. Amo terá então mais confiança; ele não falará mais como estudante aspirante a um novo diploma universitário, mas verdadeiramente como um mestre.

Deve-se acrescentar que a abundância de observações formais se explica também por uma preocupação didática, por uma exigência de clareza que Amo considerava, assim como todos os wolffianos da época, algo essencial à própria filosofia. A esse respeito, que se releia qualquer obra de Wolff. Nelas, definições sucedem definições, considerações de método após considerações de método, em uma cadeia matemática de rigor exemplar. A originalidade de Wolff consistira precisamente em reabilitar a escolástica, impondo à reflexão filosófica a severa disciplina de um discurso coerente, submetido às regras da lógica formal. E sabemos que o próprio Kant iria homenageá-lo por isso, ainda que se opusesse completamente a Wolf, ou melhor, àquilo que chamava de seu dogmatismo metafísico.[39]

Portanto, Amo também participa desse movimento. A primeira condição da filosofia é a clareza e a coerência. Por mais limitado que seja o nosso conhecimento, devemos antes de tudo colocá-lo em ordem e proceder metodicamente a partir de conhecimentos mais simples, para desenvolvê-los e enriquecê-los. É nesse sentido que a boa filosofia deve proceder, como dirá Amo, com sobriedade e precisão. O primeiro termo quer dizer que devemos aceitar, pelo menos temporariamente, os limites de nosso conhecimento atual; o segundo indica a mais importante das regras que devemos observar para aumentá-lo. Portanto, o *Tractatus* será antes de tudo uma obra de metodologia filosófica, procurando refletir, elevando à clareza de um tema, o esforço de rigor antes praticado (não sem alguma falta de jeito) no *De humanae mentis apatheia*, rigor que será, aliás, novamente praticado, no próprio *Tractatus*.

Resta-nos agora fazer uma pergunta,[40] a última, porém a mais temível: o que há de africano nessa obra?

Correndo o risco de decepcionar, responderemos de imediato: nada. Mas é preciso saber entender o significado desse "nada", avaliar a nossa inevitável decepção e o que ela recobre. Em que consistiria essa africanidade que tão cruelmente falta na obra de Amo? Em que pode consistir a africanidade de uma obra de filosofia em geral?

Digamos claramente: o nosso pesar não reside em não encontrar em Amo teses que poderíamos afirmar ser de origem africana, *conceitos* ou *temas* que poderíamos afirmar característicos do "pensamento africano", da "visão de mundo dos povos negros", da "metafísica negra", ou simplesmente da "negritude". Pelo contrário, devemos ver o que seria inadmissível, o que seria altamente contraditório nessa expectativa. Exigir que um pensador se contente em reafirmar as crenças de seu povo ou de seu grupo social é proibi-lo de pensar livremente e condená-lo, a longo prazo, à asfixia intelectual. Existe, no fundo dessa exigência, um profundo ceticismo, um relativismo teimoso; mas, pior ainda talvez, por trás da aparência de posturas antirracistas e antieurocêntricas, há um secreto desprezo pelo pensador não ocidental, a quem sutilmente se proíbe qualquer pretensão ao universal, isto é, *na verdade*, negando-lhe o direito a uma pesquisa autêntica, esperando somente que ele manifeste, por meio de suas palavras, a particularidade de uma cultura. Não, não lamentamos a ausência, em Amo, de particularismo. Ao contrário, daríamos como exemplo o diálogo direto e franco, a relação livre que ele soube estabelecer, sem afetação ou complacência, com os maiores textos filosóficos de sua época. Os africanos de hoje deveriam poder fazer o mesmo: apoderar-se livremente de todo o patrimônio filosófico e científico existente, assimilá-lo e dominá-lo para se colocar em posição, se necessário, de superá-lo.

Contudo, de um extremo a outro de seu itinerário intelectual, ao longo de sua pesquisa e de seu esforço teórico, Amo, o Africano, só encontrou no caminho parceiros europeus. Separado da família desde os quatro anos, lançado em um mundo que o percebia e apenas podia percebê-lo como diferente, ele só podia dialogar, a nível teórico, com esse mundo, não podendo se referir a outra tradição científica que não a tradição europeia, incapaz de estar à altura de outros clássicos ou de discutir com outros interlocutores que não os oferecidos pela sociedade ocidental. Amo, o Africano, escrevendo em latim para um público europeu, podendo ser lido e, se necessário, avaliado, criticado, discutido, apenas por este público europeu, forjando sua própria problemática a partir de temas e conceitos inseparáveis da história da filosofia europeia e contribuindo, com sua obra, para o enriquecimento dessa história, numa época em que no seu país não existia nenhuma tradição teórica comparável, é isso que seguramente prenuncia o destino atual da literatura africana de expressão francesa ou inglesa, que é, salvo raras exceções, muito mais conhecida fora da África do que na África.

Portanto, nossa decepção não diz respeito ao conteúdo da obra, mas à sua inserção social. O que lamentamos é a inscrição exclusiva da obra de Amo, um filósofo *africano* (porque ele o é e continua a ser, tanto por suas origens como por seu destino pessoal, aquele que teve de regressar voluntariamente aos seus para aí terminar seus dias, ao fim da sua longa aventura europeia), em uma *tradição teórica não africana*. O que lamentamos é o pertencimento exclusivo dessa obra, tanto por suas referências quanto pelo público a que se destina, à história científica do Ocidente. Solidão dolorosa: Amo — é preciso dizer? — não é responsável por isso. Vítima, logo de início, de uma situação histórica, fica evidente, ao contrário, que fez tudo o que ali era humanamente possível. Os tempos não estavam maduros. O fracasso era inevitável. Mas o fracasso, sobre o qual se deve meditar hoje, pode ser infinitamente fecundo. Porque nos mostra, em termos negativos, o que resta a fazer; prescreve-nos tarefas extremamente precisas: acabar de uma vez com a extroversão monstruosa do nosso discurso teórico, não mais nos contentarmos em participar, individualmente, dos grandes debates científicos do mundo industrializado, mas criar progressivamente, em nossos próprios países, aquelas estruturas de diálogo e de controvérsia sem as quais nenhuma ciência é possível.[41]

6. O fim do nkrumaísmo e o (re)nascimento de Nkrumah[1]

Há um ano, em 27 de abril de 1972, falecia em Bucareste, capital da Romênia, um dos maiores africanos do século xx. Da rica herança que nos deixou, cuja importância apenas começamos a admitir, eu gostaria de analisar, por ocasião desse aniversário, um dos aspectos mais negligenciados.

Os principais títulos

Político de alto nível, Nkrumah foi também — muitas vezes esquecemos — escritor, autor de uma obra considerável.[2] É verdade que se tem afirmado que essa obra não era realmente dele. Mas o fato é que ela *existe*, que apresenta certa *unidade* e uma *coerência* indiscutível, e que não se pode simplesmente ignorá-la. Nkrumah, sem dúvida, pode ter ditado um ou outro de seus livros para sua secretária particular, ou ter fornecido a um ou outro de seus colaboradores as ideias essenciais que este último viria em seguida compor; não deixa de ser ele próprio, em todos os casos, o autor direto ou indireto dos livros que lhe são atribuídos (ou cuja paternidade lhe é contestada, para fins políticos mal dissimulados).[3]

Contestações desse gênero são possíveis apenas enquanto se abstêm de *ler* a obra em questão. Quando, pelo contrário, se leem as obras atribuídas a Nkrumah, quando se presta atenção à sua *lógica* e ao seu *conteúdo*, essa pergunta ociosa desaparece e dá lugar a uma pergunta completamente diferente, desta vez teórica: *como* essa obra deve ser lida? Qual gênero de leitura pode revelar sua coerência? De que tipo é essa coerência em si mesma?

Antes de esclarecer a questão, recordemos brevemente os principais títulos desse abundante catálogo.[4]

1. *Towards Colonial Freedom* (Londres: Heinemann, 1962): obra escrita no final de seus dez anos de estada nos Estados Unidos (1935-45).

2. "What I Mean by Positive Action" (Acra, 1949). Trata-se de um pequeno opúsculo ocasional.

3. *Ghana: Autobiography of Kwame Nkrumah* (Londres: Thomas Nelson, 1957).

4. *I Speak of Freedom: A Statement of African Ideology* (Londres: Heinemann, 1961). Essa obra ainda não traduzida reproduz e comenta grandes trechos dos discursos de Nkrumah, desde seu retorno à Costa do Ouro em 1947 até sua declaração à Assembleia Geral das Nações Unidas, em setembro de 1960.

5. *Africa Must Unite* (Londres: Heinemann, 1963).

6. *Consciencism. Philosophy and Ideology for Decolonization and Development, with Particular Reference to the African Revolution* (Londres: Heinemann, 1964)[5].

7. *Neo-colonialism, the Last Stage of Imperialism* (Londres: Thomas Nelson, 1965).

8. *Challenge of the Congo* (Londres: Thomas Nelson, 1967).

9. *Dark Days in Ghana* (Nova York: International Publishers,

1968). Trata-se de uma reconstrução dos fatos que marcaram o golpe de 24 de fevereiro de 1966 e de uma interpretação desses fatos à luz da estratégia mundial do imperialismo. O capítulo 5 do livro foi objeto de uma publicação separada pela Panaf, sob o título: *The Big Lie*.

10. *Handbook of Revolutionary Warfare* (Londres: Panaf, 1968).
11. *Class Struggle in Africa* (Londres: Panaf, 1970).
12. *Voice from Conakry* (Londres: Panaf, 1967). Trata-se de uma coleção de discursos radiofônicos transmitidos no programa *A Voz da Revolução*, em Conacri.
13. *Axioms of Kwame Nkrumah* (Londres: Thomas Nelson, 1967). Trata-se de uma coleção de citações retiradas de diversas obras, artigos ou discursos de Nkrumah, e classificadas por título.

Deixarei de fora os artigos, as brochuras e os panfletos. Mas vou mencionar, ao menos de passagem, por seu valor teórico, e porque os utilizaremos mais adiante, os textos intitulados "African Socialism Revisited" e "The Myth of the 'Third World'", publicados sob a forma de artigos respectivamente em 1966 e 1968, e reeditados pela editora Panaf em 1968 (depois reeditados em 1970) sob a forma de brochura, com o título de *Two Myths*.

Obras póstumas de Nkrumah

Além das obras citadas, cabe mencionar a publicação póstuma das edições Panaf de duas importantes coleções.

1. *The Struggle Continues* (1973, 83 p.) reproduz o pequeno artigo de 1949, "What I Mean by Positive Action", e textos

de cinco livretos escritos em Conacri entre 1966 e 1968: "The Struggle Continues", "The Way Out", "The Spectre of Black Power", "The Big Lie", "Two Myths".

2. *Revolutionary Path* (1973), coletânea mais importante (532 p.), reúne textos de base, testemunhas do pensamento político de Nkrumah, alguns dos quais antes inéditos. Compreende três partes: a) A luta pela libertação nacional (texto de 1945 a 1957); b) A construção do socialismo e a luta pela libertação e unificação da África: 1957-66; c) A luta de classes e a fase armada da revolução africana (textos de 1966 a 1970).

As apresentações dos diferentes textos teriam sido redigidas pelo próprio Nkrumah. A conclusão teria sido ditada em outubro de 1971, em uma clínica em Bucareste.

Obras sobre Nkrumah

1. Timothy Bankole, *Kwame Nkrumah: His Rise to Power*. Londres: Georges Allen and Unwin, 1957.

2. John Philipp, *Kwame Nkrumah and the Future of Africa*. Londres: Faber and Faber, 1960.

3. Stephan Dzirasa, *The Political Thought of Dr. Kwame Nkrumah*. Acra: Guinea Press, 1962.

4. Alex Quaison-Sackey, *Africa Unbound: Reflections on an African Statesman*. Nova York: Praeger, 1963.

5. Dennis Austin, *Politics in Ghana (1945-1960)*. Londres: Oxford University Press, 1964.

6. Bob Fitch e Mary Oppenheimer, "Ghana: End of an Illusion". *Monthly Review*, v. XVIII, n. 3, jul./ago. 1966 (número especial).

7. Roger Genoud, *Nationalism and Economic Development in Ghana*. Nova York: Praeger, 1969.

8. Peter Omari, *Kwame Nkrumah: The Anatomy of an African Dictatorship*. Acra: Moxon Paper Backs, 1970. O autor oferece, no final do volume, uma "bibliografia seletiva", mais completa que a presente no que diz respeito à vida e obra política de Nkrumah, mas evidentemente desatualizada no que diz respeito à sua obra teórica.

9. Samuel Ikoku, *Le Ghana de Nkrumah*. Trad. de Yves Benot. Paris: Maspero, 1971.

10. Editores de The Spark (Orgs.). *Some Essential Features of Nkrumaism*. Londres: Lawrence and Wishart, 1964; Acra: Panaf, 1970.

11. *Hommage à Kwame N'krumah*.[6] Conacri: Imprimerie Nationale Patrice-Lumumba, 1972. Esta é uma coleção de discursos proferidos no funeral de Nkrumah, copresidente da República da Guiné, 13-14 de maio de 1972.

12. *Hommage à Kwame Nkrumah. Présence Africaine*, n. 85, 1973 (número especial).

A evolução de Nkrumah

Como ler a obra

Voltemos ao nosso problema: como a obra deve ser lida e de que ordem é sua coerência? A questão é importante, pois a leitura que geralmente se faz é estática ou, caso se prefira, sistemática: leem-se as obras de Nkrumah como se todas tivessem sido escritas ao mesmo tempo, e disso deriva um sistema abstrato, estranhamente simplista e dogmático, que se tem chamado de "nkrumaísmo". Mas uma segunda leitura é possível. Em vez de colocar todos os livros no mesmo plano, pelo contrário, ela consistiria em realçar os pontos de ruptura no interior da obra, os pontos que testemunham uma evolução, ou mesmo uma reviravolta do autor. Essa leitura, que se poderia qualificar como histórica, parece-me hoje a única aceitável, porque é a única verdadeira. Ela permite compreender, para além da aparência sistemática da "doutrina nkrumaísta", a natureza dos problemas aos quais essa doutrina tentou responder. Ao mesmo tempo, permite ver os deslocamentos operados no interior dessa problemática, deslocamentos ao final dos quais certas teses iniciais, elaboradas em outro contexto, tiveram de ser implicitamente ou mesmo explicitamente rejeitadas.

Acrescente-se, aliás, correndo o risco de causar choque, que a primeira leitura, a que nivela a obra de Nkrumah em um sistema, é objetivamente *uma leitura de direita*. A esse respeito, é interessante notar, como o nigeriano Samuel Ikoku lembra em *Le Ghana de Nkrumah,* [7] que a palavra "nkrumaísmo" foi precisamente inventada pelos elementos de direita do partido único da época, Convenção do Partido Popular (CPP).[8]

Os elementos antissocialistas haviam forjado essa palavra para mascarar o conteúdo socialista da doutrina de Nkrumah, em nome de sua absoluta originalidade. Eles poderiam, sob esse pretexto, acusar de traição, ou infidelidade em relação à pessoa do mestre, qualquer militante que ousasse falar simplesmente em "socialismo", em vez de "nkrumaísmo". Diante dessa situação, os elementos de esquerda, que, entre outras coisas, controlavam o semanário ideológico do partido, *The*

Spark (A faísca), não tiveram outra escolha a não ser aceitar a palavra "nkrumaísmo", tentando dar-lhe, entretanto, um conteúdo rigorosamente socialista. Portanto, a querela não estava mais sobre a palavra, mas sobre o significado da palavra.

Eis o que nos ensina Ikoku. Mas podemos ver facilmente o quanto era grave essa concessão por parte dos elementos "de esquerda". Ao aceitar o termo "nkrumaísmo", trazendo-o para seu vocabulário político e teórico, multiplicando suas definições e redefinições como um sistema original, em vez de repudiar firmemente a própria palavra juntamente com a ideia que ela continha, a saber, a especificidade absoluta da doutrina do *Osagyefo*, ao mesmo tempo os progressistas do CPP contribuíram para ocultar o que poderia haver de vivo e inacabado nos escritos de seu companheiro. Eles o esquematizaram, simplificaram, mumificaram, enterraram vivo, envolvendo-o em um sistema. Porque, enfim, seja qual for o conteúdo que se dê à palavra "nkrumaísmo", seja ela definida como uma doutrina não socialista ou como uma doutrina socialista, como um socialismo antimarxista ou como uma variedade do "socialismo científico", lê-se essa obra, em um caso ou no outro, como um sistema fechado, uma doutrina acabada, cujos pontos seriam rigorosamente definidos e contemporâneos uns dos outros. É verdade que o próprio Nkrumah tinha se persuadido, num dado momento, de que efetivamente inventara uma nova doutrina, a qual chamava de "consciencismo", sublinhando com a novidade deste estranho neologismo a presumível novidade do sistema. Entretanto, a ilusão só durou um momento. O essencial é ver que, em seguida, Nkrumah fez sua autocrítica e, através das obras posteriores ao *Consciencism*, não parou de questionar paciente e metodicamente os pressupostos ideológicos nos quais as primeiras obras repousavam. E isso antes de sua queda. Em breve veremos como.

Ler Nkrumah hoje, portanto, é encontrar, por trás do sistema em que habitualmente ele é encerrado, e no qual ele mesmo se encerrou por um momento, o texto inacabado de um pensamento que busca a si mesmo. É restituir à obra suas contradições internas, suas hesitações, em suma, sua vida; não mais procurar aparar as arestas ou conciliar os contrários, mas reconhecer, se necessário, que o texto não se inscreve de um extremo ao outro no mesmo plano, porém se articula em níveis distintos, que é necessário, precisamente, com todo o rigor, tentar identificar.

Contudo, uma leitura atenta nos revela com precisão que, entre os primeiros e os últimos trabalhos, se produziu uma mudança considerável de perspectiva. Na verdade, as primeiras obras atacam o colonialismo; as suas massivas afirmações testemunham a relativa simplicidade dessa luta; o seu tom, muitas vezes eufórico e entusiástico, traduz a certeza de uma vitória próxima ou a alegria de um triunfo recente. As últimas obras, pelo contrário, criticam o neocolonialismo. Os problemas tornam-se mais complexos, as análises, mais precisas e mais sofisticadas. O entusiasmo inicial dá lugar a uma reflexão laboriosa sobre a nova estratégia do imperialismo, a natureza do neocolonialismo como um vasto complô mundial, e os novos imperativos da luta de libertação.

Portanto, os problemas não são mais os mesmos. Disso decorre um notável *deslocamento do sistema*, eu diria quase uma *destruição do sistema* (no sentido de desmontagem, de um desmantelamento, de uma desconstrução), na medida em que o autor, ao responder a outras perguntas, se vê obrigado a contradizer nas suas respostas as teses que pareciam as mais seguras no sistema inicial. A partir desse deslocamento, eu gostaria de citar três exemplos aqui.

O problema da violência

Nas primeiras obras, Nkrumah preconiza como meio de luta o que ele chama de *ação positiva*, entendendo com isso todos os meios legais e não violentos de resistência (pelo menos é essa a definição dada em *What I Mean by Positive Action* e em sua *Autobiography*, embora o sentido da expressão seja posteriormente ampliado para designar a ação revolucionária em geral, incluindo a ação revolucionária violenta). Nkrumah voluntariamente se define, nos textos iniciais, como um discípulo de Gandhi.

As últimas obras, ao contrário, afirmam que o único meio eficaz de resistência é a luta armada. A contradição decorre do fato de que Nkrumah agora considera o imperialismo não mais um empreendimento limitado, a simples dominação de uma nação sobre outra, mas um vasto complô mundial destinado a submeter uma parte do globo a outra.

Essa mudança notável se produz, como dissemos, antes mesmo de sua queda. A obra de 1965, *Neo-colonialism, the Last Stage of Imperialism*, dedica-se, na verdade, a pôr em evidência os laços sutis, mas reais, que unem entre si as grandes sociedades capitalistas que exploram o solo e o subsolo africanos. Mostra que, para além das diferenças de rótulos, denominações, razões sociais, essas sociedades formam, na realidade, um único e mesmo grande empreendimento. Suas ações estão concentradas nas mãos de uma minoria de grandes financiadores internacionais; suas operações são assim, de fato, aspectos de um único e mesmo projeto internacional de empobrecimento do "Terceiro Mundo". De tal modo, a exploração neocolonial aparece em sua verdadeira luz. Ao mesmo tempo, a luta contra o imperialismo também aparece sob uma nova luz: é uma "guerra de classes em escala internacional".

A amplitude, a seriedade, a força do neocolonialismo assim entendido exigem o recurso à luta armada. Foi assim que Nkrumah, inicialmente um pacifista tímido, veio a elaborar, no *Handbook of Revolutionary Warfare*, uma verdadeira teoria da guerrilha continental. Da autobiografia ao manual de 1968, o caminho percorrido é, portanto, considerável, e não se pode avaliá-lo se insistirmos em ler a obra de Nkrumah como um sistema.

A luta de classes

Não menos considerável é a evolução do problema da luta de classes. As primeiras obras afirmam que na África não há luta de classes. As últimas, pelo contrário, sublinham a importância desse fenômeno, dessa luta secreta sem a qual nada se pode compreender dos acontecimentos e da turbulência política da África atual.

A esse respeito, *Consciencism* aparece como a última obra do primeiro período, e aquela em que também os pressupostos do primeiro período são mais claramente formulados.

Com efeito, o livro destaca que a sociedade africana tradicional era uma sociedade igualitária, uma sociedade do tipo comunitário, onde a terra e os meios de produção não pertenciam a indivíduos, mas à coletividade. Nkrumah chama a ideologia desse tipo sociedade de "comunalismo". A tese permite-lhe concluir que na África a transição para o socialismo pode ocorrer sem revolução, em perfeita continuidade com a ideologia africana tradicional.

> Portanto, a revolução é indispensável para o advento do socialismo onde a velha estrutura sociopolítica é sustentada por princípios opostos aos do socialismo, como no caso do capitalismo [...]. Mas se partimos do comunalismo, a passagem ao socialismo é feita por uma reforma, pois os princípios são os mesmos [...]. Nas sociedades comunitárias, pela continuidade entre comunalismo e socialismo, o socialismo não é uma doutrina revolucionária, mas uma reafirmação, em linguagem contemporânea, dos princípios do comunalismo.[9]

Portanto, *Consciencism* afirma que a sociedade pré-colonial desconhecia a exploração do homem pelo homem e a luta de classes. De maneira mais geral, a obra de 1964 é regida por aquilo que poderia ser chamado de *ideologia da continuidade*. Continuidade entre a cultura africana "tradicional" e a cultura africana de hoje e de amanhã. Continuidade entre a organização comunitária e coletivista da economia africana pré-colonial e a organização socialista da nova economia africana, tal como os revolucionários africanos a consideravam. Na verdade, esses revolucionários seriam, segundo a lógica de *Consciencism*, os mais autênticos dos tradicionalistas.

Por outro lado, as últimas obras afirmam, em vez disso, a existência da luta de classes. A luta contra o neocolonialismo agora se apresenta como uma luta de classes em escala internacional. Eis o que lemos no livro de 1965.

> Marx tinha previsto que o desenvolvimento do capitalismo produziria uma crise em cada Estado capitalista considerado individualmente, porque em cada Estado o fosso entre os proprietários e os não proprietários se alargaria até que um conflito se tornasse inevitável, e que esse conflito acabaria com a derrota dos capitalistas. O fundamento da sua argumentação não é destruído pelo fato de que o conflito que ele havia previsto como um conflito nacional não ocorreu em todos os lugares em uma escala nacional, mas foi transposto para a escala global. O capitalismo mundial adiou sua crise, mas somente transformando-a em uma crise internacional. O perigo, hoje, já não é a guerra civil provocada no interior dos Estados individuais pelas condições de vida intoleráveis, mas é a guerra internacional provocada, em última análise, pela miséria da maior parte da humanidade que se torna dia a após dia mais pobre.[10]

Ao ler atentamente esse texto, percebe-se que, na realidade, ele significa duas coisas: primeiro, que a África neocolonizada de hoje não escapa mais à luta de classes do que outras sociedades; mas também que essa luta de classes foi introduzida de fora da África, que é apenas uma extensão da luta de classes anteriormente em andamento nas sociedades industriais do Ocidente.

Portanto, para dizer a verdade, Nkrumah não renuncia à sua primeira tese, segundo a qual a sociedade africana "tradicional" desconhecia a luta de classes. De resto, a mesma tese persiste até seu último livro, *Class Struggle in Africa*.

Apesar disso, a ênfase aqui não é mais colocada na inexistência da luta de classes na chamada África tradicional; é posta antes na importância, na seriedade, na irredutibilidade da luta de classes na África atual. Portanto, há pelo menos um importante deslocamento de ênfase. Nkrumah não mais afirmará, como em *Consciencism*, que a transição para o socialismo pode dispensar uma revolução; pelo contrário, insistirá sobre a violência das burguesias no poder (golpes de Estado militares, repressões sangrentas etc.) que torna inevitável para as classes exploradas o recurso à luta armada, condição *sine qua non* do triunfo da revolução.

Melhor ainda, isso lhe ocorre mais de uma vez, sempre nos escritos do segundo período, para questionar diretamente a primeira tese. A pequena brochura intitulada *Two Myths* é particularmente instrutiva a esse respeito; nela, o autor adota uma posição radical, claramente mais avançada e mais categórica do que em *Class Struggle in Africa*, que é, porém, posterior. Ele rejeita a expressão corrente de "Terceiro Mundo", que implicitamente denota que os países colonizados e neocolonizados constituem um mundo à parte. Pela mesma razão rejeita a lenga-lenga de Senghor e Julius Nyerere sobre o "socialismo africano" (lenga-lenga que, diga-se de passagem, é estritamente da mesma natureza e se baseia nos mesmos pressupostos de *Consciencism*):

> Atualmente, a expressão "socialismo africano" parece implicar que a sociedade africana tradicional era uma sociedade sem classes, impregnada pelo espírito humanista, e parece expressar

uma nostalgia por esse espírito. Essa concepção de socialismo torna a sociedade comunitária africana um fetiche. Mas uma sociedade africana idílica e sem classes (na qual não haveria ricos nem pobres), desfrutando de uma serenidade entorpecida, é certamente uma simplificação fácil; não existe qualquer evidência histórica ou mesmo antropológica de que tal sociedade tenha existido. Receio que as realidades da sociedade africana tenham sido um pouco mais sórdidas.[11]

Crítica radical, se é que isso existe; crítica que é também, como dissemos, autocrítica. A partir de então, Nkrumah se recusa a considerar a África como um mundo à parte, ele admite que nossas sociedades obedecem às mesmas leis que todas as sociedades do mundo e que a revolução africana, corretamente compreendida, é parte integrante da revolução mundial. É por isso que, em vez da expressão equivocada "socialismo africano", ele prefere empregar a expressão mais neutra: "socialismo na África".

A unidade africana

Tomemos agora um terceiro exemplo, o da unidade africana. Nas primeiras obras, particularmente em *Africa Must Unite* (1963), Nkrumah preconiza a formação imediata de um governo continental africano. A criação dos Estados Unidos da África surge-lhe como a tarefa mais urgente para travar o neocolonialismo, porque, diz ele, o principal instrumento do neocolonialismo é a balcanização.[12] Apesar da sua incontestável audácia, infelizmente o projeto não leva em conta as diferenças de orientação política e ideológica entre os diversos Estados africanos.

Pelo contrário, nas últimas obras, essas oposições são claramente reconhecidas e apontadas como o obstáculo essencial à unidade africana. Entre os governos africanos empenhados resolutamente na luta anti-imperialista e os "governos-fantoches", governos-marionetes, governos-bufões, governos-títeres, irrecuperavelmente devotados à defesa dos interesses neocolonialistas, nenhum compromisso é possível. É desse ponto de vista que Nkrumah critica severamente, no *Handbook*, a Organização da Unidade Africana (OUA), que, no entanto, se poderia considerar uma realização tímida e parcial do projeto mais ou menos exposto na mesma época no *Africa Must Unite*. Apenas se compreende essa crítica à luz da sua mudança de perspectiva. É possível dizer que, para o último Nkrumah, a OUA é prematura porque falta aos Estados africanos que a compõem uma real comunidade de pontos de vista e de opções políticas. A OUA é um organismo heterogêneo e incoerente.

A unificação real da África pressupõe previamente a eliminação dos Estados-fantoches, e essa eliminação somente pode ser feita, cada vez mais, pela luta armada. Portanto, a tarefa mais urgente não é mais a formação de um governo continental (impossível na conjuntura atual), mas a coordenação das atividades dos diversos movimentos de libertação em luta nos diferentes territórios.

Nkrumah dedica um livro inteiro a esse último problema: o *Handbook*. Nele propõe a criação dos seguintes organismos de coordenação:

1. *All African People's Revolutionary Party* (AAPRP), Partido Revolucionário Popular Pan-Africano.

2. *All African Committee for Political Coordination* (AACPC), Comitê Pan-Africano de Coordenação Política.

3. *All African People's Revolutionary Army* (AAPRA), Exército Revolucionário Popular Pan-Africano.[13]

Assim, se a unidade africana ainda é mantida como um fim necessário, os meios para sua realização não são mais os mesmos. A unificação não deve mais ser feita no topo, mas na base; não no nível dos governos oficiais e das relações diplomáticas oficiais, mas no das populações e das organizações políticas, que são seus verdadeiros porta-vozes. A razão dessa mudança nos métodos é que Nkrumah entendeu, nesse ínterim, que os governos vigentes nem sempre exprimem a vontade de seus povos, mas que as organizações autônomas desses povos são seus representantes mais fiéis.

O QUE ESSES TRÊS EXEMPLOS MOSTRAM é que a obra de Nkrumah não é um sistema fechado, mas um pensamento aberto, atento ao acontecimento, preocupado com a pertinência, em revisão perpétua. O pensamento de Nkrumah é mais vivo, mais inquieto e mais exigente do que este credo abstrato e dogmático que se chama "nkrumaísmo".

Para aqueles que conseguem reencontrar essa vida do texto, essa respiração secreta do escrito, o verdadeiro Nkrumah não está morto. Por detrás das fórmulas estereotipadas que durante a sua vida já o cercavam, por detrás do cenário das palavras convencionais, das ocas profissões de fé pretensamente revolucionárias, dos protestos de fidelidade daqueles prontos a se vender ao primeiro que chegar, por detrás das espessas paredes da adulação servil, do doloroso isolamento daquele a quem se chamava *Osagyefo*, ou Redentor, descobrimos hoje a verdadeira face do militante, a face nua do camarada, infinitamente mais próximo pelas suas preocupações e suas hesitações: nós descobrimos um texto.

Aquele que morreu em Bucareste não é Nkrumah, mas o nkrumaísmo. E era preciso que o sistema fechado, a segurança ilusória, o corpo, morresse para que fosse libertado o elemento de universalidade. O próprio Nkrumah provavelmente o percebia assim, pois pedia em testamento que, se não fosse embalsamado e conservado, seu corpo fosse cremado e espalhado por toda a extensão do continente africano, "nos rios, torrentes, desertos, savanas etc.". Acontece que hoje esse corpo repousa em Nkroful, sua cidade natal, desde 9 de julho de 1972, após a transferência de Conacri. Ao menos, Nkrumah alcançou a onipresença que desejava, já que, finalmente, seu verdadeiro texto, libertado do jugo a que estava preso, pode ser hoje percebido em sua incompletude, e assim estimular outros pensamentos que, por sua vez, se inscreverão no texto inacabado em que se tece, cada dia mais complexa, a tradição teórica do nosso continente.

7. A ideia de filosofia em *Consciencism* de Nkrumah[1]

No CAPÍTULO ANTERIOR TENTEI apresentar a obra literária de Nkrumah em seu conjunto.[2] Apontei que esta obra não deveria ser lida como um sistema fechado, mas que se deveria considerar tanto quanto possível a evolução do autor; e, em vez da leitura que costumamos praticar, que pode ser qualificada como estática ou sistemática, propus outro tipo de leitura, que poderia ser qualificada como histórica. Por fim, sugeri que o primeiro tipo de leitura talvez seja objetivamente uma leitura de *direita*, no sentido mais forte do termo: quando se coloca Nkrumah dentro de um sistema fechado, quando se recusa a levar em consideração sua evolução, uma evolução que no entanto é tão considerável que o levou a questionar, nas últimas obras, alguns dos conceitos que mais frequentemente utilizara nas primeiras, reduzimos objetivamente essa obra a um sistema dogmático e inofensivo, e nos recusamos a apreender seu alcance crítico e particularmente subversivo, que só pode surgir, precisamente, sob a condição de se considerar a evolução.

Um dos mais próximos colaboradores do líder ganês, o nigeriano Samuel Ikoku, conta-nos, em seu notável livro *Le Ghana de Nkrumah*,[3] que a palavra "nkrumaísmo" foi inventada pelos elementos de direita da Convenção do Partido Popular,[4] partido único então no poder. Esses elementos de direita queriam assim mascarar o conteúdo socialista da doutrina do mestre e neutralizar seu caráter subversivo, em nome da sua irredutível originalidade.

É verdade que o próprio Nkrumah acreditou num dado momento que inventava um sistema original, que designava, para sublinhar sua originalidade, com um estranho neologismo: "consciencismo".[5] Contudo, não se deve esquecer que ele próprio viria a reivindicar cada vez mais abertamente o socialismo científico, ou seja, simplesmente o marxismo-leninismo, sem que essa adesão implicasse, aliás, a seus olhos, qualquer negação da tradição cultural africana no que havia de mais autêntico.

As duas versões de *Consciencism*

Consciencism[6] deve ser lido com um olhar essencialmente crítico. Deve ser lido como o testemunho de uma etapa particular do pensamento de Nkrumah, que logo seria superada. Acima de tudo, devemos ter cuidado para não ver nele a última palavra do autor em matéria de filosofia. O público francófono está ainda mais sujeito a esse erro, pois atualmente a única tradução francesa disponível de *Consciencism* é a da primeira edição, que data de 1964. Mas é importante saber que posteriormente o livro foi reimpresso quatro vezes em inglês, e que na quinta e última tiragem, que data de 1970, o texto inicial sofreu profundas modificações.[7]

É o próprio Nkrumah quem explica o significado dessas modificações, em uma "Advertência" que aparece no início do livro:

Desde a publicação da primeira edição de *Consciencism* em 1964, a revolução africana entrou resolutamente em uma nova fase, a fase da luta armada. Em todas as partes do continente, os revolucionários africanos estão se preparando para a luta armada, ou já estão ativamente engajados em operações militares contra as forças de reação e de contrarrevolução. As questões agora estão mais claras do que nunca. A sucessão de golpes de Estado militares ocorridos na África nos últimos anos revelou os estreitos vínculos entre os interesses do neocolonialismo e os da burguesia local. Esses golpes de Estado colocaram em relevo a natureza e a extensão da luta de classes na África. Os capitalistas monopolistas estrangeiros estão em estreita associação com os reacionários locais e usaram oficiais das Forças Armadas e da polícia para frustrar os objetivos da revolução africana. É a nova situação assim criada na África que mostrou a necessidade de uma série de modificações nesta edição. Essas modificações ocorrem principalmente no capítulo 3.

Conacri, 15 de agosto 1969[8]

É, portanto, em função do que considerava a nova fase da revolução africana que Nkrumah se viu obrigado a modificar de cima a baixo o texto inicial de *Consciencism*. Se compararmos as duas edições, veremos que o autor inverteu completamente suas opiniões de 1964 acerca da estrutura das sociedades africanas. Já sublinhei esse ponto no capítulo anterior: era até um dos exemplos que lá evocava para ilustrar a revolução conceitual ocorrida no pensamento de Nkrumah, numa data que propus situar em 1965. É a partir daí, mais precisamente a partir da obra intitulada *Neo-colonialism, the Last Stage of Imperialism* (note-se a ressonância leninista do título, que evoca de maneira voluntária o famoso *Imperialismo, estágio superior do capitalismo,* do revolucionário russo[9]), que Nkrumah renuncia explicitamente às suas afirmações anteriores que tendiam a negar a realidade da luta de classes na África.[10]

A primeira edição de *Consciencism* dava como certo que a sociedade africana tradicional desconhecia a luta de classes e se organizava de modo comunitário, ou seja, igualitário. Seguindo aqui uma certa tradição etnológica, Nkrumah chamava esse modo de organização de *comunalismo.* A perspectiva muda completamente em *Neo-colonialism,* obra na qual o autor escreve literalmente que a luta de classes é uma das características fundamentais da sociedade africana contemporânea, e que, em última análise, a luta contra o imperialismo — seja o imperialismo em sua forma colonial, seja em sua forma neocolonial — nada mais é do que uma "luta de classes em escala internacional".[11] Desse modo, enquanto as primeiras obras consideravam a luta anti-imperialista uma luta isolada e absolutamente específica, enquanto lhe davam uma interpretação por assim dizer romântica e apenas podiam justificá-la invocando argumentos morais (dignidade da pessoa, direito à liberdade etc.), as últimas obras insistem, pelo contrário, nos laços estreitos entre o esforço de libertação dos povos coloniais e neocoloniais e a luta de classes em curso no interior das sociedades industriais. Ao mesmo tempo, reinterpretam os grandes acontecimentos políticos das próprias sociedades coloniais e neocoloniais. É assim que, aos olhos de Nkrumah, a sucessão de golpes de Estado militares na África aparece agora como um avatar da luta de classes.

Sem dúvida é possível considerar insuficientes, no pormenor, as explicações concretas que ele dá sobre isso; no entanto, não se poderia contestar a própria justeza do princípio de interpretação.[12]

Portanto, na nova edição de *Consciencism*, Nkrumah modificará profundamente todas as passagens do texto inicial que exageravam a originalidade das sociedades africanas e as apresentavam como estranhas às leis universais que regem a história da sociedade humana em geral. Em contrapartida, breves adições refletem algumas das suas novas preocupações (condições da revolução socialista, crítica da sociedade da abundância etc.).

A título de exemplo, podemos comparar as duas versões seguintes do mesmo texto.

Primeira edição de 1964:

A revolução, portanto, é indispensável para o advento do socialismo, no qual a estrutura sociopolítica anterior é animada por princípios opostos aos do socialismo, como numa estrutura capitalista (por conseguinte, também numa estrutura colonialista, porque a estrutura colonialista está essencialmente subordinada ao capitalismo). Eu realmente distingo dois colonialismos, um interno, outro externo. O capitalismo em casa é o colonialismo interno. Por outro lado, se partimos da tradição ancestral do comunalismo, a passagem para o socialismo é feita por uma reforma, pois os princípios subjacentes são os mesmos. Todavia, quando essa passagem atravessa um período colonial, a reforma é revolucionária, pois a passagem do colonialismo para a verdadeira independência é um ato de revolução. Mas, pela continuidade entre comunalismo e socialismo, o socialismo, nas sociedades comunalistas, não é uma doutrina revolucionária, mas uma reafirmação na linguagem contemporânea dos princípios subjacentes ao comunalismo.

Em minha autobiografia, eu disse que o capitalismo poderia ser um sistema muito complicado para um país recém-independente. Gostaria de acrescentar que os pressupostos e desígnios do capitalismo são contrários aos da sociedade africana. O capitalismo seria uma traição à personalidade e à consciência da África.[13] (*Consciencism*, Heinemann, 1964, p. 74. Tradução nossa. Cf. *Le Consciencisme*, trad. L. Jospin, pp. 114-5).

Última edição, 1970:

A revolução, portanto, é indispensável para o advento do socialismo, no qual a estrutura sociopolítica anterior é animada por princípios opostos aos do socialismo, como numa estrutura capitalista (por conseguinte, também numa estrutura colonialista, porque a estrutura colonialista está essencialmente subordinada ao capitalismo). Eu realmente distingo dois colonialismos, um interno, outro externo. O capitalismo em casa é o colonialismo interno.

Mas, como o espírito do comunalismo ainda existe até certo ponto nas sociedades com um passado comunalista, o socialismo e o comunismo não são, no sentido estrito da palavra, doutrinas "revolucionárias". Eles podem ser descritos como reafirmações, em uma linguagem contemporânea, dos princípios do comunalismo. Em contrapartida, nas sociedades sem passado comunalista, o socialismo e o comunismo são doutrinas plenamente revolucionárias, e a passagem para o socialismo deve ser guiada pelos princípios do socialismo científico.

A natureza e a causa do conflito entre a classe dirigente e a classe explorada são influenciadas pelo desenvolvimento das forças produtivas, isto é, as mudanças na tecnologia; pelas relações econômicas que essas forças condicionam; e pelas ideologias que refletem as propriedades e a psicologia dos membros dessa sociedade. Cria-se a base de uma revolução socialista quando a luta de classes no interior de uma determinada sociedade levou as massas a aceitarem e a desejarem a ação positiva para mudar ou transformar a sociedade. É então que são lançados os fundamentos para a mais alta forma de ação política — aquela em que a revolução atinge seu apogeu e os operários e camponeses conseguem derrubar todas as outras classes. Expliquei como o desejo da sociedade de transformar a natureza se reflete em várias teorias sociopolíticas. (*Consciencism*, Panaf Books, 1970, p. 74).[14]

Dos três parágrafos do texto inicial, o primeiro foi mantido, o segundo modificado, o terceiro pura e simplesmente suprimido, ou mais exatamente substituído por um novo parágrafo, o que reflete preocupações totalmente estranhas ao texto da primeira edição.

Porém, nota-se que essas mudanças destroem a coerência inicial do texto. O significado global dessa página, na edição de 1964, era mostrar a possibilidade de uma transição pacífica para o socialismo, por meio de uma reforma. Assim, o segundo parágrafo se opunha fortemente ao primeiro e apresentava uma alternativa mais tranquilizadora do que a perspectiva de uma revolução violenta. Em contrapartida, a nova redação atenua a oposição. No segundo parágrafo, Nkrumah não ousa mais afirmar que a passagem ao socialismo pode ser feita por uma reforma; para dizer a verdade, ele não fala mais de uma "transição ao socialismo", isto é, a um determinado tipo de relações de produção, mas se contenta em comparar abstratamente o "espírito" de duas "doutrinas" (*creeds*). Portanto, a continuidade não mais se afirma entre a organização comunitária e a organização socialista da produção, mas somente entre as doutrinas, isto é, as ideologias correspondentes. Ainda que esta continuidade seja afirmada muito timidamente: socialismo e comunismo, diz-se, não são, numa sociedade com um passado comunalista, doutrinas revolucionárias "no sentido estrito da palavra" (*in the strict sense of the word*). Portanto, podemos admitir que elas são, assim, revolucionárias no sentido amplo, como um conjunto de doutrinas; ainda mais como um modo de organização da sociedade. Ao mesmo tempo desaparecem na nova redação a própria palavra "reforma" e a noção, bastarda, se é que ela existe, de "reforma revolucionária". Contudo, o efeito das supressões é romper o equilíbrio inicial do texto, amputando um membro do par antitético "reforma-revolução" no qual se assentava o equilíbrio.

Há ainda mais. Na nova redação, Nkrumah evita cuidadosamente sugerir que as sociedades africanas ainda são hoje sociedades comunitárias. Pelo contrário, ele diz expressamente que esse comunalismo pertence ao seu passado e sobrevive em seu presente apenas como uma memória ("o espírito do comunalismo").

Quanto ao terceiro parágrafo, ele é pura e simplesmente suprimido. Rasura significativa: uma leitura atenta da primeira versão do livro mostra-nos que este parágrafo, apesar da sua aparência de observação incidental, exprimia no fundo o próprio desígnio do livro. Nkrumah já havia proclamado sua adesão ao socialismo muito antes da redação de *Consciencism*. O primeiro programa político do CPP, redigido em 1949 e adotado em 1951, mencionava claramente, no artigo nº 8, que o partido visava "fundar um Estado socialista no qual todos os homens e todas as mulheres teriam oportunidades iguais e não existiria nenhuma exploração capitalista".[15] Em sua autobiografia, publicada em 1957, Nkrumah fazia a mesma declaração de intenção. Portanto, o ensaio de 1964 é uma tentativa de justificar uma opção mais antiga. É, mais exatamente, a resposta a uma objeção clássica: ao aderir ao socialismo, a África não estaria cedendo a uma ideologia importada e traindo sua civilização originária? É para responder a essa questão, ela própria inspirada pelo nacionalismo cultural em sua forma mais tradicionalista, que Nkrumah se comprometeu a escrever *Consciencism*. Assim, o objetivo do livro era vincular o socialismo à mais pura tradição africana, mostrando que, longe de trair essa tradição, ele seria, ao contrário, a sua mais fiel tradução para a linguagem contemporânea.

Esse pequeno parágrafo desempenhava assim, no texto inicial, um papel estratégico de primeiro plano. O fato de ser posteriormente suprimido leva a supor que o próprio autor já não está muito seguro acerca do fundamento do seu projeto, talvez simplesmente porque "as pressuposições e os desígnios [...] da sociedade africana" lhe aparecem agora o que são na realidade: uma hipótese altamente fantasiosa.

Em contrapartida, o texto de 1970 contém um parágrafo inteiramente novo, discutindo as condições práticas da revolução socialista. De fato, trata-se de uma questão estranha num texto em que toda coerência buscava mostrar a inutilidade de uma revolução como condição para a passagem ao socialismo na África.

Essa comparação mostra que a nova versão de *Consciencism* rompe a coerência inicial da obra em alguns pontos. A única explicação possível para essas dissonâncias nos é fornecida pela leitura de outras obras da mesma época, ou seja, posteriores a 1964. Nelas Nkrumah desenvolve expressamente os temas que aqui são apenas sugeridos e que induzem, nessas obras, um discurso político cuja coerência é de uma ordem completamente diferente daquela dos primeiros textos: requer violência revolucionária (enquanto Nkrumah se definia claramente, na *Autobiography*, por exemplo, como não violento e discípulo de Gandhi), universalidade da luta de classes (anteriormente negada), importância dos conflitos políticos e ideológicos no interior da África (até agora ignorados) etc. Para o último Nkrumah, as leis que regem a sociedade africana são, em substância, as mesmas que governam todas as sociedades do mundo. Por essa razão, ele chegará a ponto de rejeitar a noção de "Terceiro Mundo", que particulariza excessivamente as sociedades antes colonizadas e faz delas um bloco único e sem fissuras que poderia ser contraposto globalmente às sociedades capitalistas, por um lado, e aos países socialistas, por outro.

Na realidade, ele dirá que não existe terceira via.[16] De um modo mais geral, é teoricamente inadmissível qualquer expressão, qualquer conceito que, explícita ou implicitamente, atribua às sociedades africanas uma especificidade absoluta em relação a outras sociedades do mundo.

É à luz dessa evolução de Nkrumah que devemos reler hoje *Consciencism*. E, quando vemos agora alguns comentadores afirmarem, sem sombra de escrúpulo, que, para o líder ganês, a sociedade africana desconhece a luta de classes, não podemos deixar de lamentar que não tenham lido as obras de Nkrumah posteriores a 1964.

Limites do projeto

Dito isso, apesar das grandes revisões então efetuadas, a edição de 1970 mantém-se largamente tributária dos pressupostos ideológicos anteriores a 1965. Para ser coerente consigo mesmo, mais do que reescrever o texto inicial, Nkrumah deveria renegar pura e simplesmente o texto antigo e escrever um livro totalmente novo sobre o mesmo assunto; ou melhor, já que não poderia ser realmente sobre o mesmo assunto, um novo livro destinado a mostrar justamente a inadmissibilidade do tema.

Do que trata, de fato, *Consciencism*? Para explicar esse título um tanto bizarro, o autor deu ao livro o subtítulo *Philosophy and Ideology for De-colonization and Development with Particular Reference to the African Revolution* [Filosofia e ideologia para a descolonização e o desenvolvimento, com uma referência particular à revolução africana].[17] Ora, olhando mais de perto, o subtítulo é ainda mais obscuro que o título. O que é, de fato, *a* revolução africana no singular? Trata-se simplesmente de uma revolução nacional, isto é, de uma libertação política em relação às antigas potências colonizadoras, ou trata-se de uma revolução social, visando reverter em proveito do proletariado as relações de produção dominantes? Por outro lado, o que significa "desenvolvimento"? Evoluímos sempre a partir de um estágio anterior que gostaríamos de superar, em direção a um último estágio que gostaríamos de alcançar. Qual é, aqui, o estágio inicial, e qual é o estágio final?

Depois, e por fim, o problema mais grave, o único dos três que realmente podemos estabelecer aqui: nessa estranha duplicação, "filosofia *e* ideologia", os dois termos empregados são sinônimos? Trata-se de uma redundância, de um pleonasmo, de uma repetição gratuita, ou, pelo contrário, de uma especificação? Filosofia é o mesmo que ideologia ou é outra coisa? E, se ela é outra coisa, qual é, qual deve ser a relação entre os dois termos? Sobre ponto tão importante, deve-se admitir que *Consciencism* não é claro. Não porque Nkrumah não teria respondido à pergunta, mas porque a resposta que ele oferece é das mais obscuras.

A questão é expressamente colocada no início do terceiro capítulo, intitulado "Sociedade e ideologia". Nkrumah cita um texto de Mazzini:

> Toda verdadeira revolução é um programa e deriva de um princípio novo, geral, positivo e orgânico. A primeira coisa a fazer é aceitar esse princípio. Em seguida, seu desenvolvimento deve ser confiado exclusivamente às pessoas que acreditam nele e livre de todos os vínculos, de todas as relações com qualquer outro princípio que se oponha a ele.[18]

Depois ele comenta:

> Mazzini afirma aqui o vínculo entre uma revolução e uma ideologia. Quando a revolução triunfa, a ideologia passa a caracterizar a sociedade. É a ideologia que dá um conteúdo ao ambiente social assim criado. Mazzini então afirma que o princípio deve ser geral, positivo e orgânico. A formulação, a elucidação e a defesa teórica desse princípio formarão, em conjunto, uma filosofia. A filosofia reconhece-se, portanto, como um instrumento da ideologia.[19]

Assim, Nkrumah professa explicitamente uma concepção instrumental da filosofia. Em suma, o papel desta última é apenas traduzir em uma linguagem mais refinada as teses iniciais e irrefletidas da ideologia; enunciar, elucidar e justificar posteriormente as decisões da instância ideológica. É essa concepção de filosofia que explica, fundamentalmente, todo o projeto de *Consciencism*.

Uma vez enunciada essa relação, Nkrumah se esforçará por mostrar que as sociedades africanas tradicionais não são desprovidas de ideologia; e, respondendo de antemão à objeção que consistiria em dizer que essas sociedades desconheciam a escrita (que, aliás, com todo o rigor, é inexata[20]), ele escreve esta vigorosa frase: "O que importa não é o papel, é o pensamento".[21]

Olhando de perto, não há dúvida de que Nkrumah, aqui, está arrombando uma porta aberta. Para quem já ouviu falar em Marx — não digo ler — e está minimamente informado sobre as teses fundamentais do materialismo histórico, é evidente que a sociedade africana pré-colonial tinha sua ideologia, mais ainda, e sem a menor dúvida, é absolutamente certo que ela possuía *suas* ideologias, no plural: tinha suas ideologias, que eram ideologias conflitantes, como em qualquer sociedade do mundo. De fato, Nkrumah se junta à grande maioria dos antropólogos africanistas e participa da mais clássica ideologia etnológica quando insiste em demonstrar que a sociedade africana também tinha *sua* ideologia própria, no singular. Fazendo isso, ele reduz o pluralismo interno da cultura africana pré-colonial. Empobrece a tradição clássica africana, trazendo de volta à unidade o que deveria ser considerado irredutivelmente plural.

Essa simplificação é grave, mas há pelo menos duas outras: Nkrumah igualmente simplifica as culturas ocidentais e árabe-muçulmanas, e reduz o pluralismo e os grandes conflitos internos que fizeram e fazem ainda hoje a riqueza dessas civilizações.[22] É com base nessa tripla simplificação que ele faz então a seguinte constatação (ideológica): a atual sociedade africana não pertence mais a si mesma, ela está à mercê de três ideologias rivais, três correntes culturais rivais: a corrente tradicional, a corrente euro-cristã e a corrente muçulmana. Essa coexistência de três correntes culturais engendra o que ele chama de "a crise da consciência africana".[23] Guardemos bem a expressão: há uma crise *porque* há um pluralismo de crenças, de ideologias e correntes culturais. E, para mostrar claramente a gravidade dessa crise, Nkrumah a compara, com muita precisão, à "esquizofrenia".[24] Em suma, o pluralismo, eis o inimigo! Para superar essa "crise" será necessário elaborar uma nova ideologia, encarregada de operar a síntese das três ideologias antes rivais. Essa nova ideologia será chamada de "consciencismo".

Apesar da estranheza, a palavra não poderia ter sido mais bem escolhida. O "consciencismo" responde, de fato, ao projeto clássico de uma filosofia da consciência, no sentido mais literal da palavra, no sentido de que a "consciência" sempre designou, na tradição filosófica ocidental, a instância unificadora por excelência, o foco de síntese e fusão das mais diversas crenças. O "consciencismo" é de fato uma filosofia da consciência, no sentido mais preciso que visa refazer a unidade da consciência africana para articular em um único e mesmo sistema três sistemas de pensamento até então simplesmente justapostos. O consciencismo apresenta-se assim como uma filosofia produtora de consciência, ou seja, de unidade ideológica.

Decerto aqui não é o lugar para nos estendermos longamente sobre o tema. Mas basta recordar que autores recentes ou contemporâneos, como Marx, Freud, Jacques Lacan, Althusser, ou, de um outro ponto de vista, Martin Heidegger, Emmanuel Lévinas, Jacques Derrida, Michel Foucault etc., desenvolveram críticas, ou pelo menos ressalvas, a essa corrente do pensamento clássico, a essa filosofia da consciência, a essa metafísica da presença, a essa ideologia voluntarista, de forma a medir a fragilidade da doutrina que nos propõe Nkrumah, e que, no seu entender, deveria ser amanhã, ou ainda hoje, a filosofia coletiva dos africanos, *a* filosofia africana no singular. No fundo, a fraqueza essencial do projeto reside na pressuposição fundamental, segundo a qual a África necessitaria de uma filosofia coletiva. É extremamente lamentável que Nkrumah, apesar de sua habitual lucidez, não tenha conseguido ver o que tinha de inaceitável nessa pressuposição. É absolutamente lamentável que, na reedição de 1970, não tenha percebido a estreita ligação, a cumplicidade indissolúvel, entre este projeto, por um lado, e, por outro, a tese à qual ele próprio havia renunciado nesse ínterim, a saber, a inexistência de classes na sociedade africana pré-colonial.

Uma filosofia à imagem do CPP

Sobre esse último ponto, é verdade, algumas nuances são necessárias: *Consciencism* não nega categoricamente a existência de classes na África contemporânea; essa negação diz respeito, propriamente falando, apenas à África pré-colonial. Nkrumah admite prontamente que o colonialismo introduziu mudanças importantes na estrutura igualitária da antiga sociedade. Ele reconhece que a colonização, ao fazer aparecerem "gestores africanos" da administração estrangeira, "comerciantes, negociantes, advogados, médicos, políticos e sindicalistas" etc., produziu, de fato, "uma classe atualmente associada ao poder social e à autoridade".[25] Mas ele não diz mais nada sobre o tema. O que lhe interessa não é tanto a função econômica e política dessa classe como classe, mas sua função cultural secundária, como elo na transmissão da civilização europeia.

O problema prático da luta de classes é escamoteado, assim como a questão teórica, apenas esboçada, da composição interna das sociedades africanas coloniais e pós-coloniais. A burguesia local é trazida para a análise apenas para ilustrar a afirmação anterior, segundo a qual as três correntes culturais presentes são conduzidas por três "segmentos distintos" (*different segments*[26]) da sociedade. Seu papel explorador é assim sublimado em um papel mais neutro: puramente cultural.

De maneira mais geral, o conflito cultural descrito por Nkrumah pode ser entendido como a forma sublimada de uma luta de classes, que ele hesita em reconhecer. Não devemos nos surpreender que ele identifique apenas um dos três "segmentos" rivais: aquele que carrega a corrente europeia. O fato de assimilar esse "segmento" a uma determinada "classe" nos faz logicamente esperar a identificação similar dos outros "segmentos", coisa que, no entanto, ele não faz. Não devemos nos surpreender com isso: a sublimação não é aqui uma simples transposição, que faria cada um dos elementos recalcados corresponder a um determinado representante na ordem imaginária; é antes uma passagem para outra ordem, com sua própria estrutura e sua própria lógica, e irredutível a uma inversão simétrica da ordem inicial. Assim, seria difícil assimilar pura e simplesmente a uma "classe" a fração da sociedade africana que se manteve fiel ao "modo de vida tradicional" (*our traditional way of life*[27]); ainda mais o "segmento" islâmico. Se tentássemos uma tal assimilação, logo perceberíamos que cada um desses modos de vida era compartilhado tanto por príncipes "tradicionais" quanto por súditos, tanto por senhores feudais quanto por escravos domésticos. Nkrumah contenta-se, portanto, em fazer a identificação mais simples, a mais fácil, aparentemente a mais óbvia, deixando assim, contra sua vontade, despontar a ordem real (neste caso, econômica e política) recalcada através de seu discurso cultural.

Podemos agora mensurar as consequências dessa sublimação. O mais importante de tudo é que as três "ideologias concorrentes" (*competing ideologies*) que figuram na ordem cultural e o conflito de classes na ordem econômica são, segundo Nkrumah, facilmente conciliáveis. O objetivo do consciencismo é justamente produzir a reconciliação, reconstituir em um único e mesmo sistema os três "sistemas" antes justapostos. Vamos traduzir: na medida em que o pluralismo cultural realmente funciona neste livro como índice de uma clivagem social, sua redução também funcionará como índice de uma supressão de classe. E a grande vantagem é que essa harmonização se terá produzido sem embates, sem luta política, unicamente pela virtude do raciocínio dialético.

Melhor ainda: verifica-se, como que por acaso, que a síntese ideológica assim produzida se apresenta como socialista. Na medida em que essa síntese é coletiva, na medida em que os africanos devem, para redescobrir sua autêntica personalidade cultural, aderir, todos, sem exceção, ao novo sistema, eles serão *ipso facto* socialistas, todos, sem exceção, e todos rejeitarão, por convicção, a exploração do homem pelo homem. A África terá encontrado para sempre a sua bela unanimidade idílica e poderá dar ao mundo o espetáculo único de uma sociedade sem conflitos, sem fissuras e sem dissonâncias.

Sobretudo se interrogarmos a prática política de Nkrumah durante todo o tempo de sua liderança, encontraremos a mesma vontade de síntese, o mesmo desejo de conciliação, a mesma recusa obstinada em sacrificar elementos do conjunto. A estrutura do CPP reflete bem essa tendência: Nkrumah sempre quis fazer do CPP uma organização de massas, reunindo em torno de um programa comum, para o que chamou de "ação positiva", as camadas mais amplas da sociedade ganense. Ele rejeitava explicitamente a ideia de um partido de vanguarda,[28] o que exigiria uma base social mais homogênea e um horizonte ideológico mais preciso. O CPP era algo de todos: trabalhadores agrícolas, operários, pequenos comerciantes, empregados de escritórios, *verandah boys*,[29] mas também de ricos fazendeiros, chefes feudais, industriais, burgueses *compradores*[30] etc. Sabe-se hoje que, se é necessário considerar o poder de choque de um partido desse tipo no sucesso rápido da luta pela independência, por outro lado, é preciso atribuir à sua incoerência, às suas contradições internas, às lutas de influência que minaram por dentro o partido e ao seu inevitável desconcerto a falência final da política nkrumaísta.[31] O líder ganense acreditava, de boa-fé, que poderia reunir, em torno de um programa e de uma ideologia socialista, camadas sociais cujos interesses econômicos teriam sido, a longo prazo, ameaçados pela realização desse programa. Era idealismo. Era voluntarismo. Era fazer pouco caso da luta de classes. Quando ele percebeu, era tarde demais.

Consciencism reflete esse mesmo voluntarismo. Não é de se espantar quando sabemos que o livro se destinava aos militantes do CPP, aos quais ele pretendia fornecer a doutrina filosófica que ainda faltava ao partido. Doutrina fundada, em última análise, sobre os mesmos pressupostos e com as mesmas ilusões do próprio partido: a síntese forçada de ideologias rivais, a simplificação da história cultural da Europa, da África e do islã, a tentativa de dominar cada uma dessas três histórias com um único olhar e, finalmente, fazê-las coabitar as três em uma mesma consciência; o fechamento do pensamento em um sistema definitivo e supostamente coletivo, a própria leitura da filosofia como "instrumento sutil da ideologia",[32] todos esses gestos que informam *Consciencism* de uma ponta a outra são os equivalentes metafísicos dos esforços práticos do líder ganense para reagrupar, em uma mesma organização de massas, camadas sociais com interesses muitas vezes inconciliáveis.

A doutrina

Agora podemos resumir a doutrina. Brevemente, pois o que procurávamos era evidenciar os pressupostos ideológicos do projeto, e não insistir no conteúdo da síntese proposta.[33] Porém, para dar uma ideia dessa síntese digamos que se trata essencialmente de uma metafísica materialista que, respondendo à velha questão da origem do ser, afirma a anterioridade da matéria sobre o espírito.[34] Isso não significa, esclarece Nkrumah, que a matéria seja a única realidade, mas somente que ela é a realidade original da qual todas as outras são derivadas. Essa derivação se dá por um processo que ele chama, com um termo de ressonância lógica, de "conversão categórica": processo pelo qual uma dada realidade engendra uma realidade de categoria superior. É assim que o espírito seria derivado da matéria; e é assim que o próprio Deus, se ele existe, deveria ser entendido como uma forma superior de matéria. Portanto, Nkrumah apresenta sua própria doutrina como uma forma de materialismo, cuja originalidade seria não excluir a existência de Deus: "Embora profundamente enraizada no materialismo, o consciencismo não é necessariamente ateísta".[35]

Sobre a consistência de tal materialismo não podemos discutir.[36] É mais útil para o nosso propósito notar como Nkrumah pretende fundar nessa metafísica uma ética completa e uma doutrina política. *Consciencism* professa, a esse respeito, uma moral igualitária e humanista fortemente marcada pela influência kantiana.[37] Em termos de doutrina política, por um lado, retoma a exigência essencial da ideologia nacionalista, reafirmando o direito dos povos à soberania;[38] por outro lado, defende a construção do socialismo na África assim libertada.[39] Entretanto, o mais interessante é que o autor afirma que essas três vertentes de seu pensamento (a vertente metafísica, a vertente ética e a vertente política) estão estreitamente ligadas e são inseparáveis. *Consciencism* apresenta-se, assim, como uma vasta estrutura ideológica no sentido mais pregnante da palavra, como um sistema de pensamento completo, com aspectos múltiplos, mas interdependentes. Da metafísica à política, a ligação não seria de simples justaposição, nem mesmo de complementaridade, mas de implicação lógica. Nkrumah, neste ponto, é formal: "Existe uma única alternativa filosófica real. Os termos dessa alternativa são idealismo e materialismo [...] O idealismo favorece a oligarquia, o materialismo favorece o igualitarismo".[40]

Em outros termos, qualquer tomada de posição política se funda, em última análise, em uma tomada de posição metafísica; e, inversamente, qualquer afirmação metafísica exige uma escolha política determinada. Tese, para dizer a verdade, infinitamente arriscada. Aliás, é de novo o próprio Nkrumah que, apesar de sua posição de princípio, nos dá os meios concretos de contestá-la, através dos numerosos exemplos que toma de empréstimo da história da filosofia ocidental e pelos quais pretende, paradoxalmente, ilustrar essa relação. Por exemplo, ele não atribui a Descartes, apesar do idealismo deste último, uma doutrina política implícita que ele chama de "socialismo cooperativo" e que é, exatamente, o oposto da oligarquia?[41] Sem dúvida, o exemplo, em si mesmo, é altamente questionável, e o pretenso "socialismo cooperativo" de Descartes é uma hipótese surpreendente, para dizer o mínimo. Ao menos é útil ver como o próprio Nkrumah, nos seus estudos de caso, chega a propor interpretações que são refutações práticas da sua própria hipótese de partida.

Finalmente, o que há de mais contestável aqui é, no fundo, esse desejo de correspondência biunívoca entre as diversas figuras do discurso metafísico e as figuras do discurso político. Essa correspondência é duvidosa em si mesma e muito geral, seja qual for, aliás, a forma particular como é determinada: é tão arbitrário fundamentar o socialismo no materialismo quanto fundamentá-lo no idealismo, tão arbitrário fundamentar a oligarquia no idealismo quanto fundamentá-la no materialismo, no espiritualismo ou em qualquer outro sistema metafísico. As nossas opções políticas se sustentam por si mesmas de forma autônoma.[42] Se precisam de justificativas, estas somente podem ser *políticas*, isto é, pertencentes ao mesmo nível de discurso, e não pertinentes ao nível, bastante diferente por hipótese, da especulação metafísica.

Se não fosse assim, não se compreenderia como, durante o período heroico da luta anticolonial, africanos de religiões tão diversas, de opiniões metafísicas tão opostas, conseguiram lutar juntos, com tanta espontaneidade e tanta eficiência, contra o opressor comum. Nem seria compreensível que, em nosso tempo, homens tão divididos nas frentes científica e filosófica possam lutar ombro a ombro pela construção do socialismo, tanto na África como fora dela. A pluralidade de crenças e escolhas teóricas não impede a adesão a um mesmo ideal político. Para fundamentar essa adesão, basta que ambos os lados tenham interesses comuns a defender: interesses nacionais, no caso da luta anticolonial, interesses de classe, no caso da luta pelo socialismo.

Ora, se assim é, o projeto de *Consciencism* também se baseia nesse engano segundo o qual qualquer ideal político deveria se basear em um determinado sistema metafísico. É essa ilusão que leva Nkrumah a tentar por todos os meios reduzir, no seio da sociedade africana, o pluralismo de crenças e de opções metafísicas.

Conclusão

Vamos concluir brevemente. No total, pelo menos duas pressuposições fundamentam *Consciencism*, duas pressuposições ideológicas estreitamente solidárias, uma das quais foi percebida pelo autor e retificada na última edição, mas a outra permaneceu inquestionada. A primeira consistia em negar a existência da luta de classes na África. A própria história devia encarregar-se de dissipá-la. A segunda, ela própria dupla, consistia, por um lado, em negar a existência de conflitos ideológicos na África pré-colonial e, por outro, em valorizar esse fato altamente ilusório, fazendo do unanimismo teórico um valor a conquistar. Chamemos essa ilusão de ilusão unanimista.

Para terminar, mostramos que a última ilusão se alimenta constantemente do espírito de sistema, ou daquilo que poderíamos chamar mais exatamente de ilusão metafísica: a ideia segundo a qual todo projeto político determinado requer um fundamento metafísico igualmente determinado. Ao contrário, afirmamos, de nossa parte, a autonomia do político como nível de discurso, e cremos ser inútil fundamentá-lo em outra instância discursiva.

A dificuldade de *Consciencism*, na sua última versão, é ter mantido a ilusão unanimista, apesar de ter feito justiça à primeira pressuposição sobre a qual em parte se assentava a ilusão unanimista. Mas agora podemos ver que se isso aconteceu foi porque o unanimismo também bebe de uma fonte independente, que é a ilusão metafísica, a tese ideológica de uma profundidade metafísica do político.

Abalar essa tese é hoje a condição para uma dupla libertação.

1. Libertação do debate político, finalmente livre das nuvens metafísicas que o obscureciam inutilmente e agora colocado em termos de interesses e conflitos de interesses. Para sermos justos, devemos recordar que o próprio Nkrumah contribuía amplamente para esclarecer os termos do debate, mostrando, sobretudo nas últimas obras, a importância da

luta de classes como motor da história contemporânea do nosso continente.

2. Libertação do debate filosófico, voltando tanto a seu indispensável pluralismo como a seu objeto específico, como discussão livre e progressiva em torno de um determinado problema.

Aqui não é o lugar para insistir na natureza desse problema que, propriamente falando, constituiria o objeto da filosofia. Avancemos apenas como hipótese de trabalho, sem poder fornecer aqui todas as justificativas necessárias, que a filosofia sempre foi, em última análise, uma reflexão sobre a ciência, e que, como tal, depende estritamente do desenvolvimento real dos conhecimentos científicos.[43] Por conseguinte, ela somente decolará de fato depois de as outras disciplinas terem decolado. Em todo caso, é um grave erro postular separadamente o problema da filosofia sem ligá-lo ao problema mais geral da ciência. É um erro interrogar-se separadamente sobre as condições de possibilidade de uma filosofia africana sem ao mesmo tempo interrogar-se sobre as condições de possibilidade de uma ciência africana, e sem sequer se interrogar antes sobre a legitimidade e o sentido da expressão: "ciência africana".

Por não ter percebido essa articulação essencial entre filosofia e ciência, por ter substituído a política pela ciência como termo privilegiado em função do qual se determina o discurso filosófico, Nkrumah foi levado, passo a passo, a acreditar, em outro nível, na noção etnográfica de "filosofia coletiva". A leitura de *Consciencism* nos obrigou, mais uma vez, a estilhaçar essa noção e a reafirmar o valor do pluralismo, ou seja, da livre pesquisa e do livre confronto de ideias como condição de possibilidade de uma verdadeira filosofia africana.

8. Verdadeiro e falso pluralismo[1]

Por pluralismo cultural entende-se geralmente três coisas: 1. *o fato* da pluralidade cultural, entendida como a coexistência de culturas pertencentes, pelo menos em princípio, a diferentes áreas geográficas; 2. o *reconhecimento* do fato dessa pluralidade; 3. a *afirmação* de que essa pluralidade é uma coisa boa e o desejo de aproveitá-la de uma forma ou de outra, seja preservando essas culturas umas das outras para evitar qualquer contaminação recíproca, seja, ao contrário, organizando entre elas um diálogo pacífico, com vista ao enriquecimento mútuo.

Sob essa forma clássica, o pluralismo cultural é uma reação ao exclusivismo cultural do Ocidente, e, fato importante, essa reação veio ela própria do Ocidente. A mesma Europa que produziu Edward Tylor e Lucien Lévy-Bruhl também produziu Claude Lévi-Strauss. A mesma Europa que produziu o conde de Gobineau produziu Jean-Paul Sartre. A mesma Europa que produziu Hitler já havia produzido Lênin. Sinal de que a própria cultura europeia é plural, atravessada pelas mais diversas tendências e correntes. Sinal de que, quando falamos de "a" civilização ocidental, no singular, talvez não saibamos bem do que estamos falando. Talvez estejamos assumindo enganosamente uma identidade de sentido entre correntes opostas e inconciliáveis.

Ainda assim, foi essa "civilização ocidental", real ou imaginária, que em determinada época se erigiu como civilização única. Foi em relação a ela que as civilizações de outros continentes foram depreciadas e desvalorizadas. É em nome de seu valor exclusivo que as realizações culturais de outras sociedades foram por vezes destruídas. Essa atitude tem um nome: etnocentrismo. Ela teve o seu momento de glória: a segunda metade do século xix e o início do xx. E hoje já não há mais ninguém que duvide seriamente que não esteja historicamente ligada à colonização. Também tem seus ideólogos profissionais: Lévy-Bruhl, entre outros, para citar um dos mais célebres, que, além do mais, é também "inteiramente de língua francesa".

Do etnólogo "progressista" ao "nacionalista" do Terceiro Mundo

Foi em reação ao imperialismo cultural que se afirmou, há pelo menos cinquenta anos,[2] e continua a afirmar-se hoje que a civilização europeia não é a única civilização, mas somente uma forma entre outras de organizar as relações humanas e com a natureza. Assim foi reconhecida a pluralidade de culturas. Assim, ao menos em princípio, foi rejeitado o mito da superioridade ocidental, uma vez que se percebeu que o avanço técnico e econômico de uma sociedade não implicava automaticamente sua superioridade no plano social ou moral. Chegou-se mesmo a inverter pura e simplesmente a escala dos valores imperialistas, enaltecendo o não tecnicismo das sociedades "exóticas", interpretando seu menor desenvolvimento tecnológico como a condição de uma maior "autenticidade", ou seja, maior transparência nas relações humanas. Malinowski já escrevia em um artigo de 1930:

> Muitos entre nós [...] veem como uma ameaça a todos os verdadeiros valores espirituais e artísticos o impulso sem rumo da mecanização moderna [...]. Um dos refúgios fora dessa prisão mecânica da cultura é o estudo das formas primitivas da vida humana, como ainda existem nas sociedades distantes ao redor do globo. A antropologia, pelo menos para mim, era uma fuga romântica de nossa cultura padronizada.[3]

Mais perto de nós, Lévi-Strauss sublinha com a mesma ênfase rousseauniana que as sociedades "primitivas" são mais "autênticas" do que as sociedades "civilizadas" porque desconhecem a exploração do homem pelo homem, porque as relações ali são menos anônimas e mais personalizadas, porque todos os seus integrantes se conhecem, por seu pequeno número, e mantêm, em todos os problemas importantes, a mais perfeita unanimidade.[4]

Assim, hoje assistimos à valorização dessa pluralidade cultural, cuja existência não somente era desconhecida, como impensável para a etnologia imperial. O evolucionismo de um Tylor ou de um Lewis Morgan, o etnocentrismo prolixo e retrógrado de um Lévy-Bruhl não podiam admitir a ideia de que pudessem existir outras culturas além da europeia. Eles apenas conseguiam pensar na vida cultural das sociedades "primitivas" como estágios arcaicos de um único processo cultural, do qual a Europa representava o estágio mais acabado. Hoje, ao contrário, a antropologia ocidental admite a existência de outras culturas e, não contente em admiti-lo, vê nisso uma oportunidade de salvação para a civilização exageradamente tecnicizada e padronizada, para a qual as culturas "exóticas" seriam chamadas a fornecer, como dizia Henri Bergson, um "suplemento de alma".

Os nacionalistas do "Terceiro Mundo" não tardaram em seguir os passos dos etnólogos da nova escola. Assim fez Césaire. Muitos intelectuais africanos da minha geração leram com fervor e saborearam estas e outras estrofes admiráveis do *Diário de um retorno ao país natal* (que se perdoe minha nostalgia dos antigos fervores por não poder resistir à tentação de citá-los longamente):

Aqueles que não inventaram nem a pólvora nem a bússola
Aqueles que nunca souberam domar o vapor ou a eletricidade
Aqueles que não exploraram nem os mares nem o céu
Mas aqueles sem os quais a terra não seria a terra
A gibosidade é ainda mais benfazeja à medida da terra deserta
Um silo onde o que há de mais terra é preservado e amadurecido,
Minha negritude não é uma pedra, sua surdez se precipitou contra o
    clamor do dia
Minha negritude não é um lençol de água morta sobre o olho morto
    da terra
Minha negritude não é uma torre nem uma catedral
Ela mergulha na carne vermelha do chão
Ela mergulha na carne ardente do céu
Ela perfura a escuridão opaca de sua paciência ereta

Eia para o mogno real!
Eia para aqueles que nunca inventaram nada
Para aqueles que nunca exploraram nada
Para aqueles que nunca dominaram nada
Mas eles se abandonam, apanhados, à essência de tudo
Inconscientes das superfícies, mas tomados pelo movimento de tudo
Despreocupados em dominar, mas jogando o jogo do mundo
Verdadeiramente os filhos mais velhos do mundo
Porosos a todos os sopros do mundo
Zona fraterna de todos os sopros do mundo
Leito sem dreno de todas as águas do mundo
Centelha do fogo sagrado do mundo
Carne da carne do mundo pulsando com o próprio movimento do mundo![5]

Notável pela amplitude do movimento, de um movimento capaz de tornar a poesia sensível até mesmo para os temperamentos mais rebeldes, o texto, além disso, é de grande interesse histórico, pois, tanto quanto sabemos, é o primeiro em que figura, num contexto suscetível de esclarecer o seu alcance, o neologismo que se tornou famoso desde então: "negritude".[6]

O que é ainda mais notável, contudo, é que o poeta negro redescobre espontaneamente, para expressar sua revolta contra o racismo branco, um modo de argumentação que tinha origem justamente na própria sociedade branca. O *Diário de um retorno ao país natal* foi publicado em 1939.[7] Naquela época, o funcionalismo não era mais uma novidade, pois a obra clássica de Malinowski, *Os argonautas do Pacífico ocidental*, data de 1922. Portanto, Césaire não está inventando nada quando afirma que a não tecnicidade dos negros, longe de ser um defeito, é, ao contrário, uma virtude; que é o inverso de uma disponibilidade essencial que a Europa desconhece; que o Ocidente nada tem a ensinar às outras culturas quanto às qualidades essenciais do homem, ao sentido da fraternidade, à abertura para o mundo, ao enraizamento.

O próprio Césaire sabe disso à perfeição. É voluntariamente que invoca, como seu amigo Senghor, a autoridade de Malinowski, de Melville Herskovits e de outros representantes do funcionalismo, assim como também invoca, e com maior frequência, a autoridade de Leo Frobenius. Desse modo, a abordagem nacionalista nunca consistiu em que as colônias rejeitassem globalmente a cultura do colonizador; na verdade, sempre consistiu em escolher, entre as muitas correntes dessa cultura, precisamente aquelas que eram mais favoráveis ao Terceiro Mundo; ou melhor, em encontrar num segundo momento, depois de uma revolta espontânea e de uma autoafirmação inicialmente irrefletida, aquelas correntes favoráveis, que contrastavam de modo violento com a prática colonial tal como era vivida.

Assim se estabeleceu, entre o nacionalista do Terceiro Mundo e o antropólogo "progressista" do Ocidente, uma verdadeira cumplicidade. A partir de agora, e por muito tempo, eles se apoiarão mutuamente, o primeiro invocando o segundo em defesa de suas reivindicações culturais, o segundo invocando o primeiro em defesa de suas teses pluralistas.

Cultura e política: A ideologia culturalista

A hipertrofia do cultural

Citei Césaire como exemplo de nacionalista. Poderia citar Senghor, que contribuiu mais, como se sabe, para popularizar a palavra "negritude" inventada por Césaire, dissertando sobre ela ao longo de suas páginas e tecendo em torno dela uma verdadeira ideologia negra. Esse negrismo loquaz poderia ser explicado por uma razão muito simples: a exaltação das culturas negras funciona em Césaire apenas como um argumento complementar em favor da libertação política, enquanto em Senghor serve como um álibi para desviar-se do problema político da libertação nacional. Em geral, a hipertrofia do nacionalismo cultural se destina sempre a compensar a hipotrofia do nacionalismo político. Sem dúvida é por isso que Césaire, leninista coerente, fala tão sobriamente da cultura e subordina expressamente, cada vez que fala dela, a solução do problema cultural à solução do problema mais fundamental que é a libertação política. É também o que explica que Senghor, como bom católico e discípulo de Teilhard de Chardin, coloque em primeiro plano, em *Liberté* I por exemplo, problemas culturais muitas vezes artificiais, dedicando-se longamente a definir o modo de ser original, o ser-no-mundo específico do negro como tal, e evitando conscienciosamente o problema da luta contra o imperialismo.

Portanto, a cumplicidade antes apontada entre o nacionalista e o etnólogo é particularmente desastrosa no caso do nacionalista cultural, isto é, do nacionalista inclinado a enfatizar exclusivamente o aspecto cultural da dominação estrangeira, em detrimento de outros aspectos, em particular o econômico e o político. Chamemos essa atitude, por falta de termo mais adequado, de culturalismo (em analogia ao economicismo e sem referência específica à corrente antropológica habitualmente designada por esse nome). A característica própria do culturalismo assim entendido é desviar-se dos problemas políticos e econômicos, contorná-los habilmente em benefício exclusivo dos problemas culturais. Pior ainda, esses problemas culturais são eles próprios estranhamente simplificados, porque a cultura é aqui reduzida ao seu nível mais superficial, mais aparente e mais chamativo: o do folclore. Nada se apreende do seu movimento profundo, das suas contradições internas, das tensões férteis que a atravessam e a animam, nada se apreende da sua vida, da sua história, da sua evolução, das suas revoluções. A cultura é congelada em uma imagem sincrônica, horizontal, estranhamente simples e inequívoca. Então, pode-se contrastá-la globalmente com outras culturas, igualmente esquematizadas, igualmente reduzidas à sua expressão mais simples, para fins de comparação.

Um enganador singular

Assim, comumente falamos da civilização africana "tradicional" em oposição à civilização ocidental. Como se pudesse existir "uma" civilização africana no singular, "uma" civilização ocidental no singular, como se "a" civilização não fosse sempre, em essência, um choque permanente de decisões culturais contraditórias.

Evidentemente, eu não digo que seja necessário proibir para sempre o uso da palavra "civilização" no singular; digo apenas que cabe reinterpretar esse singular: ele não deveria mais remeter à unidade imaginária de um sistema de valores, mas à unidade real e empírica de uma determinada área geográfica. A civilização europeia não é um sistema fechado de valores, mas o conjunto de produções culturais irredutíveis umas às outras, surgidas no continente europeu; de modo mais profundo, o conjunto dessas produções e das tensões criadoras que as sustentam, o conjunto essencialmente inacabado dessas produções e dessas tensões, sob as formas que assumiram e sob as formas, hoje imprevisíveis, que assumirão amanhã nesse pequeno pedaço de mundo chamado Europa. A civilização africana também não é um sistema fechado, no qual poderíamos nos trancar ou nos deixar trancar, mas a história inacabada do próprio debate contrastante tal como se desenrolou e tal como se desenrolará ainda nesta parte do mundo que chamamos de África. Somente nesse sentido — no sentido de uma designação externa, e não de uma impossível caracterização interna — é que se pode falar de "a" civilização africana no singular, sendo aqui o continente a única unidade real.

Por outro lado, se o uso do singular é tolerável conforme as circunstâncias, o adjetivo "tradicional", na expressão "civilização tradicional africana", deve ser definitivamente banido, pois veicula um contrassenso pernicioso. A expressão é utilizada praticamente como sinônimo de "civilização africana pré-colonial", e é verdade que temos perfeitamente o direito de falar da "civilização africana pré-colonial" no sentido, mais uma vez, de uma divisão histórica convencional. Mas quando usamos, em vez dessa expressão neutra, a expressão mais vívida "civilização tradicional africana", acrescentamos uma nuance de valor; pretende-se contrapor globalmente a civilização pré-colonial à civilização pós-colonial (supostamente muito "ocidentalizada") como dois sistemas de valores essencialmente distintos. Condensa-se a história pré-colonial da África em uma única tabela sincrônica, cujos pontos seriam todos contemporâneos entre si e uniformemente opostos aos pontos de outra tabela, também sincrônica, mas simétrica à primeira, no que diz respeito ao único recorte supostamente relevante na história do continente: o recorte colonial. Ignora-se, ou finge-se ignorar, que a tradição africana não é unívoca, nem a de qualquer outro continente; que uma tradição cultural é sempre uma herança complexa, contraditória, plurívoca, um sistema aberto de escolhas múltiplas que compete à geração presente atualizar parcialmente, valorizando essa escolha em vez de uma outra e sacrificando necessariamente todas as demais escolhas possíveis. Assim, ignora-se ou finge-se ignorar que uma tradição cultural só vive de ser assim explorada no presente, sob este ou aquele dos seus aspectos em detrimento de todos os outros, e que a escolha deste aspecto privilegiado é, ela própria, objeto de uma luta presente, de um debate sempre vivaz, no qual se desenha, hesitante, o destino da sociedade. Sobretudo, ignora-se ou finge-se ignorar que a tradição cultural africana não é fechada, que não para quando começa a colonização, mas inclui também a vida cultural colonial e pós-colonial; que a África que se chama de moderna é tão "tradicional" quanto a África pré-colonial, no único sentido aceitável da palavra "tradicional", no sentido em que a tradição não exclui, mas implica, pelo contrário, necessariamente, um sistema de descontinuidades.

O sistema culturalista

Todas essas insciências, reais ou fingidas, estão presentes no culturalismo. Estão aí até organizadas num vasto sistema ideológico, isto é, indiretamente político. Digo *indiretamente* e digo *político* porque ideologia é política camuflada. O culturalismo é um sistema ideológico porque produz indiretamente um efeito político, que, em um primeiro momento, é o de ocultar o problema da libertação nacional efetiva, e, em um segundo momento, o da luta de classes.

Em um primeiro momento, o culturalismo, sob a forma de um nacionalismo exclusivamente cultural, simplifica ao extremo a cultura nacional, a esquematiza e a rebaixa, a fim de opô-la à cultura do colonizador e para fazer passar essa oposição cultural imaginária *à frente* do conflito político e econômico real.

No caso de um país independente, o culturalismo assume a forma de um nacionalismo cultural atrasado e continua a rebaixar a cultura nacional, a reduzir seu pluralismo interno e sua profundidade histórica, a fim de desviar a atenção das classes exploradas dos verdadeiros conflitos econômicos e políticos que as opõem às classes dominantes, sob o pretexto falacioso de sua participação comum "na" cultura nacional.

Assim, Césaire não é o típico nacionalista cultural, porque com ele, como com qualquer verdadeiro combatente da liberdade, o cultural sempre foi ordenado e subordinado ao político. Césaire apenas forjou a palavra "negritude" e cristalizou em torno dessa palavra os argumentos de uma revolta, que foram então, infelizmente, retomados e banalizados por outros, na forma de uma ideologia mistificadora.

Por outro lado, a negritude não é a única forma do nacionalismo cultural, mas ele pode desenvolver-se sob outros vocábulos; sob o vocábulo, por exemplo, da "autenticidade", ou sob o vocábulo da "re-personalização da pessoa africana". A diversidade de denominações e a importância das nuances locais não devem esconder a unidade da estrutura. E o traço dominante dessa estrutura ainda é o que se convencionou chamar de tradicionalismo, que deve ser entendido aqui como a valorização exclusiva de um esquema simplificado, superficial e imaginário da tradição cultural.

É essa estrutura que chamo, em termos muito gerais, de culturalismo. Digo "culturalismo", e não apenas "nacionalismo cultural", porque essa estrutura é comum tanto ao nacionalista do Terceiro Mundo quanto ao etnólogo ocidental. É nela que se organiza a sua cumplicidade objetiva.

O etnólogo também tende a isolar, dentre todos os aspectos da vida de uma sociedade, o aspecto cultural, arbitrariamente privilegiado em detrimento do aspecto econômico e político. Mesmo quando se interessa pelo aspecto político, trata-se sempre da vida política dita tradicional, ou seja, de um esquema simplificado da tradição política, arbitrariamente reduzida à sua dimensão pré-colonial, fixada, ossificada, esvaziada de suas tensões, de suas descontinuidades, de suas perturbações internas. Em nenhum caso se coloca o problema político da dominação colonial ou neocolonial. A antropologia se quer apolítica, mesmo quando se especializa no estudo das estruturas políticas. As numerosas obras até agora consagradas à "antropologia política" sempre procuraram, de fato, evitar o problema da libertação nacional dos povos que estudaram. Quando muito, julgavam-se obrigadas a descrever, em certos casos, aquilo que chamavam abstratamente de "a situação colonial" (veja, por exemplo, Georges Balandier), traduzindo em termos de ambiguidade (cultural) o que era de fato um conflito (político). Mas, na imensa maioria dos casos, essa alusão nem mesmo existe; os antropólogos políticos preferem ignorar a vida política atual dos povos dominados para se concentrar exclusivamente na sua organização política que chamam de "tradicional" (isto é, na realidade, pré-colonial).

Vontade de apolitismo até na chamada antropologia política. Mais ainda nos outros campos da antropologia. Em diferentes casos, e dependendo dos autores e dos períodos, trata-se sempre de confirmar a supremacia do Ocidente, mostrando que a sua civilização é a única acabada, e que as outras sociedades estão, no máximo, no início de um processo pelo qual ele já passou (Lévy-Bruhl, evolucionistas clássicos etc.); ou, pelo contrário, mostrar, num gesto de arrependimento que ainda ocorre no interior da mesma problemática comparativa, que a civilização europeia não é a única, mas que existem outras igualmente válidas. E como essas outras civilizações também estão hoje em contato com a Europa, já que se encontram engajadas, a despeito de si mesmas e pelo fato da colonização, num processo de ocidentalização, o antropólogo pluralista, para confirmar sua tese, irá se recusar a considerar seu estado atual, e em vez disso procurará reconstruir o estado pré-colonial. Melhor ainda: ao considerar o passado pré-colonial, evitará registrar a evolução, as revoluções, as descontinuidades que possam tê-las marcado, o equilíbrio instável que fez dessas civilizações, durante algum tempo, o que elas são hoje. O antropólogo necessita jogar com unidades simples, totalidades culturais unívocas, sem fissuras e sem dissonâncias. Precisa de culturas mortas, de culturas fixas, sempre idênticas a si mesmas, no espaço indiferenciado de um eterno presente.

Esse é, em suas grandes características, o modo de pensamento culturalista, no qual se organiza a cumplicidade do etnólogo com o nacionalista. Essa é a estrutura mais geral que acolhe os acontecimentos, aliás tão diferentes, da antropologia "progressista" (funcionalista, estruturalista, dinamista etc.) e do nacionalismo cultural, a estrutura universal na qual surge, num dado momento, a tese comum ao etnólogo "progressista" e ao nacionalista: a do pluralismo das culturas. Tese que funciona, tanto para um quanto para o outro, como uma tábua de salvação, que permite ao antropólogo ocidental escapar ao tédio da sua própria sociedade, e ao nacionalista do Terceiro Mundo escapar à violação psicológica e política que o imperialismo ocidental procura impor-lhe, através de um recuo violento (mas imaginário) para a sua cultura de origem.

O verdadeiro pluralismo

O falso problema da aculturação

Assim, a afirmação teórica da pluralidade das culturas serve sempre de pretexto a uma prática cultural conservadora. Nem o antropólogo nem o nacionalista podem certamente ignorar que as culturas "exóticas" já não existem mais, hoje, em estado puro, que já não oferecem ao nostálgico europeu ou ao nacionalista revoltado uma alternativa absoluta, que deixaram de ser a Diferença em si (assumindo que nunca o foram) pela mútua penetração progressiva das culturas. O etnólogo e o nacionalista prontamente reconhecem que assistimos cada vez mais, e de maneira irreversível, ao advento de uma civilização mundial. Mas, em vez de apreender esse fenômeno em toda a sua complexidade, simplificam-no, banalizando-o e esvaziando-o de qualquer conteúdo real ao chamá-lo de "aculturação".

Um jovem antropólogo "inteiramente de língua francesa", Gérard Leclerc, mostrou recentemente, em um livro admirável, como os antropólogos de campo, diante da impossibilidade de ignorar o fato colonial, sub-repticiamente o introduziram em suas análises sob o termo aculturação.[8] A farta bibliografia dedicada ao tema entre 1930 e 1950, as análises cultas relativas ao "nativo em mudança" (*the changing native*), ao "choque cultural" (*culture clash*), ao "contato cultural" (*culture contact*), "à mudança social" (*social change*) etc., todas elas se baseiam nesse pressuposto ideológico fundamental: numa cultura não ocidental, a mudança só pode vir do exterior.

Gérard Leclerc salienta, com razão, o vocabulário mecanicista invariavelmente utilizado por todas essas análises. Mas o que ele não diz, o que provavelmente não viu,[9] é que esse vocabulário, longe de "expulsar a especulação e a ideologia", ao contrário, demonstra com muita precisão a concepção ideológica que faz das culturas não ocidentais culturas mortas, fixação de culturas-coisas, sempre idênticas a si mesmas, desprovidas de qualquer poder interno de superação ou negação. O que Gérard Leclerc não disse — talvez porque não ousou aprofundar sua crítica e, apesar de tudo, preferiu salvar a etnologia sob a forma de uma "antropologia crítica", em vez de pura e simplesmente abandonar o preconceito ideológico (epistemologicamente indefensável) que a torna uma disciplina autônoma, o que devemos sublinhar, de nossa parte — é que uma cultura nunca é uma coisa inerte, mas uma invenção perpétua, um debate contrastante entre pessoas acorrentadas a um mesmo destino e desejosas todas de tornar esse destino o melhor possível. O que precisamos entender é que em nenhuma sociedade todos jamais estão de acordo entre si. Um dos mitos mais perversos inventados pela etnologia, e cujo efeito continuado contribui para a sua sobrevivência, é precisamente o mito da unanimidade primitiva, o mito segundo o qual as sociedades não ocidentais seriam sociedades "simples", ou seja, pouco diferenciadas em todos os planos, incluindo o da ideologia e da crença. O que temos de reconhecer hoje é que o pluralismo não surge do exterior de uma sociedade, qualquer que ela seja, mas é sempre inerente a ela. A pretensa aculturação, o pretenso "encontro" da civilização africana com a europeia é, na verdade, apenas uma mutação suplementar operada pela própria civilização africana, uma mutação posterior a muitas outras que sem dúvida conhecemos apenas imperfeitamente, uma mutação que também anuncia muitas outras, talvez mais radicais. O encontro decisivo não é o da África global com a Europa global, mas aquele que a África sempre manteve e sempre manterá consigo mesma. O verdadeiro pluralismo não resulta da irrupção da civilização ocidental no nosso continente, não surge do exterior de uma civilização antes unanimista, mas de um pluralismo interno, resultado do confronto permanente e dos confrontos ocasionais dos africanos entre si.

Uma polarização perigosa

Longe de ter chegado à África com a colonização, é muito provável que o pluralismo cultural tenha sido refreado e empobrecido pelo seu advento, que o reduziu artificialmente a um confronto entre dois polos, um dominante e um dominado. Todo o proveito que poderia ter resultado, para nossas culturas, de um livre intercâmbio com as culturas europeias, o extraordinário enriquecimento que o debate no interior das nossas sociedades poderia ter conhecido se tivesse sido capaz de complicar livremente os seus termos anteriores pela assimilação de termos de outros lugares (sabemos que a arte europeia, por exemplo, pôde assim alargar o seu sistema de escolha, integrando como uma possibilidade suplementar o estilo que, na Europa, se chama de "arte negra"), todas essas promessas foram abortadas, traídas, porque nenhuma troca verdadeira jamais foi possível em um clima de violência. O colonialismo, portanto, bloqueou as culturas africanas, reduziu seu pluralismo interno, atenuou as discordâncias, enfraqueceu as tensões de onde extraíam sua vitalidade, de modo a deixar aos africanos apenas a falsa alternativa entre a "alienação" cultural (o suposto correlato de uma traição política) e o nacionalismo cultural (reverso obrigatório do nacionalismo político e, às vezes, seu substituto derrisório).

Precisamos entender hoje que essa polarização é propriamente empobrecedora, e que sua liquidação constitui uma das primeiras e mais importantes condições de nosso renascimento cultural. Finalmente, é preciso devolver a cultura africana a si mesma, ao seu pluralismo interno, à sua abertura essencial. Por consequência, devemos nos libertar psicologicamente, no plano individual, e praticar uma relação livre tanto com a tradição cultural africana como com as tradições culturais de outros continentes. Não será nem ocidentalização nem aculturação, será simplesmente liberdade criativa, contribuição para o enriquecimento da própria tradição africana como sistema aberto de múltiplas opções.

A civilização mundial

Resta o famoso problema da civilização mundial. No dizer de alguns, a humanidade caminha rapidamente para uma espécie de supracultura, uma síntese de todas as culturas regionais, na qual suas diferenças seriam esmaecidas. Olhando mais de perto, essa concepção ainda peca pelo simplismo, pois trata as culturas regionais como sistemas acabados, fechados, que somente hoje estariam se abrindo e intercambiando seus valores. A concepção aparentemente dinâmica da civilização mundial, tal como é habitualmente professada, baseia-se, portanto, numa concepção estática das culturas regionais.

Em contrapartida, se reconhecermos o dinamismo interno dessas culturas, se admitirmos que elas somente existem como culturas sob a forma de debates contrastantes que se desenrolam nesta ou naquela zona geográfica, então a civilização mundial (a que vivemos efetivamente) será concebida não mais como um sistema de valores aceitos por todos, mas sim como um alargamento do debate em escala global, fazendo surgir novos conflitos ideológicos, artísticos, científicos etc. que atravessem as diversas sociedades. A civilização mundial, tal como existe efetivamente, está longe de ser uma síntese. Pelo contrário, é o aprofundamento dos conflitos culturais que existiam anteriormente no interior de cada sociedade e a tomada de consciência de que esses conflitos são, em última análise, os mesmos nas diversas sociedades.

Assim, a situação no nível cultural é análoga à situação no nível político. O saudoso Kwame Nkrumah gostava de repetir, em suas últimas obras, que a luta contra o imperialismo nada mais é, hoje, que uma luta de classes em escala internacional; portanto, que a real oposição não é mais entre uma nação dominada e sua metrópole colonial ou neocolonial, mas entre as classes exploradas das neocolônias e as burguesias dessas mesmas neocolônias, aliadas e subordinadas às burguesias das grandes potências imperialistas.

Sem dúvida, os conflitos culturais não podem ser simplesmente reduzidos a conflitos políticos. As coisas certamente são muito mais complicadas, e o pluralismo cultural (dentro de cada sociedade) é infinitamente mais rico do que o pluralismo das classes, que se reduz quase sempre, grosso modo, à dualidade entre uma classe exploradora e uma classe explorada. Além do mais, o conflito cultural certamente não é tão dramático quanto o conflito político, porque não é fatal nem é geralmente tão venenoso, não se tratando, em princípio, de um confronto de classes, mas de uma confrontação entre pessoas ou grupos de pessoas, às vezes pertencentes à mesma classe e solidários uns com os outros em sua busca comum pela verdade.

Mas, se não há identidade, pelo menos há analogia. Pois, assim como a luta de classes atravessa fronteiras e empurra para segundo plano a luta das nações ou dos grupos étnicos, também o debate cultural atravessa hoje as fronteiras, fazendo aparecer, de um país a outro, novas solidariedades entre pessoas ou grupos de pessoas que lutam pelas mesmas opiniões e pelos mesmos estilos de cultura.

O papel da universidade

Para terminar, algumas palavras sobre o papel da universidade. Brevemente, digamos que muitas universidades africanas praticam hoje aquilo que se pode chamar de ideologia africanista, outro nome do nacionalismo cultural em nosso continente. Há que reconhecer o mérito dessas universidades, de terem finalmente lidado com a questão da africanização dos seus programas, depois de seus respectivos países terem se contentado, durante muito tempo, em reproduzir servilmente, com a perspectiva de uma "assimilação" cultural, os programas em vigor nas "metrópoles". Contudo, essa africanização muitas vezes assume a forma de um particularismo frenético, extremamente perigoso para nossa cultura científica.

As ciências humanas são, de todas as disciplinas, as que mais se prestam a essa fraqueza. Já não se faz mais sociologia, mas "sociologia africana" ou, melhor, "etnologia". Não estudamos mais história, mas história africana; não praticamos mais a geografia, mas a geografia da África; não estudamos mais linguística, mas linguística africana. Sem dúvida, trata-se de uma reação louvável contra o falso universalismo da cultura colonial, de um esforço legítimo de exploração do meio ambiente, de um estudo científico do ambiente natural e humano. Mas também há um sério risco de aprisionamento teórico; e o risco, ainda mais grave, de afirmar ilusoriamente a especificidade dos fenômenos estudados, por falta de um termo de comparação.[10]

Talvez seja o tempo de perceber que o mais importante hoje não é estudar as culturas africanas, mas vivê-las; não é fazer delas um espetáculo ou dissecá-las cientificamente, como um observador escrupuloso, mas praticá-las; não é digeri-las tranquilamente, mas transformá-las.

Desse ponto de vista, o ensino das línguas africanas, por exemplo, deveria dar lugar ao ensino *em* línguas africanas. Em vez de estudar, em francês ou inglês, a estrutura linguística do iorubá ou fon, seria mais justo discutir em fon ou iorubá as estruturas do francês e do inglês, e, de um modo mais geral, tratar, nas línguas africanas, os problemas mais difíceis das diversas ciências: matemática, física, química, biologia, história, linguística etc. Em suma, em vez de tratar as nossas línguas como objetos da ciência, cumpre antes praticá-las como veículos da ciência: veículos que devem ser enriquecidos, transformados, para serem elevados até o nível de complexidade do saber científico. Isso demanda, como podemos ver, um enorme trabalho preparatório, que somente a universidade pode realizar.

Aqui o que devemos impor é nada menos que uma verdadeira revolução. Hesito em chamá-la de "copernicana", porque não sou nem Kant nem Césaire. Mas, no fundo, é qualquer coisa de análogo ao que Aimé Césaire quis dizer em sua notável e ainda atual *Lettre à Maurice Thorez*.[11]

Em termos de cultura, adquirimos o hábito de nos oferecer como um espetáculo para nós mesmos, de nos olharmos com os olhos dos outros. Pelo contrário, devemos agora restituir a esse espetáculo a sua dimensão vivida, restituir-lhe os dramas, as dilacerações internas que o tornam precisamente uma cultura; devemos despertar, por trás da falsa pluralidade de culturas, o pluralismo interno da nossa própria cultura de origem e, doravante, tomar partido nessa cultura, aproveitando todas as informações adquiridas através do contato com outras tradições. Fazer perecer o horizonte limitado que nos é imposto pelos antropólogos, libertar a iniciativa coletiva dos nossos povos e libertar, dessa forma, a nossa própria criatividade.

Post-Scriptum

I

No momento em que o fosso entre opressores e oprimidos se aprofunda por toda parte em nosso continente, no momento em que as divergências políticas se radicalizam, o etnofilósofo afirma que sempre fomos, que somos e sempre seremos unânimes. Quando, por toda parte, o terror nos estrangula, nos deixa sem fôlego e nos resseca a garganta, quando qualquer palavra se torna perigosa, expondo-nos aos piores abusos e podendo, no limite, custar a vida, quando triunfa por toda parte a insolência dos aparelhos de Estado neocoloniais, com seu cortejo de intimidações, prisões arbitrárias, torturas e assassinatos legais, eliminando na fonte qualquer pensamento verdadeiro, o ideólogo oficial arrota, satisfeito: os nossos ancestrais pensaram, aleluia![1]

De um lado, a força — a força bruta, cega, selvagem, aquela que, herdeira direta da violência colonial, pretende reinar solitária sobre corações e mentes; e do outro as mãos nuas e indefesas de mulheres e homens oprimidos, superexplorados, mistificados a ponto de se tornarem cúmplices ativos de seus carrascos: isso é o mais próximo que se pode chegar da face real da África contemporânea, para além de todo o folclore ideológico, da miscelânea das "cores" políticas, dos rótulos oficiais, das estrondosas "opções" fracassadas que, na maioria das vezes, se reduzem a fatos superficiais de linguagem.

É contra esse cenário político que se deve entender o discurso etnofilosófico. Pois se o discurso parece ridículo, não é apenas por sua falta de atualidade, pela sua indiferença diante da tragédia cotidiana dos nossos países em vias de fascistização — porque todo discurso científico é, de certo modo, inatual —, é também, e sobretudo, porque funciona positivamente, nesse contexto, como um formidável ópio, como uma das peças-chave dessa enorme máquina montada contra as nossas consciências.

Decerto houve um tempo em que essa lembrança podia servir: o tempo em que era necessário, face ao poder colonial e a seus ensaios ativos de despersonalização, recuperar a confiança em nós mesmos e reafirmar nossa capacidade de criar. A etnologia podia então aparecer, entre todas as invenções da cultura ocidental, como uma das formas de discurso suscetíveis de serem vantajosamente retomadas e desenvolvidas pelos povos colonizados tendo em vista sua libertação.

Mas hoje esse discurso perdeu sua carga crítica: sua *verdade*. Ontem linguagem dos oprimidos, agora discurso do poder. Outrora contestação romântica do orgulho europeu, agora bálsamo ideológico. A etnofilosofia mudou de função: hoje ela não é mais um meio possível de desmistificação, mas um poderoso meio de mistificação nas mãos de todos aqueles que têm interesse em desencorajar a audácia intelectual, cultivando, em vez de e no lugar de um pensamento vivo, no seio dos nossos povos, a piedosa ruminação do passado.

Mostrei neste livro quais equívocos, quais inadequações teóricas tornaram essa guinada possível. Não é somente nas circunstâncias históricas acidentais que se deve procurar a razão disso: em seu próprio princípio, esse discurso era desde o início viciado, e sua lógica consiste em jogar com um homônimo, desenvolvendo-se até a absurda ambiguidade da palavra "filosofia" na linguagem cotidiana. Justamente por essa razão não podemos nos contentar com uma crítica política da etnofilosofia, é necessário também fazer uma crítica teórica que ataque, para além dos efeitos práticos variáveis desse discurso ideológico, os conceitos que os fundaram, e cujo equívoco explica, em última análise, a reversibilidade dos efeitos.

II

É uma crítica desse tipo que tentei fazer neste livro, cujo capítulo mais antigo remonta — preciso lembrar? — a 1969. Ao longo do caminho, citei outras críticas que vão no mesmo sentido: principalmente a de Marcien Towa, publicada em 1971, o *Essai sur la problématique philosophique dans l'Afrique actuelle*.[2] No essencial, estou profundamente de acordo com a argumentação desenvolvida neste breve mas denso trabalho, cujo maior mérito é evidenciar o terreno político em que se desenrola o discurso dos etnofilósofos africanos e a necessidade, hoje, de se levar em conta a mudança de front, a mudança de aposta política e, consequentemente, a necessidade de se inaugurar "uma nova orientação filosófica na África".[3] É preciso ler e reler essas belas páginas em que Towa, embora reconhecendo "a dialética profunda" que trouxe à tona, nas horas de glória do imperialismo clássico, o "projeto de uma filosofia banta [...] nascido precisamente da revolta contra a afirmação da ocidentalidade essencial e exclusiva da filosofia",[4] mostra, contudo, como e por que este projeto hoje está ultrapassado, como e por que é necessário hoje, com a adesão da maioria dos nossos países à independência, substituir "a procura da originalidade e da diferença como atestado de humanidade [...] pela busca de vias e meios de poder como condição inelutável para a afirmação da nossa humanidade e da nossa liberdade".[5]

Por um lado, a originalidade, por outro, o poder. Essa mudança de perspectiva altera profundamente nossa relação com nosso próprio passado espiritual: podemos agora considerá-lo friamente, sem complacência ou autossatisfação, lançar um olhar crítico sobre ele, para buscar nele não uma nobreza ou grandeza incompreendidas, mas o segredo de nossa derrota diante do Ocidente. É uma verdadeira "iconoclastia revolucionária" que Towa nos convida a fazer: uma "destruição dos ídolos tradicionais" que possa nos permitir "acolher e assimilar o espírito da Europa, o segredo do seu poder e da sua vitória sobre nós".[6] Mais do que opor de forma rígida a nossa cultura à da Europa, devemos, tendo em vista a nossa libertação efetiva, nos encarregar da ciência e da tecnologia europeias; e para isso cabe começar por concretizar o conceito europeu de filosofia indissociável desta ciência e desta tecnologia, desenvolvendo, em relação às nossas realidades atuais, um pensamento crítico e livre.

O principal interesse da análise de Towa é essa ênfase na ciência como um princípio de poder e em sua relação com a filosofia, a coragem com a qual ela afirma, no final das contas, a "necessidade da liberdade de pensamento e liberdade

Post-Scriptum

pura e simples para o desenvolvimento da ciência e, portanto, também indiretamente de poder".[7]

III

Restam, porém, os limites do livro. Já os mencionamos antes: acreditando criticar a etnofilosofia em geral, Towa na verdade apenas critica a etnofilosofia *africana*. Essa restrição tem pelo menos duas consequências:

1. A etnofilosofia em geral é considerada e tratada como um subproduto, "um aspecto tardio do movimento da negritude",[8] mas em vez disso, na realidade, ela é anterior a esse movimento e ultrapassa amplamente o continente africano.

2. Enquanto o discurso dos filósofos africanos tem sido cuidadosamente escrutinado, a etnofilosofia europeia, elegantemente, sai ilesa. Assim, pouco depois, Tempels pôde se gabar, na oportunidade de uma premiação de honra, de ter corajosamente contestado Paul Masson-Oursel, no interior da própria cultura europeia, a respeito do pretenso monopólio ocidental da razão.[9] Silêncio, contudo, sobre os limites dessa contestação; silêncio sobre os equívocos do projeto de Tempels, com exceção de uma breve alusão à crítica de Fabien Eboussi-Boulaga, em nota no início do segundo capítulo; silêncio sobre tudo o que pode separar, no plano metodológico, a atitude de um Masson-Oursel, que parte de uma análise da *história do pensamento*, e a do missionário belga, que se baseia, muito precisamente, numa negação da história.

E tem mais. Por meio do conceito polêmico de etnofilosofia, Marcien Towa ataca apenas o *método* dos filósofos da negritude, não seu *objeto*. O que ele critica é confundir a abordagem etnológica com a abordagem filosófica, por deslizar sub-repticiamente de uma para outra. O filósofo da negritude começa descrevendo objetivamente, com o distanciamento científico próprio do etnólogo (conforme Towa), os fatos culturais africanos: crenças, mitos, rituais etc.; depois, bruscamente, ele renuncia a essa atitude descritiva para se tornar o defensor dos mesmos valores, sem se preocupar minimamente em fundamentá-los na razão, nem em justificar sua adesão, como faria um filósofo. É esse método híbrido, esse "modo de proceder" que "não é nem puramente filosófico nem puramente etnológico",[10] que Towa estigmatiza sob o vocábulo etnofilosofia. Por outro lado, ele dificilmente questiona o próprio estatuto do objeto que se pretende revelar por meio dessa abordagem equívoca: a filosofia como um sistema coletivo de crenças, alcançando a unanimidade entre todos os membros da sociedade. Entretanto, a crítica metodológica traz Towa ao limiar dessa crítica mais radical. Efetivamente, ele reconhece que o etnofilósofo projeta habitualmente suas próprias ideias e seus próprios valores na tradição africana, e em seguida pretende descobri-los ali de forma simples, objetiva. Ora, teria sido suficiente meditar rigorosamente sobre o fenômeno de projeção (que Towa prefere chamar de "retro-jeção"[11]) para ver que não é somente uma abordagem dentre outras, mas a abordagem por excelência do filósofo da negritude, o gesto fundador da etnofilosofia em geral (e não somente da etnofilosofia africana) como um discurso mistificado, a descrição onírica de um pensamento coletivo que apenas existe na cabeça de quem o inventa.

Não tendo conseguido ir tão longe, Towa não percebeu os indícios de etnofilosofia presentes até mesmo em um livro como *Consciencism*, ao qual devota uma admiração sem reservas, propondo-o, no limite, como um modelo da nova orientação que a filosofia deveria assumir na África.[12] Ele não viu que esse livro, apesar de toda a distância que o separa da etnofilosofia clássica, continua a veicular, de um lado a outro, tanto por seu ponto de partida quanto por seu ponto de chegada, a tese unanimista, que constitui, no fundo, a pedra angular da etnofilosofia.

Uma palavra agora sobre o novo papel que Towa atribui à filosofia na África. Digamos desde já que o problema envolve outro, o da especificidade da filosofia em geral em relação a outras formas de discurso, o de saber se a filosofia tem um objeto distinto, como o tem cada ciência, ou se ela se caracteriza somente por seu método, por exemplo, como reflexão crítica, interrogação sem fim. Sobre esse difícil problema, posso traçar aqui não mais que algumas hipóteses. Mas o certo é que as hipóteses oferecidas por Towa suscitam sérias reservas. Atribuir como tarefa da filosofia "a interrogação sobre nosso propósito profundo, sobre que direção dar à nossa existência",[13] ou "a determinação [...] do que devemos ser e de nossa possibilidade fundamental de realizá-lo",[14] ou ainda "a elucidação conceitual de nossos futuros eus em um mundo a ser promovido no lugar deste que temos"[15] é reduzi-la a não ser mais que um comentário ideológico sobre um projeto fundamentalmente político. Pois é a *política* no sentido mais profundo do termo, a *política* e nada mais, que nos obriga a renunciar ao culto da diferença em busca do poder material. É a *política* e nada mais que nos obriga a nos abrirmos para os outros e, singularmente, a nos apropriarmos da cultura, da filosofia e da ciência europeias para assimilá-las e dominá-las. É, portanto, a *política* que nos obriga a nos afastar dos caminhos batidos da etnologia e a adotar uma atitude crítica em relação ao nosso passado espiritual. A *política*: a visão que temos do destino de nosso povo, e, aqui, de maneira singular, o projeto de sua efetiva e total libertação. Mas, se assim for, é difícil ver o que a filosofia faria nesse domínio. Na melhor das hipóteses, ela pode apenas repetir, em uma linguagem inutilmente erudita, um discurso político que se basta plenamente — a menos que queira a todo custo dizer *outra coisa* que não esse discurso político, caso em que a relação entre os dois discursos se tornaria infinitamente problemática. Tautológica na primeira hipótese, na segunda ela se torna uma teia de afirmações gratuitas. Isso aplica-se perfeitamente à nossa crítica a *Consciencism*. Não por acaso Towa oferece esse livro como modelo: encontramos nele, como no líder ganense, aquilo que chamamos de ilusão metafísica, a crença em uma profundidade metafísica da política, uma crença que apenas pode levar a se afirmarem, em nome de posições políticas eventualmente justas, teses teológicas (ou antiteológicas: é tudo a mesma coisa!) que não podem ser demonstradas.

Pelo contrário, afirmo, de minha parte, a autonomia da política e peço que ela seja restituída à sua própria coerência. As teses metafísicas muitas vezes serviram de álibi, desviando a atenção dos problemas políticos reais. O balbucio ideológico, mesmo que revolucionário, muitas vezes só tem como propósito encobrir os atos mais desprezíveis, os mais indefensáveis: começamos a saber disso agora.

Portanto, se a filosofia pode ter algum significado, deve ser algo diferente de uma redundância tautológica. Mesmo determinada, em última instância, por um projeto político, não pode ser reduzida a um comentário prolixo desse projeto. Em vez disso, deve situar-se no próprio terreno da ciência, a fonte última do poder que buscamos, e contribuir de uma maneira ou de outra para o seu progresso. O problema número 1 da filosofia na África atual é, portanto, saber como a filosofia pode ajudar no desenvolvimento da ciência. Problema imenso: para resolvê-lo, seria preciso interrogar tanto a história das ciências quanto a história da filosofia, definir suas relações reais e possíveis, pensar sobre os vínculos que ontem mantinham entre si e os que hoje poderiam manter. O que é certo é que essa orientação deveria levar-nos a privilegiar nas nossas aulas de filosofia, em lugar dessa espécie de meditação existencial proposta por Towa sobre "o que devemos ser", o ensino das disciplinas filosóficas mais aptas a promover, entre nós, o desenvolvimento do pensamento científico: lógica, história das ciências, epistemologia, história das técnicas etc., sem prejuízo, evidentemente, da indispensável investigação acerca da história da filosofia.

A posição aqui defendida não é cientificista nem positivista. Ao contrário, seu efeito — enquanto arranca o filósofo de suas fantasias oníricas — é desmontar o positivismo ingênuo de certos semiacadêmicos que estão por demais inclinados a considerar apenas os resultados de sua ciência e a esquecer a tentativa e o erro, a longa e tortuosa jornada que a eles levou. Por outro lado, a recusa em absorver a filosofia na política não exclui a possibilidade de haver uma teoria filosófica da política, muito pelo contrário! A politização versátil do discurso filosófico é precisamente o obstáculo mais sério de uma teoria do político, que tem como uma de suas tarefas, necessariamente, analisar o funcionamento real das ideologias, identificar as formas, as modalidades e os numerosos recursos de mistificação política. A teoria da política, como teoria dos discursos ideológicos, está assim indiretamente ligada à teoria da ciência, que é a análise de uma outra forma particular de discurso. Tal como a teoria da ciência, a teoria da política não é em si mesma uma teoria política, embora, em última análise, como qualquer outra disciplina, tire sua motivação profunda de um projeto político.

Finalmente, a última brecha entre Towa e nós: o próprio título de seu *Essai...* revela um embaraço. Para nós, na África atual, não existe somente uma "problemática filosófica", há realmente uma *filosofia* africana: um conjunto de *discursos*, uma *literatura* que prolonga e veicula essa "problemática filosófica"; literatura alienada, sem dúvida, pois prolonga e veicula uma literatura problemática, essencialmente alienada, mas materialmente existente, e atualmente inscrita, para o melhor e mais seguramente para o pior, na história cultural de nossos povos. Assim, partimos do ponto de chegada de Towa, afirmando desde logo, à guisa de constatação, aquilo que ele suspeita apenas no final da sua análise, como hipótese suscetível de ser confirmada somente por pesquisas posteriores: a existência real de obras filosóficas africanas. O que autoriza essa constatação é a consideração do texto como realidade material irredutível, a valorização do discurso explícito em oposição aos pensamentos supostamente implícitos, independentemente das deficiências desse texto ou desse discurso. Nossa posição, nesse aspecto, é materialista: a filosofia é antes de tudo um fato cultural dotado de uma existência social objetiva, ela deve ser constatada empiricamente, e não concluída por indução, como se poderia concluir sobre a virtude soporífica do ópio.

IV

Uma vez operada a constatação, nos era possível avaliar os textos assim identificados e, em primeiro lugar, interrogar a ideia que eles fazem de si mesmos e da filosofia. Eis o objeto da primeira parte deste livro, dedicado a uma crítica da noção etnológica de filosofia e a um reexame do conceito de filosofia tal como sempre funcionou na história da filosofia ocidental. Em sua maior parte, a segunda parte do livro é dedicada a análises pontuais, estudos de caso escolhidos fortuitamente entre nossos interesses nessa já abundante literatura. Necessariamente incompleta, ela tem como objetivo primeiro ilustrar o — e talvez dar um começo de realização ao — ambicioso projeto de uma história da filosofia africana. É como prolongamento do mesmo projeto, e como contraponto à nossa crítica do unanimismo, que intervém a reflexão sobre o pluralismo cultural, esboçada no último capítulo. Sem dúvida uma reflexão inacabada, que deve ser prosseguida. Ela pretende apenas prevenir as últimas objeções, revelando alguns dos pressupostos teóricos das noções tão correntes, mas tão equívocas, de ocidentalidade, africanidade, europeidade etc., em suma, todas as noções que ligam, explícita ou implicitamente, este ou aquele sistema de valores com esta ou aquela região do globo, com esta ou aquela zona geográfica. Porque é necessário ir ao ponto: questionar os limites dessas ideias familiares, aparentemente tão simples e tão óbvias, se quisermos ir até o fim de uma crítica da etnofilosofia.

Parto da hipótese de que os valores não pertencem a ninguém, de que nenhuma necessidade intrínseca rege sua distribuição, de fato, pelas várias civilizações, nem a importância relativa que nelas assumem; de que, se a ciência, por exemplo, conhece hoje um desenvolvimento mais espetacular na Europa do que na África, não é em virtude de qualidades específicas e originais da raça branca, mas resultado de uma combinação de circunstâncias particularmente favoráveis; que esse acidente histórico não faz da ciência um valor essencialmente europeu, assim como a sífilis, introduzida entre os indígenas americanos por seus primeiros visitantes do velho continente, não é uma doença de essência europeia. Os valores culturais são como doenças venéreas: eclodem aqui ou ali, desenvolvem-se aqui mais do que ali, conforme o ambiente lhes seja mais ou menos favorável; mas o puro acaso histórico não poderia fundar uma reivindicação de propriedade ou, inversamente, de imunidade.

O que está em jogo nessa crítica pode não aparecer de imediato. Do ponto de vista que aqui nos interessa, ela tem por efeito relativizar as ideias de africanidade, ocidentalidade etc., tornando-as puros conceitos formais cujo conteúdo, longe de poder ser determinado de uma vez por todas, é essencialmente aberto, plurívoco, contrastante. Em suma, trata-se, para nós, de estender aos outros continentes o gesto de desmitologização (perdoem-nos esse termo bárbaro!) operado, em primeiro lugar, sobre o conceito de África, mostrando que eles apenas são determináveis como conceitos geográficos, empíricos, não como ideias morais ou metafísicas. De modo que se arruínam, no seu fundamento teórico, a reivindicação da Europa sobre o monopólio da razão lógica, da ciência e da tecnologia como fenômenos culturais, os termos "europeização", "ocidentalização", "aculturação", "empréstimo cultural" etc. e, finalmente, de "alienação cultural" empregados para caracterizar algumas das mutações em curso na história contemporânea das culturas africanas; enfim, todas as artimanhas e todas as sutilezas do culto da diferença. Na relativização das culturas históricas funda-se a legitimidade de uma "iconoclastia revolucionária", de uma subversão profunda do patrimônio cultural em função dos nossos projetos atuais, em função da nossa *política*.

E ainda assim... !, dirão. E ainda assim... as civilizações existem, a herança cultural não é pouca coisa. É sobretudo através dessa herança que um povo se define em relação aos outros e se confere uma identidade. Estarei de acordo. Acrescentarei apenas que essa herança nunca é unívoca, que é preciso aprender a percebê-la como plurívoca e contrastante, descobrir, sob as suas aparências fixas, o princípio interno de transformação e de abertura.

O mesmo acontece com o pensamento africano. Ao observar o cotidiano em nossos campos e em nossas cidades, ao tentar interrogar certas práticas, certos rituais e comportamentos, não se pode deixar de sentir que se trata de manifestações institucionais de padrões coletivos de conduta, que são padrões de pensamento, e cujo conjunto constitui o que se poderia chamar de uma ideologia prática. Melhor ainda: mesmo fora dessa ideologia prática existe, como dissemos, uma importante literatura oral, esotérica ou exotérica, de cuja importância apenas começamos a suspeitar. É preciso ter paciência para estudá-la, analisá-la, interrogar a sua lógica, tanto a sua função quanto os seus limites.

Portanto, que não haja engano: em nenhum momento deste ensaio tive a pretensão de afirmar que a África pré-colonial era intelectualmente uma tábula rasa. Ao contrário, nós afirmamos que qualquer sociedade do mundo possui esquemas prático-teóricos, "ideologias práticas", por um lado, e, por outro, textos escritos ou orais transmitidos de geração em geração.

Mas entre essa dupla observação e o projeto etnofilosófico não há somente uma diferença, há uma oposição real. Ao etnofilósofo *falta* a verdadeira natureza da ideologia prática, ele não pode percebê-la em si mesma, em sua essência nua, como um conjunto de esquemas diversos, cada qual com sua própria história e sua própria lógica, como as peças de um mosaico. Ele não consegue compreender o desenlace dos pedaços justapostos como restos, nem a coerência muito particular dessa "lógica" residual, por ter estabelecido, desde o início, que deveria existir, nesse lugar ocupado pela ideologia prática, um, e apenas um, sistema coerente funcionando segundo uma lógica teórica. Ao mesmo tempo, desaparece a questão de outro modo perceptível da história diferencial dos diversos elementos dessa montagem, da história de seu reencontro, a questão de suas transformações recíprocas e de seu destino. Mais grave: o que à primeira vista "salta aos olhos" como a ideologia prática (no singular) de um grupo, é somente a sua ideologia prática *dominante*. Em vez de estendê-la apressadamente a todos os membros do grupo, tomando-a ingenuamente pelo que ela pretende ser, em vez de forjar a partir dela uma teoria filosófica que deveria recolher a adesão de toda a comunidade, o analista astuto se empenhará em buscar, por trás da aparência de unanimidade, a gama variada de ideologias não dominantes, ou pelo menos, de relações diferenciais com a ideologia dominante.

Como a ideologia prática, a literatura oral sofre, no discurso etnofilosófico, um tratamento que a desvirtua. O etnofilósofo apodera-se de textos religiosos, históricos, poéticos, morais etc. e, violentando-os, tenta extrair deles o que considera seu "âmago substancial": uma filosofia. Perde-se aí a seiva própria desses textos, perde-se seu sabor original, seu sentido e, se for o caso, seu valor teórico. Por isso, sobretudo, a sua relatividade histórica é mascarada, como textos produzidos num dado momento por um indivíduo ou um grupo de indivíduos movidos por interesses determinados e eventualmente em conflito com outros indivíduos ou grupos de indivíduos da mesma comunidade. Georg Elwert mostrou, em um interessante trabalho sobre o Daomé do século XVIII, como os mesmos fatos são interpretados de forma diferente pela "tradição das massas" e pela "tradição da Corte".[16] E isso somente pode significar que o que comumente chamamos de *a* tradição oral, no singular, é apenas um abraço artificial entre tradições distintas, às vezes concordantes, às vezes discordantes, que devemos aprender a perceber como tais. A etnofilosofia esquece essa pluralidade de discursos, essa irredutível polissemia. Ela empobreceu a literatura africana ao reunir todos os gêneros em um único e reduzir a abundante variedade de obras a um denominador comum metafísico.

Portanto, não queríamos negar a existência de um pensamento africano. Muito pelo contrário! Queríamos mostrar que esse pensamento merece ser levado infinitamente mais a sério do que a etnofilosofia, que, em vez de reduzi-lo a um sistema fechado e dogmático, devemos explorar sua riqueza, suas contradições, sua vida.

V

Para terminar, gostaria de voltar a Nkrumah. Os dois capítulos que lhe são dedicados foram escritos há mais de três anos, em função da conjuntura política e ideológica de então, neste recanto do globo onde a história nos deixou por nossa própria conta. Facilmente encontramos, no mito direitista do "nkrumaísmo", na vontade do próprio Nkrumah, em certo estágio de sua evolução, para se distinguir em relação ao marxismo, um dos efeitos mais sutis do culto à diferença tal como o deplorávamos em nosso próprio país.

Eu mantenho a essência dessa crítica ainda hoje. Mas devo acrescentar que, para responder à evolução da conjuntura, ela deve ser seriamente complementada e, em certos pontos, esclarecida.

Para citar apenas um exemplo, hoje eu não usaria mais de maneira tão incisiva as expressões leitura de direita/leitura de esquerda, crítica de direita/crítica de esquerda etc., embora elas conservem seu valor operatório dentro dos limites desses estudos sobre Nkrumah. Sem dúvida, continuo a acreditar que é politicamente destrutivo encerrar um autor num sistema fechado, aplainar a sua obra, esvaziando-a de suas tensões, de sua evolução, abstraindo-a do seu contexto histórico e das questões concretas que ela tentou resolver. O que é verdade para Nkrumah é *a fortiori* para os grandes pensadores revolucionários como Marx, Engels, Lênin, Mao Tsé-Tung. Ser marxista hoje não é mais se contentar com algumas fórmulas estereotipadas tiradas da primeira parte de *A ideologia alemã*, ou do *Materialismo dialético e materialismo histórico*, de Joseph Stálin, ou dos *Elementary Principles of Philosophy*, de Georges Politzer. Ser marxista é *ler* Marx e seus continuadores, é identificar a problemática atrás das fórmulas, apreender sua gênese e evolução, assimilar a doutrina para ser capaz de *pensar como Marx, para analisar, à luz da sua teoria, as situações históricas dadas*, de olho em seu questionamento e à sua transformação revolucionária.

Do mesmo modo, continuo a considerar suspeita uma crítica que, para desconsiderar a obra, tenta desconsiderar o autor: é o caso das muitas críticas com as quais Nkrumah foi esmagado após sua queda, e que, por falta de argumentos *políticos*, somente podiam apoiar-se num retrato *psicológico* do megalomaníaco, maníaco, paranoico (e sabe-se lá o que mais!) Nkrumah; em matéria de análise política, o psicologismo é um índice infalível da falta de argumentos políticos, e não é de estranhar que forneça a todos os mesquinhos pensadores, a todos aqueles que, na política, não têm literalmente nada a dizer, o seu modo preferido de argumentar.

Por fim, continuo a acreditar que não foi por acaso que a palavra "nkrumaísmo" foi inventada precisamente pelos elementos de direita do CPP, que tinham interesse em mascarar o conteúdo socialista do programa do partido e do pensamento de Nkrumah.

Só que, ao propor as antíteses entre leitura da direita e leitura da esquerda, crítica da direita/crítica da esquerda para expressar essas oposições, ao mesmo tempo teóricas e políticas, eu podia dar a impressão de cortar o mundo em dois. Essas antíteses incisivas recordam a oposição estalinista, tristemente célebre, entre ciência burguesa e ciência proletária. Tomadas ao pé da letra, limitam mecanicamente vida científica à vida política, reduzindo a primeira a reflexo imediato da segunda, esvaziando-a de sua riqueza, de sua abertura essencial.

O mais grave, contudo, é que as noções de direita e esquerda estão novamente muito confusas na África. Não podemos mais defini-las simplesmente em relação ao imperialismo (desejo proclamado de libertação de um lado, subserviência ao imperialismo de outro), nem mesmo em relação ao marxismo (adesão verbal de um lado, hostilidade visceral de outro). Porque agora sabemos que não basta dizer-se anti-imperialista ou marxista-leninista para sê-lo. Não é pela sua linguagem, é pela sua prática, que uma pessoa ou um regime se classifica objetivamente à esquerda ou à direita. Ora, começamos a saber que a prática pode obedecer a outros princípios que não os oficialmente proclamados, que de fato esse desvio em geral é a regra, e pode se tornar, em certos casos, particularmente trágico. Sabemos hoje que a ideologia mais revolucionária pode ser usada objetivamente de forma reacionária. Uma pessoa ou um regime que se declara de esquerda não é forçosamente de esquerda. O que deve ser levado em conta, em cada caso, para além da propaganda interna e externa, para além das posições oficiais tomadas nos fóruns internacionais, é a natureza das relações entre o Estado e o povo, o grau de participação efetiva das massas nos assuntos públicos, os meios efetivos que elas têm para *controlar* o poder, e não apenas para *aplaudi-lo*.

Bob Fitch e Mary Oppenheimer mostraram, em uma excelente crítica marxista do regime de Nkrumah,[17] a lacuna entre a reputação internacional do regime, universalmente considerado um dos mais à esquerda da África, e sua prática econômica e política em campo. Seria praticamente necessário repetir o mesmo estudo para cada um dos países africanos ditos revolucionários. Veríamos, então, por que a avaliação desses regimes tantas vezes varia de acordo com o fato de serem percebidos de fora, através de sua propaganda oficial e suas posições internacionais, ou de dentro, pelo peso e pelas modalidades concretas de exercício de seu aparato de opressão e repressão.

O regime de Nkrumah é interessante precisamente por seu caráter arquetípico. Se tanto nos chamou a atenção, foi pelas imensas esperanças que suscitou nos seus primórdios, e que foram frustradas. Também pela profunda semelhança com tantos regimes atuais. Hoje precisamos meditar sobre essas promessas abortadas, analisar as razões do fracasso, tirar as lições dessa experiência para o futuro.

Poderia causar surpresa o fato de que tenhamos chamado o consciencismo de "uma filosofia à imagem do CPP". O que reprovamos no movimento de Nkrumah foi o desejo de permanecer, até o fim, como uma organização de massas sem um partido de vanguarda, que não tinha sido capaz, como resultado, de dotar-se de uma base social homogênea, como seria necessário para enfrentar os novos objetivos econômicos e sociais da "segunda revolução". A fragilidade do consciencismo parece ser o inverso: ter pretendido alcançar a unanimidade entre todos os militantes do CPP e da revolução africana em geral em termos de filosofia, por terem acreditado na possibilidade de arrancar uns dos outros a adesão sincera à mesma doutrina filosófica. Heterogeneidade social na base, exigência de homogeneidade no plano teórico: esse duplo movimento parece contraditório, e não se vê imediatamente como um poderia refletir o outro.

Mas a verdade é que, do primeiro ao segundo gesto, há uma coerência notável. A exigência de unanimidade é tanto mais forte e mais vinculativa quanto menor for assegurada a unidade real. A unanimidade no plano metafísico é ilusoriamente percebida como um contrapeso aos conflitos de interesses na base. Inversamente, pareceria supérfluo se, no grupo considerado, reinasse uma real solidariedade humana, fundada em uma identidade ou em uma convergência objetiva de interesses materiais. O projeto do consciencismo é, portanto, à imagem do CPP: imagem não direta, mas invertida. Essa ambiciosa síntese filosófica, que supostamente realizaria o acordo entre todos os espíritos, somente faz sentido como um antídoto imaginário para um conflito material irredutível. Ao contrário, onde houver uma real comunidade de opções políticas fundadas, direta ou indiretamente, em uma comunidade de interesses econômicos, a diversidade de opiniões sobre este ou aquele problema político particular e, *a fortiori*, sobre esta ou aquela questão filosófica ou científica e, de uma maneira geral, a crítica aberta, a contradição franca e honesta, longe de ser considerada um mal, é, ao contrário, vivida como uma riqueza, um fator essencial de progresso.

Assim, a crítica da etnofilosofia nos leva a questionar o unanimismo em todas as suas formas. Pelo contrário, ela realça a necessidade de promover em nossos países uma tradição filosófica e científica do mais alto nível, uma investigação plural, contrastante. Não é pelo cassetete que realizaremos a unidade de pensamento entre os nossos povos. Pelo contrário, é reconhecendo a todos e a cada um o direito à palavra, o direito ao erro e à crítica.

Gostaria de acrescentar uma última palavra: se quisermos acabar com a confusão ideológica que atualmente assola os nossos países, se quisermos reencontrar, para além das distorções interesseiras, a verdadeira face da teoria e da ideologia marxistas, não devemos nos contentar em denunciar pontualmente este ou aquele abuso, esta ou aquela confusão. Devemos promover positivamente uma *tradição teórica marxista* em nossos países: um debate científico contrastante em torno da obra de Marx e seus continuadores. Pois não devemos esquecer: o próprio marxismo é uma *tradição*, um debate plural baseado nos fundamentos teóricos estabelecidos por Marx. Nessa tradição, nem sempre todos concordaram com todos, muito pelo contrário! O progresso do pensamento marxista somente foi possível graças aos debates públicos entre Lênin e Rosa Luxemburgo, Lênin e seus compatriotas Gueorgui Plekhánov, Nikolai Bukhárin, Vladimir Bazárov, Leon Trótski etc., graças à personalidade teórica de um Antonio Gramsci, um Mao, para citar apenas os maiores entre centenas.

Na África ainda há um vácuo. Antigamente, aprendíamos nosso marxismo em obras de divulgação e, tendo-as engolido em pílulas, sussurrávamos deliciosamente suas fórmulas entre nós, em círculos fechados. Não gostaria de minimizar a importância do trabalho realizado, mesmo nessas condições.

Afinal, era difícil fazer de outra maneira numa época em que os mais velhos só podiam descobrir o marxismo pelos meios que tinham à mão, por sua conta e risco, na semiclandestinidade que então lhes era imposta pelas circunstâncias; numa época, também, em que o stalinismo ainda pesava muito, estancando na fonte qualquer pesquisa autêntica, dogmatizando à vontade à custa de Marx e Lênin. Decerto devemos ser gratos aos mais velhos por terem sido capazes, nessas condições difíceis, de ver no marxismo algo diferente do que a universidade burguesa queria que eles vissem. Mas, considerando todas as coisas, o balanço é escasso. Sem ter sabido desenvolver essa herança, assistimos hoje, impotentes, o seu confisco descarado por grupos políticos perfeitamente cínicos e reacionários, ajudados, é verdade, por alguns de nós, para quem a dialética é apenas um meio sutil para justificar sua própria impaciência e sede de poder. Tanto é assim que, em breve, vamos temer seriamente que se chegue a ponto de, em nome do marxismo, nos proibirem de ler Marx.

A única solução é começar a trabalhar aqui, agora, para aprofundar, no semissilêncio a que somos forçados, nosso conhecimento de Marx e da rica tradição que ele estabeleceu, para liquidar definitivamente nossos preconceitos unanimistas e dogmáticos, em suma, para restaurar para a teoria os seus direitos. Isso tornará nossa *política* mais bem informada e, apesar das dificuldades do momento, mais eficaz a longo prazo.

Notas

Prefácio à segunda edição [pp. 31-47]

1. Paulin J. Hountondji, "Remarques sur la Philosophie africaine contemporaine". *Diogène*, n. 71, pp. 120-40, 1970.
2. Marcien Towa, *L'Idée d'une philosophie négro-africaine*. Iaoundé: Clé, 1979. [Ed. bras.: *A ideia de uma filosofia negro-africana*. Belo Horizonte: Nandayala, 2015.]
3. R. Placide Tempels, *La Philosophie bantoue*. Paris: Presence Africaine, 1961; Basile-Juléat Fouda, *La Philosophie négro-africaine de l'existence*. Lille: Faculté des Lettres et Sciences Humaines, 1967 (manuscrito); Pierre Masson-Oursel, *La Philosophie en Orient*. Paris: PUF, 1969; Marcien Towa, *Essai sur la Problématique philosophique dans l'Afrique actuelle*. Iaoundé: Clé, 1971.
4. Towa, *Essai sur la Problematique...*, pp. 28-9.
5. Ibid., p. 31.
6. Alexis Kagame, *La Philosophie bantu-rwandaise de l'être*. Bruxelas: ARSC, 1956; Paulin J. Hountondji, "Remarques sur la Philosophie africaine contemporaine". *Diogène*, n. 71, pp. 120-40, 1970.
7. Towa, *L'Idée d'une philosophie négro-africaine*.
8. Vê-se o mesmo movimento oscilante em nosso colega queniano Odera Oruka (que assinava como Henry Odera no início da carreira). Após ter publicado um retumbante artigo em 1972, em que questionava, com ironia mordaz, a mania de apresentar como "filosofia africana" meras coletâneas de mitos, ele passou a escutar os "pensadores autóctones" (*indigenous thinkers*) e transcrever com fervor suas palavras, que, a seu ver, são grandes expressões de uma "sagacidade filosófica africana" (*African philosophical sagacity*). Essa escuta atenta lembra o método de Marcel Griaule em *Dieu d'eau: Entretiens avec Ogotemmêli* (Paris: Fayard, 1948). Em suma, o que Oruka nos ensina é que existem muitos Ogotemmêli em cada sociedade, e que teríamos muito mais a escutar e a meditar.

9. Em sua notável *Critique de la raison orale: Les pratiques discursives en Afrique noire* (pref. Bonaventure Mvé-Ondo. Niamey; Dakar; Paris: CELHTO; Ifan; Karthala, 2005), Mamoussé Diagne examina, por meio de pacientes pesquisas e sólidas investigações de campo, a especificidade dos procedimentos de transmissão do saber em uma civilização oral. Os resultados dessa análise confirmaram depois a hipótese aqui formulada sobre os limites da oralidade e o papel incontornável da escrita no desenvolvimento de uma tradição crítica. Numa segunda obra que se segue à primeira, *De la Philosophie et des philosophes en Afrique noire* (pref. Paulin J. Hountondji. Niamey; Dakar; Paris: CELHTO; Ifan; Karthala, 2006), Mamoussé Diagne coloca com novos ares a velha questão, "Existe uma filosofia africana?", virando as costas para os defensores e opositores da etnofilosofia, acusando-os de serem "ventríloquos", por não terem, durante longo tempo, examinado previamente o modo real de operação da oralidade. Leiamos com interesse este livro e o prefácio que lhe dediquei.

10. Alfonse J. Smet, "Bibliographie sélective". *Philosophie africaine: Textes choisis* II *et Bibliographie sélective*. Kinshasa: Presses Universitaires du Zaïre, 1975, pp. 479-96; ibid., "Bibliographie sélective de la philosophie africaine: Répertoire chronologique" (*Mélanges de philosophie africaine*. Kinshasa: Faculté de Théologie Catholique, 1978, pp. 181--261); Soter Azombo-Menda e Martin Enobo-Kosso, *Les Philosophes africains par les textes*. Paris: Nathan, 1978.

11. Alphonse J. Smet, *Notes d'histoire de la pensée africaine*. Kinshasa: Faculté de Théologie Catholique, 1975-7; Oleko Nkombe, "Etat Actuel de la philosophie en Afrique". *Science et Sagesse* (Kinshasa), pp. 78-93, 1977; Claude Summer, *Ethiopian philosophy*. Adis Abeba: Central Printing Press, 1974-82. 5 v.; Théophile Obenga, *La Philosophie africaine de la période pharaonique, 2780-330 avant notre ère*. Paris: L'Harmattan, 1990; Grégoire Biyogo, *Histoire de la philosophie africaine*. Paris: L'Harmattan, 2006.

12. Marcel Griaule, *Dieu d'eau: Entretiens avec Ogotemmêli*. Paris: Éditions du Chêne, 1948.

13. Odera Oruka, *Sage Philosophy: Indigenous Thinkers and Modern Debate on African Philosophy*. Leiden; E. J. Brill, 1990 (2. ed., Nairóbi: ACTS Press, 1991).

14. Barry Hallen e Olu J. Sodipo, *Knowledge, Belief and Witchcraft: Analytic Experiments in African Philosophy*. Londres: Ethnographica, 1986 (2. ed., Standford: Stanford University Press, 1996); Kai Kresse, *Philosophising in Mombasa: Knowledge, Islam and Intellectual Practice on the Swahili Coast*. Edinburgo: Edinburgh University Press, 2007.
15. Paulin J. Hountondji, *Combats pour le sens: Un itinéraire africain*. Cotonou: Flamboyant, 1997.
16. Kwame Nkrumah, *Ghana: The Autobiography of Kwame Nkrumah*. Londres: Nelson, 1957.
17. Intelectual brilhante e então chefe do Departamento de Filosofia da Universidade de Gana em Legon, Acra, William Abraham era membro do conselho de administração do presidente Nkrumah. Leremos com interesse sua grande obra de síntese, *The Mind of Africa: The Nature of Human Society* (Londres; Chicago: Weidenfeld and Nicolson; University of Chicago Press, 1962).
18. Na língua dos povos akan, a palavra *Osagyefo* significa "redentor". Kwame Nkrumah recebeu esse qualificativo depois de sua incursão política nas lutas de libertação nacional de Gana e de se tornar o primeiro presidente de seu país e o terceiro presidente da Organização da Unidade Africana. (N. R. T.)
19. Kwame Nkrumah, *Mind and Thought in Primitive Society: A Study in Ethno-Philosophy with Special Reference to the Akan Peoples of the Gold Coast, West Africa*. S. l., s. d. [1945?] (datil.). Arquivado nos National Archives of Ghana, Acra, ref. JOB N. P. 129/63-64.
20. A hipótese mais simples e econômica, no estado atual de nossas informações, seria admitir que o neologismo *ethno-philosophy* foi forjado pelo próprio Nkrumah. Essa hipótese ainda não está descartada. Mas não quis me apressar, tendo em vista a maneira de escrever de Nkrumah, que nem sempre se dava ao trabalho de colocar as citações entre aspas — o que provavelmente era admitido no uso acadêmico da época. Leremos com interesse o artigo que dediquei a essa questão, "From the Ethnosciences to Ethnophilosophy: The Thesis Project of Kwame Nkrumah". *Research in African Literatures*, Bloomington, v. XXVIII, n. 4, pp. 112-20, 1998 (número especial: Multiculturalismo).
21. D. A. Masolo acredita, provavelmente com razão, que é melhor desistir de procurar a origem precisa da palavra "etnofilosofia"; por-

tanto, nem é preciso designar o gênero de trabalho que Tempels faz. O autor de *African Philosophy in Search of Identity* (Bloomington: Indiana University Press, 1994) garante, em todo caso, ter lido na sede dos Padres Brancos em Roma uma troca de correspondência inédita entre Tempels e Emile Possoz, na qual este último sugere expressamente ao seu amigo que a palavra "etnofilosofia" seria a mais adequada para qualificar esse gênero de pesquisa.

22. Franz Crahay, "Le Décollage conceptuel: Conditions d'une philosophie bantoue". *Diogène*, n. 52, pp. 61-84, 1965; Henri Maurier, *Philosophie de l'Afrique noire*. Bonn: Anthropos-Instituts, 1976; Pathé Diagne, *L'Euro-philosophie face à la pensée du Négro-africain*. Dacar: Sankoré, 1980.

23. Edmond-Eloi Boelart, "La Philosophie bantoue selon le R. P. Placide Tempels". *Aequatoria*, n. 9, pp. 81-90, 1946 (reed.: A. J. Smet, *Philosophie africaine*. Kinshasa: Facultés Catholiques de Kinshasa, 1997, pp. 274-87).

24. Léon de Sousberghe, "A Propos de 'La philosophie bantoue'". *Zaïre*, Bruxelas, n. 5, pp. 821-8, 1951 (reed.: A. J. Smet, *Philosophie africaine*, pp. 289-97); Aimé Césaire, *Discours sur le colonialisme*. Paris: Réclame, 1950 (reed.: Paris: Présence Africaine, 2000). [Ed. port.: *Discurso sobre o colonialismo*. Trad. de Noémia de Sousa. Lisboa: Sá da Costa, 1977.]

25. Número especial Témoignages, 1949. Présence Africaine, como se sabe, é tanto o título de uma revista quanto o nome da editora criada em torno dessa revista.

26. Towa, *Essai sur la Problématique...*, op. cit.; Paulin Hountondji, "Intellectual Responsibility: Implications for Thought and Action Today". *Proceedings and Addresses of the American Philosophical Association*, Newark, v. 70, n. 2, pp. 77-92, 1996. [Palestra proferida ante o Congresso Anual da American Philosophical Association, Chicago.]

27. Parece-me necessário um subtítulo na tradução ("um exemplo" ou "um estudo de caso") para dar conta do artigo indefinido usado no título em inglês: *Philosophy and an African Culture* (Cambridge: Cambridge University Press, 1980). A análise de Wiredu não diz respeito, de fato, à cultura africana em geral, mas a uma cultura específica, a cultura akan.

28. Kwasi Wiredu, "African Philosophical Tradition: A Case Study of the Akan". *Cultural Universals and Particulars*. Indiana: Indiana University Press, 1997, capítulo 9, pp. 113-35.
29. Marc Augé, *Théorie des pouvoirs et idéologie: Étude de cas en Côte d'Ivoire*. Paris: Hermann, 1975; Paulin J. Hountondji, "Une Pensée pré-personnelle: Note sur 'Ethnophilosophie et idéologique' de Marc Augé". *L'Homme*, n. 185/6, pp. 343-64, 2008. Número especial L'Anthropologue et le contemporain: Autour de Marc Augé.
30. Maurice Houis, *Anthropologie linguistique de l'Afrique noire*. Paris: PUF, 1971.
31. Paulin J. Hountondji, "Langues Africaines et philosophie: L'hypothèse relativiste". *Les Études Philosophiques*, n. 4, pp. 393-406, 1982; ibid., "Pour une sociologie des représentations collectives". In: Robin Horton et al. (Orgs.). *La Pensée métisse: Croyances africaines et rationalité occidentale en questions*. Paris; Genebra: PUF; Cahiers de L'IUED, 1990, pp. 187-92.
32. Paulin J. Hountondji, "Une Pensée pré-personnelle...".

1. Uma literatura alienada [pp. 51-72]

1. Artigo escrito para a Unesco em 1969 e publicado em *Diogène*, n. 71, 1970, sob o título: "Remarques sur la Philosophie africaine contemporaine". O texto original sofreu aqui apenas pequenas alterações.
2. A seguir, a título indicativo, uma bibliografia mínima: • William Abraham, *The Mind of Africa*. Londres: Weidenfeld and Nicolson, 1962. • Jean Calvin Bahoken, *Clairières métaphysiques africaines*. Paris: Présence Africaine, 1967. • Aimé Césaire, *Discours sur le colonialisme*. Paris: Réclame, 1950 (foi reimpresso várias vezes por Présence Africaine). • Alioune Diop, "Niam M'Paya ou De la fin que dévorent les moyens", *La Philosophie bantoue*. Pref. P. Tempels. Paris: Présence Africaine, 1961. • Fabien Eboussi-Boulaga, "Le Bantou problématique". *Présence Africaine*, n. 66, 1968. • Frantz Fanon, *Peau noire, masques blancs*. Paris: Seuil, 1952. [Ed. bras.: *Pele negra, máscaras brancas*. São Paulo: Ubu, 2020.]; *Les Damnés de la terre*. Paris: Maspero, 1968 [Ed. bras.: *Os condenados da terra*. Rio de Janeiro: Zahar, 2022.]. • Basile-Juléat Fouda, *La Philosophie négro--africaine de l'existence*. Lille: Faculté des Lettres, 1967 (tese de dou-

torado, inédita). • Alexis Kagame, *La Philosophie bantu-rwandaise de l'être*. Bruxelas, ARSC, 1956. • François-Marie Lufuluabo, *Vers une Théodicée bantoue*. Tornay: Casterman, 1962; *La Notion luba-bantoue de l'être*. Tornay: Casterman, 1964. • Vincent Mulago, *Un Visage africain du christianisme*. Paris: Présence Africaine, 1965. • André Makarakiza, *La Dialectique des Barundi*. Bruxelas: Académie Royale des Sciences Coloniales, 1959. • Alassane N'daw, "Peut-on Parler d'une pensée africaine?". *Présence Africaine*, n. 58, 1966. • Kwame Nkrumah, *Consciencism*. Londres: Heinemann, 1964 (trad. francesa, *Le Consciencisme*. Paris: Payot, 1964). • Léopold Sédar Senghor, *Nation et voie africaine du socialisme*. Paris: Présence Africaine, 1961; *Liberté* I. Paris: Seuil, 1964. T. I: *Négritude et humanisme*.

O leitor pode, por outro lado, se quiser se divertir com o joguinho dos "conjuntos que se compreendem", incluir na lista o presente artigo e outros textos nossos que o precederam, sobretudo: • "Charabia et Mauvaise conscience: Psychologie du langage chez les intellectuels colonisés". *Présence Africaine*, n. 61, 1967. • "Pourquoi la théorie?". *Bulletin de Liaison de la Commission Interafricaine de Philosophie*, Société Africaine de Culture, n. 3. Paris: Présence Africaine, 1969. • "Un Philosophe africain dans l'Allemagne du XVIIIème siècle: Antoine Guillaume Amo". *Les Études Philosophiques*, n. I. Paris: PUF, 1970. • "Le Problème actuel de la philosophie africaine". In: Raymond Klibansky (Org.). *Contemporary Philosophy: A Survey*, v. IV. Florença: La Nuova Italia, 1971.

Obs.: a) Citamos aqui apenas autores africanos, de acordo com nossa definição de filosofia africana. Assim, os "africanistas" não africanos não estão incluídos na lista; julgaremos, quando tivermos lido o restante, os méritos dessa exclusão. b) Por outro lado, incluímos os antilhanos como Aimé Césaire e Frantz Fanon — são africanos da diáspora. E, embora não sejam (ou não pretendam ser) filósofos, eles nos fornecem os meios para fazer uma crítica política fecunda de uma certa forma de filosofia. c) Seria necessário acrescentar à lista, para ser completa, todas as teses de doutorado, todas as dissertações e memoriais de estudos superiores ou de mestrado, enfim, todas as obras universitárias de estudantes e pesquisadores africanos de filosofia, mesmo que tratem, em sua maioria, dos autores europeus mais clássicos. Ainda assim, são trabalhos de *filosofia* e foram produzidos *por africanos*. Que razão haveria para excluí-los? Nossa definição "ingênua" da filosofia africana (como um conjunto de textos) nos permite ver as dissonâncias internas desta bibliografia, desmembrada entre um trágico parênteses de pertencimento africano, por um lado, e, por outro lado, o estreito aprisionamento em uma ideologia "africanista", ela própria de origem não africana. Se, portanto, não citamos aqui essa primeira categoria de textos, é apenas por não termos podido fazer, até agora, um inventário exaustivo, ou pelo menos uma escolha representativa. d) Finalmente, a literatura norte-africana é omitida apenas por razões materiais. Ela também é, evidentemente, parte integrante da literatura africana em geral, embora constitua um subconjunto relativamente autônomo dela, assim como a literatura negro-africana, sobre a qual nos debruçamos aqui. Seria útil em algum momento desdobrar sistematicamente o problema da unidade real dessas duas literaturas, além de suas explícitas diferenças.

3. R. Placide Tempels, *La Philosophie bantoue*. Paris: Présence Africaine, 1949. Uma primeira tradução havia sido publicada em 1945 pela Lovania, em Elisabethville (atualmente Lubumbashi). A publicação da Présence Africaine está agora na terceira edição. Isso diz muito! Nossas citações se referem à edição de 1961.

4. Ibid., p. 17: "A melhor compreensão do campo do pensamento banto é igualmente indispensável para todos aqueles que são chamados a viver entre os nativos. Assim, isso diz respeito a todos os colonizadores, porém, particularmente aos que são chamados a dirigir e a julgar os negros, e a todos os que estão atentos a uma evolução favorável da lei dos clãs, enfim, a todos os que querem civilizar, educar, elevar os bantos. Se isso diz respeito, contudo, a todos os colonizadores de boa vontade, dirige-se particularmente aos missionários".

5. Em suma, talvez esse seja o vício radical da etnologia em geral (e não apenas da etnofilosofia). A obra de Lévy-Bruhl ao menos teve um mérito: o de difundir ingenuamente, sem rodeios e sutilezas, essa dependência original do discurso etnológico de uma atitude etnocêntrica, ela própria ditada por uma situação histórica concreta (de fato, as sociedades "primitivas" sempre foram as sociedades dominadas pelo imperialismo). Desse ponto de vista, a autocrítica tardia de Lévy-Bruhl em seus *Carnets* (Paris: Presses Universitaires de France, 1998) está longe de ser tão radical quanto às vezes se

pretende, uma vez que mantém tão central uma noção como a de "primitividade" e não consegue explicar, em nenhum caso, as razões de mal-entendidos anteriores. Talvez seja louvável a intenção dos etnólogos mais recentes de pretender fazer uma etnologia neutra, estranha a todo juízo de valor e a toda forma de racismo ou etnocentrismo, mas de modo algum isso impede que a etnologia como um tipo de discurso ainda repouse, hoje como ontem, sobre um fundamento ideológico. A etnologia (ou antropologia, ou ainda qualquer outro nome que se queira) sempre pressupõe o que deve ser demonstrado: a distinção real entre seu objeto e o da sociologia em geral, a diferença entre a natureza das sociedades "primitivas" ("arcaicas" ou o que quer que seja) e as outras sociedades. Ao mesmo tempo, por outro lado, ela pretende abstrair a real relação de forças entre essas sociedades e as "outras", ou tão simplesmente, as sociedades imperialistas. Seja como for, não é difícil constatar que as sociedades objeto da antropologia são sempre sociedades efetivamente dominadas, e que o discurso culto do antropólogo somente tem sentido no interior de um debate científico de que esses povos não tomam parte, e que sempre tem origem em outro lugar: nas classes dominantes das sociedades dominantes... Caberia fazer análises mais detalhadas sobre o tema, é evidente.

6. Tempels, op. cit., pp. 35-6.
7. Ibid., p. 45.
8. Césaire, *Discours sur le colonialisme*. 4. ed., Paris: Présence Africaine, 1962, p. 44.
9. Evidentemente, isso é apenas uma corrente dominante. Um simples olhar sobre a bibliografia aqui proposta é suficiente para mostrar que essa corrente nunca deixou de suscitar disputas dentro da própria filosofia africana (dentro da bibliografia filosófica africana) e que coexiste, por outro lado, com outras correntes que podem ser descritas como menores.
10. Alexis Kagame, *La Philosophie bantu-rwandaise de l'être*, p. 8.
11. Ibid., pp. 17 e 23.
12. Quiniruanda: uma das línguas bantas faladas em Ruanda, Uganda e na República Democrática do Congo. A língua é também conhecida como "ruanda". (N. R. T.)
13. A análise de Kagame dá-se, antes de tudo, como uma reflexão sobre as estruturas particulares de uma língua, o quiniaruanda. Essas

estruturas esboçam uma espécie de articulação da realidade, uma espécie de grade através da qual os ruandeses percebem o mundo. Daí a ideia de se elaborar uma tabela de categorias ontológicas bantas, realizando para o quiniaruanda a mesma operação que Aristóteles havia realizado, segundo Kagame, com a língua grega. Os resultados da pesquisa não deixam de ser sedutores. Kagame nos oferece quatro categorias metafísicas bantas, que compara com as de Aristóteles de acordo com a seguinte tabela:

1. *Umuntu* (plural: *abantu*): pessoa, ser dotado de inteligência
2. *Ikintu* (plural: *ibintu*): coisa, ser privado de inteligência

1. Substância

3. *Ahantu*: lugar-tempo

2. Lugar
3. Tempo
4. Quantidade

4. *Ukuntu*: modalidade

5. Qualidade
6. Relação
7. Ação
8. Paixão
9. Posição
10. Posse

Essa tabela exige algumas observações:
a) As duas primeiras categorias rompem a unidade do conceito aristotélico de substância, que se apresenta, portanto, como irremediavelmente ambígua. A pessoa e as coisas não fazem parte de um mesmo gênero, mas estabelecem dois gêneros radicalmente diferentes. Mais exatamente, pessoa é a categoria originária em relação à qual as coisas são pensáveis; as coisas são, por definição, não pessoas: *ibintu*, seres privados de inteligência (uma categoria que inclui, note-se, tanto minerais e plantas, quanto os próprios animais).
b) O conceito de pessoa, como conceito originário, apenas pode ser definido de forma tautológica. A pessoa é uma espécie única de um gênero único. É por isso que Kagame pode escrever: "Alguns euro-

peus se divertiram muito com a "ingenuidade" dos nossos bantos quando tiveram que responder à pergunta: *Umuntu ni iki*? ("O que é pessoa?"). Instado a dar a definição do ser que possui inteligência, nosso banto, depois de muito embaraço, acabou respondendo: *Umuntu, ni umuntu nyine*! ("Pessoa é pessoa, nada mais!"), ou algo do tipo: "Ao formular a questão você a responde e não há mais outro meio de explicar!". Efetivamente, você declarou o gênero único e a espécie única! O que você responderia se lhe fizessem a seguinte pergunta: "O que é o animal racional (ou seja, a pessoa)?" (ibid., p. 118.).

Porém, podemos nos perguntar em que medida o embaraço do banto, acima descrito, não se deve antes à dificuldade intrínseca da questão colocada (a mais difícil de todas, para dizer a verdade). O europeu médio certamente teria sentido o mesmo embaraço e não teria respondido de forma menos "ingênua" que os bantos, embora sua língua também lhe dê a possibilidade de desdobrar o conceito de pessoa em categorias mais simples.

Talvez a dificuldade mais séria, contudo, diga respeito à interpretação que Kagame dá ao projeto de Aristóteles (no qual ele se inspira). Ainda que a ontologia do filósofo grego tenha permanecido de fato prisioneira das estruturas gramaticais da língua grega, isso não nos autoriza, em nossa opinião, a desconhecer o sentido original de seu projeto, que não visava inicialmente explorar as estruturas de fato da língua grega, mas, ao contrário, visava superar toda facticidade desse tipo, fundamentando a linguagem em uma ordem universal e necessária.

14. Ibid., p. 39.
15. Ibid., p. 27.
16. Ibid., cf. especificamente pp. 64-70.
17. Ibid., pp. 121-2.
18. Reconheceremos aqui o título de um livro de Paul Ricœur, *Le Conflit des interpretations*. O problema da "filosofia" africana obviamente nos traz de volta ao problema da hermenêutica. O discurso dos etnofilósofos (europeus ou africanos) oferece-nos, a bem da verdade, o exemplo desconcertante de uma interpretação imaginária, sem qualquer suporte textual; uma interpretação "livre" no sentido próprio; uma interpretação embriagada, entregue ao capri-

cho da hermenêutica e da vertigem de uma liberdade que ignora a si mesma, acreditando *traduzir* um texto que não existe em parte alguma, desconhecendo assim a própria atividade *criadora*. O intérprete proíbe-se, ao mesmo tempo, de alcançar qualquer *verdade*, já que a verdade supõe que a liberdade seja regulada e se dobre a uma ordem que não seja simplesmente imaginária, e que tenha consciência dessa ordem e de sua própria margem de criatividade. A verdade é possível somente se a liberdade do intérprete se regular pela própria natureza do texto a ser interpretado; ela supõe que este texto *e* o discurso do intérprete se mantenham rigorosamente dentro do mesmo gênero, isto é, do mesmo campo de univocidade. Aristóteles, com sua doutrina dos "gêneros do ser", não quis dizer outra coisa. Ver: Paul Ricœur, *Le Conflit des interprétations*. Paris: Seuil, 1969. [Ed. bras.: *O conflito das interpretações*. Rio de Janeiro: Imago, 1978.]

19. Cf. as outras obras de Kagame, especificamente: *La Poésie dynastique au Rwanda*. Bruxelas: Institut Royal Colonial Belge, 1951; *Le Code des institutions politiques du Rwanda précolonial*. Bruxelas: Institut Royal Colonial Belge, 1952; *Les Organisations socio-familiales de l'ancien Rwanda*. Bruxelas: Duculot, 1954.

20. A etnofilosofia europeia ainda segue em seu ritmo. Como se espantar com esse fato quando conhecemos a apreciação elogiosa que um filósofo da categoria de Gaston Bachelard julgou que deveria dar à época (bem como seus colegas Albert Camus, Louis Lavelle, Gabriel Marcel, Chombard de Lauwe, Jean Wahl etc.) a um livro tão ambíguo como *A filosopia bantu* (cf. "Témoignages sur *La Philosophie bantoue* du père Tempels". *Présence Africaine*, n. 7, 1949). Assim, não há outra saída. Se quisermos romper o círculo vicioso do preconceito etnocêntrico devemos enaltecer indistintamente qualquer obra — que tente, mesmo através de um discurso equivocado, uma reabilitação problemática dos negros? O mais grave, no caso dos filósofos europeus (refiro-me aos verdadeiros), é que estavam assim em flagrante contradição com as implicações teóricas da sua própria prática filosófica, uma vez que esta se assentava, evidentemente, em um pensamento responsável, em um esforço teórico do sujeito individual e, por isso mesmo, excluía qualquer redução da filosofia a um sistema de pensamento coletivo. A reação europeia

mais sã que conhecemos até hoje, diante do empreendimento de Tempels, continua sendo a de Franz Crahay, "Le Décollage conceptuel, condition d'une philosophie bantoue" (*Diogène*, n. 52, 1965). Voltaremos a ele mais adiante, para mostrar os seus limites. Porém, mais completa, mais sistemática e, em todo o caso, mais exemplar na sua lucidez, parece-nos a notável crítica do camaronês Fabien Eboussi-Boulaga, "Le Bantou problématique" (*Présence Africaine*, n. 66, 1968). Talvez seja útil acrescentar que nossa crítica a Tempels, e também ao artigo citado de Eboussi, não visa de modo algum o autor, mas sua obra, ou mais exatamente uma ideia particular de filosofia que infelizmente se tornou dominante desde então e que arriscaria, se não fosse arruinada definitivamente, sufocar desde a raiz, entre os africanos, toda criatividade em matéria de filosofia. Tudo aquilo que queremos é apenas abrir caminho para uma prática filosófica digna desse nome, articulada com uma prática científica rigorosa; ao mesmo tempo, empreender uma nova leitura da literatura filosófica africana existente e constatar, despojando-a de suas ilusões etnofilosóficas, que essa prática teórica efetivamente já começou e que apenas falta libertar-se, para enfim tomar consciência de si em sua autonomia própria e da sua possível função em uma África por refazer-se.

21. Seria bem diferente, claro, se Kagame tivesse conseguido fornecer textos filosóficos de sábios africanos ou transcrever suas palavras. Sua interpretação, portanto, teria se baseado em discursos filosóficos efetivos, universalmente acessíveis e controláveis. Talvez haja aí, para os atuais filósofos africanos, a indicação de uma tarefa urgente: a transcrição sistemática de tudo o que pode ser percebido das falas de nossos antepassados, nossos sábios e estudiosos ainda vivos. Mas, novamente, é preciso concordar: o pensamento de um sábio africano, mesmo que se diga o porta-voz de um grupo, não é necessariamente o de todos os indivíduos desse grupo, muito menos o de todos os africanos em geral. Por outro lado, se essas falas devem ser transcritas, não é apenas para serem oferecidas à possível admiração de um público não africano, mas antes e sobretudo, para serem submetidas à apreciação e crítica dos africanos de hoje — de todos os africanos de hoje. Em todo o caso, devemos agradecer a Marcel Griaule por nos ter trazido tão fielmente as palavras

de um Ogotemmêli, (cf. Marcel Griaule, *Dieu d'eau: Entretiens avec Ogotemmêli*. Paris: Éditions du Chêne, 1948). Uma transcrição desse gênero é infinitamente melhor, por parte de um etnólogo europeu, do que todas as construções arbitrárias de outros "africanistas" europeus sobre a alma africana, a visão de mundo dos bantos, todas as anotações impressionistas sobre a "sabedoria dogon", a "filosofia diola" etc. Esse texto se limita preferencialmente à área banta por uma razão muito simples: esta é a área que produziu até agora, pelo que conhecemos, a literatura africana filosófica ou etnofilosófica mais abundante. E é nesse tipo de discurso explícito que devemos buscar a filosofia africana. Em outros lugares, encontraremos apenas, e sempre, as miragens dos nossos desejos, os fantasmas dos nossos arrependimentos ou das nossas nostalgias.

22. Kegame, op. cit., pp. 37, 180, 187 e passim.
23. O leitor terá compreendido espontaneamente o uso discriminativo (isto é, conceitual) que fazemos dos seguintes termos: a) *filosofia* propriamente dita (sem aspas): conjunto de textos e discursos explícitos, literatura de intenção filosófica; b) *"filosofia"* no sentido impróprio, aqui em itálico e entre aspas: visão coletiva de mundo e hipotética de um determinado povo; c) *etnofilosofia*: pesquisa baseada, no todo ou em parte, na hipótese de tal visão de mundo, tentativa de reconstrução de uma suposta "filosofia" coletiva.
24. Obviamente, nada disso está em questão. Alguns dos autores citados permanecem particularmente instrutivos, e os africanos se beneficiariam com sua leitura. Nossa crítica, mais uma vez, não é negativa; porém, como é de costume, exigimos mais de quem já mostrou algo porque sabemos que *poderiam* fazer melhor.
25. Nesse mesmo sentido se posiciona a obra de Lévy-Bruhl. Cf. *La Mentalité primitive* (Paris: Félix Alcan, 1922. [Ed. bras.: *A mentalidade primitiva*. 2. ed. São Paulo: Paulus, 2008.]) e outros textos do mesmo estilo; cf. igualmente todos os discursos ideológicos reunidos por Césaire em sua brilhante antologia de disparates que é o *Discours sur le Colonialisme*.
26. Fabien Eboussi-Boulaga, "Le Bantou problématique".
27. As expressões "encontro do dar e do receber", "civilização do universal" etc., como se sabe, são algumas das favoritas de Léopold Sédar Senghor.

28. Vê-se a insuficiência da análise de Franz Crahay no artigo citado: "Le Décollage conceptuel: Condition d'une philosophie bantoue" (*Diogène*, n. 52, out. 1965). A decolagem conceitual, para dizer a verdade, é sempre já realizada. Todos os homens pensam por conceitos, sob todos os céus, em todas as civilizações, mesmo que integrem sequências mitológicas em seus discursos (como Parmênides, Platão, Confúcio, Hegel, Nietzsche, Kagame etc.) e mesmo que este discurso repouse em sua totalidade (como quase sempre acontece) sobre fundamentos ideológicos frágeis, dos quais a vigilância crítica deve, a cada momento, libertá-lo. Sob esse aspecto, as civilizações africanas não são exceção à regra. Por outro lado, o verdadeiro problema, que F. Crahay não enxerga, é o da escolha do interlocutor, do destino do discurso. Mítica ou científica, ideológica ou crítica, a linguagem é sempre levada, na prova social da discussão, a se aperfeiçoar e a superar, por saltos sucessivos, todos os graus de rigor e de precisão. Resta, assim, na África, engajá-la nessa prova social, deixá-la desenvolver sua própria história graças à escrita e, o que é seu complemento necessário, graças à democracia política.

29. Não se trata aqui, claro, da ciência considerada em seu resultado (como sistema de verdades constituídas), mas em seu processo, como pesquisa efetiva; como um projeto que toma corpo em uma sociedade, e que sempre vai além de seus resultados temporários.

2. História de um mito [pp. 73-85]

1. Versão modificada de artigo escrito em 1970, publicado em *Daho-Express*, n. 1411, 10 mai 1974, e *Présence Africaine*, n. 91, 3º trimestre 1974.
2. A palavra é tomada aqui ironicamente: sob a aparente "espontaneidade" dessa leitura caolha, dessa meia-cegueira teórica que impede o público africano de perceber em um livro aquilo que em primeiro lugar lhe deveria saltar aos olhos, é preciso reconhecer o resultado de um longo condicionamento intelectual e um efeito psicológico da colonização.
3. O nascimento da etnofilosofia propriamente africana remonta a 1956, quando o livro de Kagame foi publicado. No entanto, textos de Senghor colocam o problema já em 1939. Veremos isso adiante.

4. Haveria muito a dizer sobre a implacável dialética que produz, sob condições determinadas, a reversão espetacular de uma posição teórica em seu próprio oposto. Assim, do particularismo frenético, que afirma apaixonadamente a especificidade irredutível e onilateral das culturas africanas (como "filosofia banto", "autenticidade", "negritude", denúncia de "ideologias estrangeiras" etc.), ao universalismo abstrato, que submete pura e simplesmente populações inteiras a uma intensa lavagem cerebral, em nome do valor universal de uma certa ideologia "científica" intencionalmente caricaturada, ignorada pelas mesmas pessoas que pretendem ensiná-la, e que funcionam, na verdade, como um imenso álibi. Apesar das aparências, existe apenas a persistência sob duas modalidades diferentes, de um único e mesmo conformismo, de uma única e mesma recusa de pensar, de uma única e mesma capacidade de realizar, como a exigida justamente dos grandes fundadores de uma ideologia que se dizia científica apenas por metáfora, "a análise concreta das situações concretas".

5. Hountondji refere-se, aqui, ao contexto do debate que se arrastou, ao menos até meados do século xx — e que não sabemos se está, definitivamente, encerrado ou superado —, sobre as relações entre a sociologia e a antropologia, em especial no que diz respeito à etnografia, embora, atualmente, diversas abordagens da sociologia utilizem a etnografia (cuja prática e cujos sentidos se modificaram bastante ao longo de sua história) em suas investigações. Esse debate abarcou uma série de dimensões que incluía desde os usos coloniais da etnografia, no início de sua prática, até a dúvida sobre sua cientificidade, no que se refere, teoricamente, à possibilidade da generalização. Cf., a esse respeito: Mariza Peirano, *A favor da etnografia*. Rio de Janeiro: Relume-Dumará, 1995; e "Etnografia não é método". *Horizontes Antropológicos*, v. 20, n. 42, pp. 377-91, jul. 2014. (N. R. T.)

3. A ideia de filosofia [pp. 87-110]

1. Versão francesa, totalmente reescrita e atualizada, de uma conferência proferida de modo um tanto hesitante na Universidade

de Nairóbi, 5 nov. 1973, a convite da Philosophical Association of Kenya, sob o título "African Philosophy, Myth and Reality" (cf. *Thought and Practice*, Nairóbi, v. 1, n. 2, 1974, pp. 1-16). A mesma conferência foi repetida em Cotonou, 20 dez. 1973, e em Porto-Novo, 10 jan. 1974, sob a égide da Comissão Nacional de Filosofia do Daomé.
2. P. Tempels, *La Philosophie bantoue* (A.S. 601). As letras A.S., seguidas de um número, referem-se, nas notas deste capítulo, à "Bibliografia do pensamento africano", publicada pelo reverendo Alphonse Smet (*Cahiers Philosophiques Africains*, n. 2, jul./dez. 1972). Essa "Bibliografia", que tem o defeito de mencionar indiscriminadamente textos filosóficos e não filosóficos (sociológicos, etnológicos e até mesmo puramente literários), é, no entanto, um instrumento de trabalho útil para qualquer investigação sobre a literatura africana ou a literatura ocidental relativa à África. O número escrito após as letras A.S. indicará o número do texto citado na "Bibliografia" de Smet.
3. Ibid., p. 15.
4. Ibid., p. 224.
5. Senhor Jourdain é a personagem principal da peça *Le Bourgeois gentilhomme* (O burguês fidalgo ou O burguês ridículo), de Molière, escrita no séc. XVII. É retratado como alguém de classe média, ambicioso, interessado em ser reconhecido como nobre pela sociedade de seu tempo, mas, ao mesmo tempo, é ingênuo, desajeitado e pouco competente em aprender as coisas que seriam necessárias para ser reconhecido socialmente da forma que desejava. (N. R. T.)
6. Eboussi-Boulaga, op. cit. (A.S. 164).
7. Aimé Césaire, *Discours sur le colonialisme* (A.S. 95), p. 45.
8. A comparação entre a "visão de mundo" dos povos do Terceiro Mundo e a filosofia europeia é apenas possível esvaziando-se esta última de sua própria história, de seu pluralismo interno, de sua riqueza, e reduzindo a um "menor denominador comum" a multiplicidade das obras e doutrinas que a compõem. Esse fundo comum da filosofia europeia é representado, em Tempels, por um vago sistema de pensamento que deriva simultaneamente da filosofia de Aristóteles, da teologia cristã e do senso comum.
9. Marcel Griaule, *Dieu d'eau: Entretiens avec Ogotemmêli*. Paris: Éditions du Chêne, 1948 (A.S. 214).

10. Marcel Griaule e Germain Dieterlen, *Le Renard pâle*. Travaux et Mémoires de l'Institut d'Ethnologie, Paris, 1965 (A.S. 220).
11. Dominique Zahan, *Sociétés d'initiation bambara: Le n'domo, le korè*. Paris: La Haye; Mouton, 1960 (A.S. 718); *La Dialectique du verbe chez les Bambara*. Paris; La Haye: Mouton, 1963 (A.S. 713); *La Viande et la graine: Mythologie dogon*. Paris: Présence Africaine, 1968 (A.S. 719); *Religion, spiritualité et pensée africaines*. Paris: Payot, 1970 (A.S. 716). Ver, sobre este último livro, minha crítica in *Les Études Philosophiques*, n. 3, Paris, 1971.
12. Louis-Vincent Thomas, *Les Diola: Essai d'analyse fonctionnelle sur une population de Basse-Casamance*. Dacar: Mémoires de l'Institut Français d'Afrique Noire, 1959 (não mencionado no A.S.), 2 v.; "Brève esquisse sur la pensée cosmologique du Diola". In: *African Systems of Thought*. Pref. M. Fortes e G. Dieterlen. Londres: Oxford University Press, 1965 (A.S. 620); "Un Système philosophique sénégalais: La cosmologie des Diola". *Présence Africaine*, n. 32/3, 1960 (A.S. 620); *Cinq essais sur la mort africaine*. Dacar: Fac. des Lettres et Sc. Humaines, Philosophie et Sciences Sociales, n. 3, 1969 (A.S. 621); "La Mort et la sagesse africaine: Esquisse d'une anthropologie philosophique". *Psychopathologie Africaine*, n. 3, 1967, Dacar. Ver igualmente outros textos do mesmo autor, apud A.S. 617 a 639.
13. Kagame, op. cit. (A.S. 294). Ver também, do mesmo autor, "L'Ethnophilosophie des Bantu". In: Raymond Klibansky. *Contemporary Philosophy: A Survey*, v. IV. Florença: La Nuova Italia, 1971 (A.S. 754).
14. André Makarakiza, *La Dialetique des Barundi*. Bruxelas: Académie Royale des Sciences Coloniales, 1959 (A.S. 347).
15. Mongameli Antoine Mabona, "Philosophie africaine". *Présence Africaine*, n. 30, 1960, Paris (A.S. 342); "The Depths of African Philosophy". *Personnalité Africaine et Catholicisme*. Paris: Présence Africaine, 1963 (A.S. 343); "La Spiritualité africaine". *Présence Africaine*, n. 52, 1964 (A.S. 344).
16. A. Rahajarizafy, "Sagesse malgache et théologie chrétienne". *Personnalité Africaine et Catholicisme*. Paris: Présence Africaine, 1963 (A.S. 504).
17. François-Marie Lufuluabo, *Vers une Théodicée bantoue*. Bruxelas: Casterman, (A.S. 341); "La Conception bantoue face au christianisme". *Personnalité Africaine et Catholicisme*. Paris: Présence

Africaine, 1963; *La Notion luba-bantoue de l'être*. Bruxelas: Eglise Vivante, 1964 (A.S. 339).
18. Vincent Mulago, *Un Visage africain du chrestianisme*. Paris: Présence Africaine, (A.S. 414), e o capítulo em questão é o 8, que se intitula "Ebauche philosophique"; e "Dialectique existentielle des Bantous et sacramentalisme". *Aspects de la culture noire*. Paris: 1958 (A.S. 410).
19. Jean Calvin Bahoken, *Clairières métaphysiques africaines*. Paris: Présence Africaine, 1967 (A.S. 46).
20. John Mbiti, *African Religions and Philosophy*. Londres: Heinemann, 1969 (A.S. 372); trad. francesa: *Religions et philosophie africaines*. Iaoundé: Clé, 1972. Ver, do mesmo autor, *Concepts of God in Africa*. Nova York: Praeger, 1970 (A.S. 375); *New Testament Eschatology in an African Background: A Study of the Ecounter Between New Testament Theology and African Traditional Concepts*. Londres: Oxford University Press, 1971.
21. Vamos nos convencendo disso ao ler os textos reunidos em *Liberté 1. Négritude et Humanisme*, que vão de 1937 a 1963: como teoria da "negritude", a etnologia senghoriana assumiu desde o início a forma dominante de uma etnopsicologia essencialmente preocupada em definir "a alma negra", e na qual as análises sociológicas (na maioria das vezes descrições idílicas da "sociedade negra") e estéticas (na maioria das vezes comentários notáveis, cabe dizer, de várias obras de arte) intervêm apenas para reforçar essa psicologia altamente fantasiosa. Entretanto, desde o início essa etnopsicologia ambiciona tornar-se etnofilosofia: levar em consideração a "concepção de mundo", e não somente as características psíquicas do negro. Esse projeto está claramente formulado no célebre artigo de 1939, "Ce que l'Homme noir apporte" (*Liberté* 1, p. 23), no qual, porém, a "concepção de mundo" do negro ainda aparece como uma determinação psíquica, animismo, ou melhor, diz Senghor, antropopsiquismo. Será diferente no texto de 1956 "L'Esthétique négro-africaine" e no de 1959 "Eléments Constitutifs d'une civilisation d'inspiration négro-africaine" (ibid., pp. 202-17 e 252-86). Esses textos reproduzem, com algumas alterações, os relatórios de Senghor para o I Congresso Internacional de Escritores e Artistas Negros, realizado em Paris, em 1956, e para o II Congresso, realizado em Roma, em 1959. Referindo-se expressamente a Tempels,

Senghor, sem renunciar a explicar a "metafísica" do negro pela sua "psicofisiologia", a define mais como um sistema de ideias: como uma "ontologia existencial" (ibid., pp. 264-8). Nessas condições, é compreensível que eu sinta alguma relutância em simplesmente situar a etnofilosofia "na esteira da negritude", ou em admitir que ela é "um aspecto (tardio) do movimento da negritude", como diz Marcien Towa (*Essai sur la problématique philosophique dans l'Afrique actuelle*. Iaoundé: Clé, 1971, pp. 23 e 35). Se os etnofilósofos africanos incontestavelmente participam do movimento da negritude, eles devem antes à etnofilosofia dos africanistas europeus as pretensões filosóficas de seu discurso nacionalista.

22. A. Adesanya, "Yoruba Metaphysical Thinking". *Odu*, n. 5, 1958 (A.S. 15).
23. William Abraham, *The Mind of Africa*. Chicago; Londres: University of Chicago Press; Weidenfeld and Nicolson, 1962 (A.S. 5).
24. Kwame Nkrumah, *Consciencism: Philosophy and Ideology for the Colonization*. Londres: Panaf, 1970 (A.S. 436 e 438). Adiante analisaremos este livro (ver capítulos 6 e 7).
25. Alassane N'Daw, "Peut-on parler d'une pensée africaine?". *Présence Africaine*, n. 58, 1966 (A.S. 420); e "Pensée africaine et développement". *Problèmes Sociaux Congolais*. Kinshasa: Publications du Cepsi, 1966-7 (A.S. 419).
26. Basile-Juléat Fouda, *Philosophie négro-africaine de l'existence*. Lille: Faculté des Lettres, 1967 (A.S. 189). Essa tese inédita é mencionada aqui apenas por ter chamado muito a atenção de Marcien Towa em sua crítica à etnofilosofia. (cf. Towa, op. cit., pp. 23-33).
27. Issiaka Prosper Lalèyà. *La Conception de la personne dans la pensée traditionnelle Yoruba: Approche phénomènologique*. Pref. Philippe Laburthe-Tolra. Berna: Herbert Lang, 1970 (A.S. 325).
28. J. O. Awolalu, "The Yoruba Philosophy of Life". *Présence Africaine*, n. 73, 1970 (A.S. 39).
29. O daomeano Germain de Souza acaba de publicar sua tese de doutorado, defendida em 1972, sobre *La Conception de "Vie" chez les Fon*. Coutonou: Éditions du Bénin, 1975.
30. Henry Oruka Odera, "Mythologies as African Philosophy". *East Africa Journal*, v. IX, n. 10, out. 1972 (não mencionado no A.S.); trad. francesa: "Mythologies et philosophie africaine: Une confusion".

Conséquence. Revue du Conseil Interafricain de Philosophie, Coutonou, n. 1, jan./jun., 1974.
31. Sobre esse ponto ver: Ola Balogun, "Ethnology and its Ideologies". *Conséquence*, n. 1, 1974. Cf. também meu artigo "Le Mythe de la philosophie spontanée". *Cahiers Philosophiques Africains*, n. 1, 1972; e, adiante, capítulo 6, "Verdadeiro e falso pluralismo".
32. Hountondji aqui se refere, por analogia, ao contexto geral do livro *Crítica da razão pura*, de Immanuel Kant, um dos marcos da filosofia moderna. Nesse livro, Kant estabelece uma discussão sobre os limites e as possibilidades do conhecimento humano e, sobretudo, sobre os limites da própria razão, buscando compreender as bases fundamentais em torno das quais a razão atua e o conhecimento se estabelece como válido. (N. R. T.)
33. Tomo emprestada essa expressão do zairense V. Y. Mudimbe, cujo lindo livro, *L'Autre face du royaume: Une introduction à la critique des langages en folie* (Lausanne: L'Age d'Homme, 1973), figura entre as melhores obras escritas, até hoje, sobre (... eu digo evidentemente sobre, e não em) etnologia.
34. A obra foi publicada na França "com o apoio do Centro Nacional de Pesquisas Científicas". Revelador!
35. Para uma interpretação das correções feitas no texto original de *Consciencism* na reedição de 1970 e uma apreciação dos limites ideológicos da obra, ver adiante, capítulos 6 e 7.
36. Apresentei esse artigo antes como a crítica mais vigorosa e completa já escrita até hoje ao livro de Tempels. Na verdade, ele realça, com um belo rigor, as contradições do livro, as quais se referem, em última análise, a "esse jogo do valor e do contravalor [...] que caracteriza os juízos do colonizador sobre o colonizado". O bantuísmo é tanto precioso quanto abominável. É valioso quando o colonizado quer se desvincular dele e aspirar à igualdade: então lembra-se a ele que está prestes a perder sua "alma". Mas o bantuísmo torna-se vil quando o colonizador quer afirmar sua preeminência, legitimar seu poder, com uma colcha de retalhos de práticas degeneradas e mágicas" (Eboussi, op. cit., p. 32). Todavia, Eboussi não rejeita, em si mesma, a ideia de uma "filosofia etnológica" que, renunciando a "encontrar um substrato ontológico para a realidade social", levaria em conta "o discurso mítico dos teóricos nativos", em vez

de contorná-lo desdenhosamente (p. 9). Sobre este ponto, acredito que devemos ser mais radicais. Veremos adiante (em particular no capítulo 4) por quê.
37. Towa, *Essai sur la problématique...*, op. cit. (A.S. 646); *Léopold Sédar Senghor: Négritude ou servitude?*. Iaoundé: Clé, 1971 (A.S. 647).
38. Henry Odera, "Mythologies as African Philosophy". *East Africa Journal*, v. IX, n. 10, out. 1972.
39. Stanislas Spero Adotevi, *Négritude et négrologues*. Paris: Union Générale d'Éditions, 1972. Coleção 10/8 (não mencionado no A.S.).
40. J. E. Wiredu, "Kant's Synthetic a priori in Geometry and the Rise of Non-Euclidean Geometries". *Kantstudien*, v. 1, Bonn, 1970 (não mencionado no A.S.);"Material Implication and 'if... then'". *International Logic Review*, Bolonha, n. 6, dez. 1972 (não mencionado no A.S.); "Truth as Opinion". *Universitas*, v. 2, n. 3, New Series, (Universidade de Gana, Legon), mar. 1973 (não mencionado no A.S.), trad. francesa: "Points de vue, I". *Conséquence*, n. 1, Cotonou, 1974; "On an African Orientation in Philosophy"; *Second Order*, v. 1, n. 2, Ifè University Press, 1972 (não mencionado no A.S.), trad. francesa: "Points de vue, II". *Conséquence*, n. 1, Cotonou, 1974.
41. Henry Odera, "The Meaning of Liberty". *Cahiers Philosophiques Africains*, Lubumbashi, n. 1, 1972 (não mencionado no A.S.). D. E. Idoniboye, "Freewill, the Linguistic Philosopher's Dilemma". *Cahiers Philosophiques Africains*, Lubumbashi, n. 2, 1972 (não mencionado no A.S.).
42. Elungu Pene Elungu, *Etendue et connaissance dans la philosophie de Malebranche*. Paris: Vrin, Paris, 1973 (não mencionado no A.S.). Poderíamos também citar a tese de 3º ciclo, infelizmente não publicada, defendida em Paris em 1971 pelo senegalês Aloyse-Raymond Ndiaye, *L'Ordre dans la philosophie de Malebranche*.
43. Tharcisse Tshibangu, *Théologie positive et théologie spéculative*. Louvain; Paris: Béatrice; Nauwelaerts, 1965 (não mencionado no A.S.).
44. Ebénézer Njoh Mouelle, *Jalons: Recherche d'une mentalité neuve*. Iaoundé: Clé, 1970 (A.S. 775); *De la Médiocrité à l'excellence: Essai sur la signification humaine du développement*. Iaoundé: Clé, 1970 (A.S. 432).
45. Antonius-Guilielmus Amo Guinea Afer, *Dissertatio inauguralis de humanae mentis apatheia*, 1734 (não mencionado no A.S.). Exemplares desta breve dissertação podem ser consultados na bibliote-

ca da Universidade Martin-Luther em Halle (RDA) e na biblioteca da Universidade de Gana, em Legon; *Tractatus de arte sobrie et accurate philosophandi*, 1738, obra mais importante, de 208 páginas (não mencionada no A.S.). Há exemplares na biblioteca da Universidade de Erlangen (RFA) e na biblioteca da Universidade de Gana. Cf. também Johannes Theodosius Meiner, *Disputatio philosophica continens ideam distinctam eorum quae competunt vel menti vel corpori nostro vivo et organico*, 1734, tese elaborada sob a orientação e defendida sob a presidência de Anton Wilhelm Amo. Há exemplares na biblioteca da Universidade de Bamberg e em Legon. Uma tradução inglesa dessas obras acaba de ser publicada pelo Departamento de Inglês da Universidade Martin-Luther, em Halle: *Antonius Gulielmus Amo Afer of Axim in Ghana, Translation of his works* (Halle, 1968). Para uma boa biografia de Amo, nos referimos a William Abraham, "The Life and Times of Anton Wilhelm Amo" (*Transactions of the Historical Society of Ghana*, v. VII. 1964, A.S.4). Para uma apreciação crítica de suas obras, ver *infra*, cap. 5, e nosso opúsculo político, *Libertés: Contribution à la révolution dahoméenne* (Cotonou, 1973, pp. 31-40: "Um destaque sobre o filósofo 'ganense' Amo").

46. De maneira mais geral, nossa nova definição de filosofia africana funda a possibilidade de uma história dessa filosofia, enquanto a própria noção dessa história era impensável no contexto ideológico da etnofilosofia. Na medida em que a filosofia não nos aparece mais como uma visão implícita do mundo, mas como o conjunto dos escritos filosóficos produzidos pelos africanos, podemos finalmente tentar reconstituir a turbulenta história desses escritos, incluindo aí os de autores afro-árabes como Ibn Khaldun, Al Ghazali etc., independentemente da distância (às vezes histórica e teórica) que separa esses diferentes textos.

47. Sobre a simplificação abusiva das sociedades "primitivas" pelos antropólogos ocidentais e a necessidade de reconhecer o pluralismo interno da cultura africana ao "desmitologizar" o próprio conceito de África, ver *infra*, cap. 8.

48. Sobre o significado dessas perguntas e alguns exemplos de respostas, ver: Louis Althusser, *Pour Marx*. Paris: Maspero, 1965 [Ed. bras.: *Por Marx*. Trad. de Mari Leonor F. R. Loureiro. Campinas: Editora da Unicamp, 2015.]; Louis Althusser, Jacques Rancière e

Pierre Macherey, *Lire le Capital*, v. 1. Paris: Maspero, 1966 [Ed. bras.: *Ler o Capital*, v. 1. Rio de Janeiro: Zahar, 1979.]; Louis Althusser, Etienne Balibar, Roger Establet, *Lire le Capital*, v. 11. Paris: Maspero, 1966 [Ed. bras.: *Ler o Capital*, v. 11. Rio de Janeiro: Zahar, 1980.]; Gaston Bachelard, *La Formation de l'esprit scientifique*. 5. ed. Paris: Vrin, 1969 [Ed. bras.: *A formação do espírito científico*. Trad. de Stela dos Santos Abreu. Rio de Janeiro: Contraponto, 2007.]; e *Le Nouvel esprit scientifique*. 9. ed. Paris: PUF, 1966 [Ed. port.: *O novo espírito científico*. Lisboa: Edições 70, 2008.]; Michel Foucault, *Naissance de la clinique*. Paris: PUF, 1972 [Ed. bras.: *O nascimento da clínica*. 7. ed. São Paulo: Forense Universitária, 2011.]; *Les Mots et les choses: Une archéologie des sciences humaines*. Paris: Gallimard, 1966 [Ed. bras.: *As palavras e as coisas*. São Paulo: Martins Fontes, 2019.]; *L'Archéologie du savoir*. Paris: Gallimard, 1969 [Ed. bras.: *A arqueologia do saber*. São Paulo: Forense Universitária, 2012.].

49. Vale a pena recordar o papel decisivo que podem desempenhar, na promoção desse novo tipo de diálogo, tanto os departamentos de filosofia das universidades africanas como as sociedades filosóficas africanas (principalmente o Conselho Interafricano de Filosofia), com as suas respectivas revistas.

50. Em francês, a expressão idiomática "Images d'Epinal" se refere a representações estereotipadas, simplificadas, de algo que, de maneira supostamente ingênua, distorcem o que representam, grande parte das vezes apontando apenas para o que aparece como aspectos positivos. (N. R. T.)

4. A filosofia e suas revoluções [pp. 111-69]

1. Versão revisada e ampliada de uma conferência proferida em Lubumbashi, 2 jun. 1973, por ocasião das "Jornadas Filosóficas" da província de Shaba, organizadas pelo Departamento de Filosofia da Universidade Nacional do Zaire (ver *Cahiers Philosophiques Africains*, Lubumbashi, n. 3/4, pp. 27-40); e proferida novamente em Nairóbi, 6 nov. 1973, sob a égide da Philosophical Association of Kenya.

2. Em *Hípias Maior*, o interlocutor de Sócrates, brilhante retórico e ocasionalmente embaixador itinerante de seu país, felicita-se por ter

feito mais dinheiro com sua arte do que qualquer um dos sofistas conhecidos, e por ter conquistado até mesmo o público de Esparta, onde infelizmente a lei proíbe remunerar os de sua profissão. A Sócrates, que pergunta sobre quais assuntos seus discursos tratam para lhe render tanto sucesso, Hípias responde: nem astronomia, nem geometria, nem aritmética, nem gramática, mas "os assuntos da genealogia [...], os estabelecimentos da população, a forma como se fundaram, em tempos remotos, as cidades, de um modo geral tudo o que é relativo à Antiguidade". A ironia de Sócrates não tarda a chegar: "Por deus, não, eu não sabia que você possui o segredo da memória a tal ponto, penso eu, de verdadeiramente agradar aos lacedemônios naquilo em que sua vasta erudição lhes serve, como velhas criadas para crianças pequenas, *a contar histórias que os divertem*" (*Le Grand Hippias*, 285d-286a. In: Platão, *Œuvres complètes*, t. 1. Trad. de Léon Robin. Paris: Gallimard; Bibliothèque de la Pléiade, 1950, p. 27, grifos nossos. [Ed. bras.: *Hípias Maior. Hípias Menor*. Trad. de Carlos Alberto Nunes. Belém: EDUFPA, 1980.]). O restante do texto permite especificar o significado desse traço de ironia, ao destacar a oposição entre a ciência da erudição e da pura memória de Hípias e a reflexão socrática sobre a essência. À questão de Sócrates "O que é a beleza?", Hípias responde citando exemplos de coisas belas: uma bela virgem, uma bela égua, uma bela lira, um belo jarro, ouro e, finalmente, "ser rico, ter saúde, ser honrado pelos gregos, chegar à velhice, sepultar os próprios pais com dignidade, ser sepultado, digna e magnificamente, pelos próprios filhos" (*Hípias Maior*, 291d-e, p. 35). Tantos exemplos que deixam a pergunta sem resposta. Hípias, o brilhante retórico, o rico "conferencista internacional", como diríamos hoje, permanece incapaz, de uma ponta a outra do diálogo, de ver a diferença entre "o que é o belo" e "o que há de belo", entre uma questão sobre o sentido e uma questão sobre os fatos, entre uma reflexão sobre a essência e uma acumulação empírica de exemplos. De um extremo a outro do diálogo, ele fará apenas "contar histórias", sem nunca conseguir se elevar até o nível da questão ontológica. *Mutatis mutandis*, é possível sugerir que os numerosos autores que hoje trabalham para definir a "filosofia africana", sem previamente terem interrogado o sentido da palavra "filosofia" em geral, ou a essência, as condições de possibilidade e as

articulações da filosofia como atividade teórica, passam o tempo a "contar histórias" e a se deterem indefinidamente no exemplo, um exemplo aliás perfeitamente inadequado, privando-se do conceito universal que só teria podido garantir a exemplaridade.
3. *Théétète*, 201c-ss. In: Platão, *Œuvres complètes*, t. II, p. 177. [Ed. bras.: *Teeteto*. Trad. de Carlos Alberto Nunes. Belém: EDUFPA, 1973.]
4. Conhecemos as razões apresentadas por Sócrates no diálogo para finalmente rejeitar essa definição. O resultado mais sério de um exame dos possíveis significados da palavra *logos*: a) O *logos* pode ser a mera enunciação de opinião no discurso; a segunda parte da definição proposta é então supérflua, porque qualquer um é capaz, quando possui uma opinião, de enunciá-la, a menos que seja mudo de nascença, "e em nenhum lugar haverá mais lugar para uma opinião verdadeira, que esteja isolada do conhecimento" (*Théétète*, op. cit., 206 d-e); b) O *logos* pode ser a enumeração dos elementos de um todo, mas então a simples enumeração de cada elemento do conjunto considerado não garante que se possa reconhecer e identificar esse elemento em qualquer outro conjunto (por exemplo, pode-se escrever corretamente a primeira sílaba de "Teeteto", composta pelas letras *t* e *e*, e cometer um erro na primeira sílaba de "Teodoro", escrevendo *tee em vez de teo*). A definição proposta, nesse caso, é insuficiente, porque "existe [...] uma opinião verdadeira acompanhada de justificação e que ainda não deveria ser chamada de conhecimento" (*Théétète, op. cit.*, 208b); c) O *logos* pode ser o enunciado de caráter distintivo do objeto considerado, mas então a definição proposta é mais uma vez tautológica, como no primeiro caso, porque a opinião verdadeira já é, em si mesma, apreensão do caráter distintivo. Portanto, tautológica ou incompleta, a definição de conhecimento como "opinião verdadeira acompanhada de sua justificação" parece, a Sócrates, em todos os três casos, inaceitável. No entanto, cabe ao leitor julgar se as razões apresentadas são realmente decisivas, ou se podem ser contornadas de uma forma ou de outra.
5. Se *Teeteto* rejeita a definição de conhecimento como "opinião verdadeira acompanhada de sua justificação", permanece o fato de que Platão havia proposto positivamente em um diálogo anterior, o *Mênon*, uma definição muito próxima. As opiniões verdadeiras, di-

zia Sócrates ao seu interlocutor, são como as estátuas de Dédalo: só se sustentam se estiverem ligadas, e essa conexão somente é obtida, no caso das opiniões verdadeiras, por um "raciocínio causal". Daí decorre que "o conhecimento é algo mais precioso do que a opinião verdadeira, e é a existência de um elo que faz a diferença entre o conhecimento e a opinião verdadeira" (*Mênon*, 97d-98a). Sócrates especificava que esse "raciocínio causal", basicamente, não passa de reminiscência. Fica claro, em todo caso, que a partir do momento em que se admite que a opinião verdadeira não é suficiente em si mesma, mas deve ser justificada, vinculada a outras "opiniões verdadeiras" por um "raciocínio de causalidade", inserido em uma cadeia discursiva, funda-se ao mesmo tempo a dimensão histórica do conhecimento como processo essencialmente aberto, investigação incompleta, projeto de um sistema que jamais parou de se construir.

6. No caso de Hegel, esse reconhecimento, longe de ser tácito, fornece à obra, como sabemos, seu tema maior: a dialética. Tanto que um dos mais difíceis problemas colocados pelo hegelianismo é conciliar esse tema com aquele, aparentemente oposto, do Saber absoluto.

7. Esse foi o tema do III Seminário do Instituto Internacional Africano, realizado no Colégio Universitário de Rodésia e Niassalândia, dez. 1960. As comunicações e discussões foram publicadas em 1965 pela Oxford University Press sob o título *African Systems of Thought* (pref. de Meyer Fortes e Germaine Dieterlen).

8. No terceiro volume da *Enciclopédia das ciências filosóficas* (§385, 444, 469, 470, 474, 483-552), Hegel entende o *espírito objetivo* como a dimensão da mente humana, e aquilo que ela produz, nas instâncias dos grupos sociais, projetando seus costumes, instituições, leis, moralidades, de modo a atravessar os sujeitos individuais que fazem parte desses grupos. Assim, o espírito objetivo seria, de alguma maneira, a manifestação da razão nas instituições sociais humanas, em que a liberdade vem ao mundo, em mediações dialéticas entre a justiça, a moralidade e a ética (N. R. T.).

9. Edmund Husserl, *Logische Untersuchungen*. Halle: Niemeyer, 1900-1; trad. francesa: *Recherches logiques*, t. 1. 2. ed. Paris: PUF, 1969, cap. 11. [Ed. bras.: *Investigações lógicas*. Trad. de Diogo Ferrer. Rio de Janeiro: Forense Universitária, 2012.]

10. Cf. Gaston Bachelard, "Témoignages sur *La Philosophie bantoue* du R. P. Tempels". *Présence Africaine*, n. 7, 1949.

11. Paul Radin, *Primitive Man as Philosopher*. Nova York: D. Appleton and Co, 1927; ed. rev. e ampl., Nova York: Dover Publications Inc., 1957.
12. Ibid., p. xiv.
13. Num prefácio particularmente interessante intitulado "Métodos de abordagem", acrescentado ao texto inicial na edição de 1957, P. Radin define seu método e aproveita a ocasião para situar seu trabalho em relação aos de Tempels e Griaule, publicados nesse meio-tempo. Tempels se vê ali criticado pela natureza subjetiva de seu método: por mais atraente que seja sua reconstrução da "filosofia banta", ela não nos diz o que é a própria filosofia banta, mas sobre o que ele pensa dela. As fórmulas do ilustre missionário, qualquer que seja seu valor e legitimidade, "em caso algum devem ser consideradas fontes primárias. [...] Elas podem apenas ser demonstradas fornecendo efetivamente os textos de filosofias nativas ao espírito filosófico" (Radin, op. cit., p. xxx). Tempels não é o único a praticar este método; ele é utilizado pela maioria dos antropólogos, todas as vezes que está em questão o pensamento dos "primitivos". Radin, portanto, também ataca S. F. Nadel, que, em seu livro sobre a religião Nupe (*Nupe Religion*. Londres: Routledge, 1954), também escolheu falar em nome e no lugar dos "primitivos". A preferência do autor será para o "método de pergunta-resposta", praticado, por exemplo, por James R. Walker em "Oglala Sun Dance" (*Anthropological Papers of the American Museum of Natural History*, v. xvi, 1917); e, melhor ainda, para aquele que consiste em "ficar em segundo plano, para deixar que o filósofo nativo desenvolva suas ideias com a mínima interrupção possível". É este último método, cujo mérito atribui a Griaule, que ele declara ter seguido, ao dirigir seus esforços especialmente à transcrição das "grandes coleções de textos nativos", de modo a evitar "este tipo mínimo de pressão" exercida sobre o interlocutor a pedido do antropólogo.
14. Marcel Griaule, *Dieu d'eau: Entretiens avec Ogotemmêli*. Paris: Éditions du Chêne, 1948; reed. Paris: Fayard, 1966. A referência é feita no prefácio do livro de Tempels, cuja tese essencial Griaule acredita poder confirmar com sua análise.
15. Ibid., p. 4.

16. Ibid., p. 5.
17. "Sociólogos e etnólogos [...] sempre admitiram tacitamente que existe apenas uma boa versão de um mito, apenas uma boa versão de um rito. Onde forem observados desvios ou variações, eles foram atribuídos a erros por esquecimento, ou ignorância, ou por uma lenta deterioração geral. [...] Temos, portanto, o direito de enfatizar que boa parte da suposta uniformidade de um rito ou de um mito se deve à flagrante inadequação da documentação do etnólogo, e que essa inadequação, por sua vez, não se deve sempre ou principalmente a infelizes circunstâncias, mas às pressuposições tácitas ou explícitas do investigador. A mais rápida olhada é suficiente para mostrar que não estamos lidando aqui com uma degradação, mas com o livre jogo dos participantes e dos contadores de histórias" (Radin, op. cit., pp. 47-8).
18. "Basta uma leitura rápida desses provérbios para convencer até os mais céticos de que não se trata de alguma vaga atividade ou folclore de grupo — último refúgio do sociólogo e etnólogo cansados —, mas do modo pessoal como a vida é encarada por aqueles indivíduos que, em qualquer grupo, têm prazer (*are concerned with and interested in*, isto é, se preocupam e se interessam) em formular sua atitude para com Deus, para com o homem e para com a sociedade: os filósofos, os sábios e os moralistas" (Ibid., p. 169).
19. Ibid., p. 35.
20. Ibid., p. 37.
21. Ibid., p. 42.
22. Ibid., p. 43.
23. Ibid., p. 59.
24. Expressão inspirada em Pathé Diagne. Este último, em uma inédita *Anthologie de la littérature wolof*, distingue literatura imaginativa de literatura de conhecimento. Preferimos dizer "pensamento" em vez de "conhecimento", para usar um termo mais amplo.
25. Radin, op. cit., p. 103.
26. Ibid., p. 143.
27. Ibid., p. 178 e passim.
28. Estou ciente de que existe uma "história", no sentido forte, das teorias da arte, uma história da estética, no sentido em que falamos da arte poética de Ovídio ou de Nicolas Boileau, da estética

romântica, da estética surrealista etc., e essas várias estéticas se interpelam e respondem umas às outras, de um autor para outro, de uma geração para outra. No entanto, essa história não é a história *da* arte, no sentido primeiro e imediato do termo, não é a história das próprias formas estéticas, mas a história de teorias, pesquisas, debates, discussões etc. que assumem essas formas como seu objeto, história do discurso sobre a arte. No sentido em que esse conceito nos é aqui imposto, *a história é sempre a história de um discurso, e a arte, não sendo discurso, não poderia ter história*. As "artes verbais" (poesia, canto, romance, conto etc.) não são exceção à regra na medida em que são artes: procedimentos estabelecidos visando produzir esse efeito específico que chamamos de belo, a remontar para além do conteúdo discursivo (semântico, teórico, intelectual) das suas produções, rumo à forma pura onde reside, precisamente, o seu valor artístico.

29. Grifos nossos.
30. Immanuel Kant, *Critique de la raison pure*. Trad. de A. Tremesaygues e B. Pacaud. Paris: PUF, 1963, p. 45, grifos nossos. [Ed. bras.: *Crítica da razão pura*. Trad. de Edson Bini. São Paulo: Edipro, 2020.]
31. Ibid., p. 44.
32. Immanuel Kant, *Prolégomènes à toute métaphysique future qui pourra se présenter comme Science*; trad. alemã de J. Gibelin. Paris: Vrin, 1974, p. 13 [Ed. port.: *Prolegômenos a qualquer metafísica futura que possa se apresentar como ciência*. Trad. de José O. de Almeida Marques. Lisboa: Edições 70, 1922.]: "Confesso francamente: foi a advertência de David Hume que primeiro interrompeu, muitos anos atrás, meu sono dogmático".
33. Este é o título do último capítulo do livro (Kant, *Crítica da razão pura*, p. 569).
34. Ibid., p. 529.
35. Cf. o artigo "Réponse à la question: Qu'est-ce que les Lumières?" (1784), incluído em *La Philosophie de l'histoire*. Paris: Gonthier, 1956, p. 46. [Ed. bras.: *Filosofia da história*. São Paulo: Ícone, 2017.]
36. Bachelard, op.cit., p. 58.
37. Louis Althusser, *Lénine et la philosophie*. 2. ed. Paris: Maspero, 1972, p. 10. [Ed. bras.: *Lênin e a filosofia*. Novo Hamburgo, RS: Estampa, 1970.]

38. Karl Marx e Friedrich Engels, *L'Idéologie allemande*. Paris: Éditions Sociales, 1975, p. 41. [Ed. bras.: *A ideologia alemã*. Trad. de Rubens Enderle e Nélio Schneider. São Paulo: Boitempo, 2007.]
39. Ibid., p. 51, grifos nossos.
40. Ver Althusser, *Por Marx*, sobretudo capítulo 3, "Contradição e sobredeterminação", e capítulo 6, "Sobre a dialética materialista"; "O objeto do *Capital*"; *Lire le Capital*, v. II, sobretudo parágrafos 4, "As falhas da economia clássica: Esboço do conceito de história", e 5, " O marxismo não é um historicismo". Ver também Balibar, "Sobre os conceitos fundamentais do materialismo histórico". In: *Lire le Capital*, v. II, sobretudo pp. 242-51.
41. Para um bom estabelecimento do problema, ver Balibar, op. cit., pp. 277-324.
42. Althusser, *Lénine et la philosophie*, p. 27. Ver o mesmo texto na reedição de 1972, p. 22.
43. É assim que Althusser se vê tentado a explicar o "atraso" histórico da filosofia marxista (o materialismo dialético) em relação à ciência marxista (o materialismo histórico). Mas a própria noção de atraso logo será retomada e corrigida precisamente à luz da tese leninista da luta das tendências em filosofia e da necessidade de uma "tomada de partido" na filosofia: se a filosofia é um campo de batalha onde o idealismo e o materialismo se confrontam perpetuamente, como já dizia Engels, se a sua história é apenas a repetição contínua desse confronto, então devemos acreditar que, na filosofia, nunca estamos atrasados, que não há propriamente uma história *da* filosofia, mas somente uma história *na* filosofia, uma história do deslocamento das linhas de demarcação traçadas pela filosofia no interior do discurso das ciências, entre o científico propriamente dito e o ideológico. Então, também a filosofia não será mais definida apenas por sua relação com as ciências, mas por sua dupla relação com as ciências e com a política, como representação da política no domínio do teórico, ao lado das ciências, e, inversamente, representação da cientificidade na política. Não entraremos aqui no debate sobre essas novas teses de Althusser, que de fato parecem fiéis ao espírito dos grandes textos filosóficos de Lênin, e cujos efeitos se manifestarão em *Resposta a John Lewis* e nos *Elementos de autocrítica*. Digamos apenas, para aquilo que diz respeito ao nosso propósito,

que essa anulação teórica da história da filosofia, reduzida à repetição do mesmo gesto, de uma mesma inversão entre os termos de um mesmo par categorial (matéria/espírito), não suprime o fato de que o gesto ainda opera através das palavras, o fato de ser, a rigor, o gesto das próprias doutrinas filosóficas, o efeito prático de seu dispositivo teórico, o efeito prático da diferença entre seus dispositivos teóricos, portanto, o efeito prático de sua história teórica. A mudança da trama, em que Althusser vê apenas uma história *na* filosofia, faz um par com a história *da* filosofia e se refere necessariamente a essa história como sua condição de possibilidade.

44. Théophile Obenga, *L'Afrique dans l'Antiquité*. Paris: Présence Africaine, 1973.
45. Cheikh Anta Diop, *Nations nègres et culture*. Paris: Présence Africaine, 1955; *L'Afrique noire précoloniale*. Paris: Présence Africaine, 1960; *L'Unité culturelle de l'Afrique noire*. Paris: Présence Africaine, 1960; e *Antériorité des civilisations nègres: Mythe ou vérité historiques?*. Paris: Présence Africaine, 1967.
46. Estamos de acordo que, para alguns, a expressão "literatura filosófica africana" parece "tautológica" e, portanto, vã. Lembro-me de uma discussão épica no Departamento de Filosofia da Universidade Nacional do Zaire, em 1972. Tratava-se, no âmbito de um reajustamento dos programas para o ano seguinte, de propor o título de um curso sobre a "filosofia africana". As expressões "literatura filosófica africana" ou "textos filosóficos africanos" foram então, durante muito tempo, combatidas em razão, dizia-se, do seu caráter tautológico. O mais notável, contudo, é que essa tautologia (sobre a qual me empenho, justamente, para que se reconheça) era insuportável apenas para a tendência etnológica então dominante, justamente aquela que se recusava a tirar dela as consequências teóricas e pedagógicas, e que acreditava poder, de uma "descrição fenomenológica" dos costumes e crenças religiosas africanas, extrair uma "filosofia" passível de ser ensinada.
47. Jacques Derrida, *De la Grammatologie*. Paris: Minuit, 1967. [Ed. bras.: *Gramatologia*. Trad. de Miriam Chnaiderman e Renato Janine Ribeiro. São Paulo: Perspectiva, 2011.]
48. Cf. Georges Charbonnier, *Entretiens avec Lévi-Strauss*. Paris: UGE, 1961.
49. Ver capítulo 1, "Uma literatura alienada".

5. Um filósofo africano na Alemanha do século XVIII: Anton Wilhelm Amo [pp. 173-204]

1. Este artigo, publicado em *Les Études Philosophiques* (n. 1, PUF, 1970), é a atualização de uma conferência proferida no Institut d'Histoire des Sciences e des Techniques, em Paris, 16 jan. 1969, no âmbito de um seminário organizado por Georges Canguikheim.
2. Aqui entre aspas porque, como sabemos, a atual Gana data de 1957.
3. Kwame Nkrumah, *Le Consciencisme*. Paris: Payot, 1964. A alusão a Amo se encontra na p. 35.
4. Paris, 1808. O livro encontra-se na Biblioteca Nacional de Paris, sob a referência Z 2027. Eis aqui o título completo: *De la Littérature des nègres, ou recherches sur leurs facultés intellectuelles, leurs qualités morales et leur littérature, suivies de Notices sur la vie et les ouvrages des nègres qui se sont distingués dans les sciences, les lettres et les arts*. Não se pode deixar de sorrir com a ideia de que, naquela época, se acreditava ser necessário provar que as pessoas negras ocasionalmente podiam ser *tão* inteligentes, *tão* morais e *tão* boas artistas quanto as brancas; e que era possível destruir o preconceito racista com os piedosos sermões de filantropos. No entanto, é preciso situar a obra de Grégoire em seu contexto histórico e apreender o que ela podia conter de progressista na época. Retenhamos pelo menos, do exemplo, para o nosso propósito, essa exigência negativa, sobre o que essa afirmação *não* deve ser: não se trataria para nós, exumando a obra filosófica de Amo, de provar aos outros ou a nós mesmos que o negro também pode ser bom filósofo. Esse tipo de problema não faz sentido. É absurdo, em princípio, qualquer esforço que uma pessoa negra faça visando obter do branco a outorga de um certificado de humanidade ou exibir aos olhos dos brancos os esplendores das civilizações africanas passadas. Pois o respeito não se mendiga, nem se concede a dignidade, mas um ou outro se conquistam pela luta e pelo confronto *práticos*. Além do mais, se é preciso contar os esplendores de nossa história, é antes de tudo a nós mesmos, ou seja, é aos povos africanos que devemos contá-las, a fim de haurir delas a coragem e a ciência necessárias para construir nosso futuro, segundo um projeto e conforme fins que sejam *nossos*. De forma mais geral, se o discurso teórico pode ter algum sentido na África hoje,

é somente na medida em que contribua para promover, dentro da própria sociedade africana, um debate teórico que lhe seja próprio e que desenvolva seus temas e problemas de maneira autônoma, em vez de ser, como é ainda hoje, um apêndice distante dos debates teóricos e científicos europeus. Veremos mais adiante como o exemplo de Amo nos obriga a refletir particularmente sobre esse problema.

5. Por outro lado, *La Biographie universelle* de Joseph-François Michaud (Paris: Michaud Frères, 1811) não faz nenhuma menção a Amo.
6. Wolfram Suchier, "A. W. Amo, Ein Mohr als Student und Privatdozent der Philosophie in Halle, Wittemberg und Iena, 1727--1740". Leipzig: *Akademische Rundschauzig*, 1916.
7. Ibid., "Weiteres über den Mohren Amo". *Altsachen Zeitschrift des Altsachenbundes für Heimatschutz und Heimatkunde*, n. 1/2, Holzminden, 1918.
8. Norbert Lochner, *Ubersee Rundschau*, Hamburgo, jul. 1958; reimpr. *Transactions of the Historical Society of Ghana*, v. III, 1958.
9. William Abraham, *Transactions of the Historical Society of Ghana*, v. VII, 1964.
10. Apud William Abraham, "The Life and Times of Anton-Wilhelm Amo". *Transactions of the Historical Society of Ghana*, v. 7, 1964, p. 61. É surpreendente que neste artigo tão rico Abraham não tenha apontado a velha confusão entre Axim e Axum feita pelos mais antigos biógrafos de Amo.
11. Esse curioso personagem teria escrito, em especial, uma obra intitulada: *Cinquante raisons de préférer la religion catholique et romaine à toutes les sectes*, obra que sem dúvida teve certo sucesso, visto que viria a ser traduzida para o inglês, em 1798. Naturalmente, o abade Grégoire fala disso com admiração. O próprio autor se converteria ao catolicismo em 1710, logo após a publicação de seu livro.
12. Portanto, é por erro que Abraham escreve que "Christian Wolff havia sido expulso de Halle apenas um mês antes da chegada de Amo" (op. cit., p. 71). Também não é certo que depois ele tenha ido para Leipzig, mas sim para Marburg, onde ficaria até 1740, data do seu regresso a Halle, a convite do novo rei Frederico II.
13. *Hallische Frage-und-Anzeigen Nachrichten*, 28 nov. 1729, sec. 271-3. Apud Abraham, op. cit., p. 69. (N. R. T.)
14. H. Grégoire, op. cit., p. v. (N. R. T.)

15. Joachim Lange, University Archives of Halle, 1736. Apud Abraham, op. cit., p. 77. (N. R. T.)
16. Id. (N. R. T.)
17. O Museu Britânico de Londres também possuía uma cópia, cujas referências ainda aparecem em seu *Catalogue des ouvrages imprimés*; mas a obra foi destruída durante a Segunda Guerra Mundial, pelos bombardeios alemães.
18. Cf. Abraham, op. cit., p. 79. (N. R. T.)
19. Notar, no entanto, que H. Grégoire não diz que Amo ficou em Berlim, apenas que recebeu o título de conselheiro de Estado.
20. Cf. Abraham, op. cit., p. 79.
21. No século XVIII, no contexto da então nascente ciência biológica e na esteira das heranças do pensamento cartesiano e seus desdobramentos, o debate entre vitalistas e mecanicistas tinha, de modo geral, a preocupação com o status da própria vida: se ela teria o mesmo funcionamento dos demais fenômenos naturais, organizados pela física e pela química, e, portanto, organizados em torno de uma relação causal (posição mecanicista), ou se a vida seria um fenômeno distinto, regido por leis próprias (posição vitalista). (N. R. T.)
22. Amo, *De humanae mentis apatheia*, cap. II, tese I, prova II, observação I.
23. Ibid., observação II.
24. O que não significa que seja impossível uma psicologia do conhecimento em geral, que leve em conta o elemento sensorial. A sensação, contudo, não poderia em nenhum momento ser o tema imediato dessa psicologia do conhecimento; esta última deve apenas se referir a ela indiretamente, como a uma função corporal que é objeto de *outra* ciência (a *fisiologia* da sensação) e cuja característica é poder ser refletida pelo espírito, numa operação que Amo nomeia de *ideia*. A psicologia do conhecimento (humano) é, por completo, uma ciência da *representação*. Ela não é em nenhum momento, por assim dizer, uma ciência da apresentação, isto é, do afeto, embora suponha essa ciência, que é a fisiologia. Voltaremos ao problema mais adiante.
25. Amo, *De humanae mentis apatheia*, cap. I, parte III, § 2.
26. Ibid., cap. II, tese I, prova III, nota. (N. R. T.)
27. Deve-se ter notado a abordagem regressiva de nossa leitura, que começa pelo fim para terminar pelo começo do texto de Amo. Era

necessário definir primeiro o projeto do texto, que aparece claramente apenas no último dos dois capítulos, para compreender os desenvolvimentos iniciais e apreender a progressão do conjunto. Dito isso, o plano do livro é simples. O primeiro capítulo, intitulado, "Definição de conceitos no enunciado da tese", visa definir os diversos conceitos implicados na formulação deste enunciado: o espírito em geral, a mente humana em particular, a sensação, a faculdade de sentir, a insensibilidade da mente humana. O segundo capítulo, intitulado "Aplicação das análises precedentes", contém a demonstração propriamente dita. Ele começa por um *Status controversiae* (estado da questão), no qual Amo situa sua própria posição em relação a outros autores, e segue desenvolvendo as três teses acima mencionadas.

28. Amo, *De humanae mentis apatheia*, cap. I, parte I, § I. (N. R. T.)
29. Ibid., cap. I, parte I, § I, Explicação I. (N. R. T.)
30. Ibid., cap. I, parte I, § I, Explicação II, nota. (N. R. T.)
31. Ibid., cap. I, parte I, § I, Explicação II.
32. Ibid., cap. I, parte I, § I, Explicação II, nota. (N. R. T.)
33. Esse artifício gráfico também tem seus inconvenientes, pois exige traduzir, por exemplo, *spiritus animales* por Espíritos animais (com E maiúsculo), o que não deixa de ser engraçado.
34. Amo, *De humanae mentis apatheia*, cap. I, parte I, § I, Explicação II, nota.
35. Id.
36. Id. (N. R. T.)
37. A oposição entre o ser da razão e o ser real desempenhará um papel importante no *Traité sur l'art de philosopher avec sobriété et précision*, onde servirá notadamente para diferenciar, do ponto de vista dos seus efeitos, o pensamento humano e o pensamento divino.
38. Amo, *De humanae mentis apatheia*, cap. I, parte I, § I, desenvolvimento II, nota.
39. Cf. Kant, *Critique de la raison pure*, op. cit., Pref. à 2. ed., 1787, pp. 26-7. Kant opõe o dogmatismo metafísico, que a *Crítica* deveria arruinar, ao "processo dogmático" essencial a qualquer ciência. Diz ele: "Pois a ciência deve ser sempre dogmática, isto é, estritamente demonstrativa, apoiando-se sobre princípios seguros *a priori*". Mais adiante, acrescenta: "Na execução do plano traçado pela *Crítica*, devemos seguir o método severo do ilustre Wolff, o maior de todos os

filósofos dogmáticos. Wolff foi o primeiro a mostrar com seu exemplo — e assim criou aquele espírito de profundidade, que ainda não se extinguiu na Alemanha — como é possível, pelo estabelecimento regular de princípios, a clara determinação de conceitos, o desejado rigor de demonstrações, o caminho para evitar saltos precipitados no desenvolvimento das consequências, para embarcar no caminho seguro de uma ciência".

40. Aqui a conclusão original do artigo é reformulada.
41. Para algumas correções úteis e uma atualização deste capítulo, leremos com interesse meu artigo recente: Paulin Hountondji, "Re-Africanizing Anton Wilhelm Amo". In: Jule Hillgartner (Org.). *The Faculty of Sensing: Thinking With, Through and By Anton Wilhelm Amo*. Halle: Mousse, 2021 (nota da nova edição).

6. O fim do nkrumaísmo e o (re)nascimento de Nkrumah
[pp. 205-21]

1. Artigo publicado no jornal Daho-Express, n. 1127, 5 maio 1973, por ocasião do primeiro aniversário da morte de Nkrumah, com o título "A obra teórica de Kwame Nkrumah".
2. Sobre a juventude, a formação e as primeiras lutas políticas de Nkrumah, vale ler, proveitosamente, sua *Autobiography*. Para uma apreciação de sua obra política, nos reportaremos particularmente à lúcida análise do nigeriano Samuel Ikoku, *Le Ghana de Nkrumah* (Paris: Maspero, 1971). Contentemo-nos aqui com algumas breves referências biográficas. Kwame Nkrumah (Francis, seu primeiro nome de batismo) nasceu por volta de 1909 em Nkroful, na "Gold Coast", a Costa do Ouro), filho de pai ferreiro. Estudou para ser professor na escola normal de Achimota, permaneceu de 1935 a 1945 nos Estados Unidos, onde obteve, sucessivamente, o diploma de Bachelor of Arts Degree e o Master of Science in Education (graduado em letras e mestre em pedagogia) na Lincoln University, na Pensilvânia, em seguida, o Master of Arts in Philosophy (mestre em filosofia) na Universidade da Pensilvânia. Iniciou o doutorado em filosofia, que ficou inacabado quando deixou os Estados Unidos, em 1945, para se transferir para Londres. Cossecretário, com Georges

Padmore, do v Congresso Pan-Africano realizado em Manchester em outubro de 1945, sob a presidência de W.E.B. Dubois, e mais tarde secretário do West African National Secretariat, fundado em Londres logo após esse congresso e animado por um núcleo semiclandestino agrupado em torno dele, o "Círculo", Nkrumah logo foi convidado por alguns amigos políticos para voltar à Costa do Ouro para ser secretário-geral de um movimento nascente, a United Gold Coast Convention (UGCC). Ele aceita o convite em 1947, mas logo depois separa-se da UGCC para fundar o Convention People's Party (Partido Popular da Convenção, CPP), que liderou bravamente a luta pela independência, proclamada em 6 de março de 1957. Em junho de 1951, Nkrumah foi condecorado doutor honoris causa da Universidade de Lincoln. Primeiro-ministro de Gana independente (mas ainda sob a tutela da rainha da Inglaterra), depois presidente da República após a reforma constitucional de 1960, ele se esforça por conquistar para o seu país, com o apoio do CPP, uma verdadeira independência econômica, e encoraja os movimentos de libertação nacional no resto do continente africano. Visionário do panafricanismo, unanimemente admirado por todos os patriotas do continente, Nkrumah teve de sucumbir, finalmente, às contradições internas do seu próprio partido, que se burocratizava e se transformava num campo de batalhas e lutas de influência entre facções rivais. Daí o fácil sucesso do golpe de 24 de fevereiro de 1966, organizado por oficiais da polícia e do exército durante a ausência de Nkrumah. De Pequim, onde então se encontrava em visita oficial, ele seguiu para Conacri, onde o seu colega Sékou Touré lhe conferiu o título de copresidente da República da Guiné. Lá permaneceu até sua viagem para a Romênia, por motivos médicos, onde viria a falecer em 27 de abril de 1972.

3. A autenticidade da obra nunca foi tão contestada quanto depois da queda de Nkrumah em 24 de fevereiro de 1966. A acusação de fraude literária foi até um dos temas favoritos do Conselho Nacional de Libertação resultante do golpe de Estado. Para apreciar essa propaganda turbulenta pelo seu valor justo, deve-se lembrar que: a) Nkrumah sempre foi o primeiro a reconhecer, quando necessário, a dívida com seus colaboradores. Assim, ele agradece expressamente, na primeira página da *Autobiography*, à sua secretá-

ria particular, Erica Powell, "a quem a maioria do livro [havia sido] *ditado* [grifos nossos], [...] e cuja paciência e a aplicação [permitiram] concluí-lo para que fosse publicado num espaço de tempo tão curto". Da mesma forma, ele dedicou explicitamente *Consciencism* "aos membros do Clube Filosófico, sem cujo encorajamento e ajuda este livro não teria sido escrito". Ora, ninguém sabia em Gana, na época, o importante papel desempenhado nesse clube pelo filósofo ganês William Abraham, então chefe do Departamento de Filosofia da Universidade de Gana em Legon, e pelo senegalês Habib Niang, conselheiro do presidente para África francófona. De maneira mais geral, Nkrumah nunca procurou esconder seus esforços para se cercar de um verdadeiro *brain-trust* [painel de especialistas] internacional, composto por intelectuais ganenses, africanos e até não africanos que ele encontrava em seu caminho e que poderiam se colocar à sua disposição. b) Os membros desse *brain-trust*, até onde sabemos, jamais reivindicaram a real paternidade das obras atribuídas a Nkrumah. Ora, temos o direito de supor que eles sabem mais sobre a gênese dessas obras do que os oficiais do Conselho Nacional de Libertação. Por conseguinte, o mínimo que podemos dizer, enquanto aguardamos informações mais precisas, é que, mesmo na hipótese mais desfavorável, se pudéssemos provar que o trabalho de escrita raramente foi realizado pelo próprio Nkrumah, a iniciativa desses livros, suas ideias centrais e suas articulações essenciais vinham sempre dele; assim, ele mantém a inteira responsabilidade moral e intelectual (para o melhor e para o pior). É exatamente isso que ressai do testemunho do ganês Peter Omari, autor de uma obra muito severa sobre Nkrumah, e que constitui objetivamente uma crítica de *direita*: "Podem tê-lo [Nkrumah] ajudado a escrever esses livros, mas ele percorria cada manuscrito, linha por linha, com aqueles que o ajudaram; e as opiniões expressas nesses livros de fato eram as suas" (Peter Omari, *Kwame Nkrumah, the Anatomy of an African Dictatorship*. Acra: Moxon Paperblack, 1970, p. 142).
4. Inserimos a bibliografia no texto, em vez de incluí-la em nota, como é de praxe. O próprio objeto deste artigo é mostrar que a obra existe e que é impossível perdê-la de vista, independentemente de quem seja o autor (ou autores) real.

5. O autor também trabalha com a versão da obra em francês: Kwame Nkrumah, *Le Consciencisme*. Paris: Payot, 1964. (N.E.)
6. Observe-se a grafia N'krumah, muitas vezes utilizada, erroneamente, pelos francófonos. Parece-me mais apropriado escrever um nome próprio segundo a ortografia empregada pelo portador do nome.
7. Samuel Ikoku, *Le Ghana de Nkrumah*, p. 61.
8. A tradução habitual de Convention People's Party por "Partido da Convenção do Povo" — como feito, por exemplo, por Charles Patterson na *Autobiographie* (Paris: Présence Africaine, 1960) — não é somente um contrassenso, mas um verdadeiro nonsense, pois a expressão não significa nada em francês. Convention People's Party significa literalmente Partido Popular da Convenção, a palavra "Convenção" designando aqui a UGCC, no interior da qual o novo partido constituiria um ramo. Nkrumah realmente relata na *Autobiographie* (final do capítulo 8) como os militantes de base da UGCC, reunidos em torno dele em 12 de junho de 1949, em ruptura com a sua liderança, primeiro quiseram batizar o novo partido de Ghana People's Party (Partido Popular de Gana), e como eles somente decidiram no final da sessão, sobre sua proposta, manter a palavra "Convenção" na nova sigla, porque as pessoas comuns estavam habituadas a associar o nome de Nkrumah a "Convenção". As negociações que ocorreram em seguida entre os outros líderes da UGCC e Nkrumah, e cujo fracasso levaria à renúncia formal deste último em 1º de agosto de 1949, provam que Nkrumah não excluía a priori a eventualidade de que o novo partido permanecesse um ramo da UGCC, uma vez que esta última não era propriamente um partido, mas um movimento nacional. Convention People's Party deve, portanto, ser traduzido como Partido Popular da Convenção, ou, melhor, sacrificando a palavra "Convenção", tornada supérflua pelos eventos posteriores: Partido Popular.
9. Nkrumah, *Le Consciencisme*, p. 74.
10. Id., *Neo-colonialism*, p. 256, tradução nossa.
11. Id., *Two Myths*, p. 8, tradução nossa.
12. Balcanização é um termo que designa o processo de divisão de uma região ou Estado em entidades menores, muitas vezes etnicamente homogêneas. A expressão é também utilizada para se referir a conflitos étnicos dentro de Estados multiétnicos. Foi cunhada no

final da Primeira Guerra Mundial para descrever a fragmentação étnica e política que se seguiu à desintegração do Império Otomano, especialmente nos Balcãs. (N. R. T.)
13. Nkrumah, *Handbook of Revolutionary Warfare*, pp. 56-67.

7. A ideia de filosofia em *Consciencism* de Nkrumah
[pp. 223-46]

1. Versão revisada e ampliada de conferência proferida no campus universitário de Lubumbashi (Zaire), 8 jun. 1973, e depois em Cotonou, sob a organização da Comissão Nacional de Filosofia do Daomé, 23 ago. 1973. O texto da conferência foi publicado em *Daho-Express*, n. 1235, 15 set. 1973, sob o título: "L'Œuvre philosophique de Kwame Nkrumah".
2. Sobre a autenticidade da obra, ver capítulo 6, nota 3. [pp. 331-2]
3. Samuel Ikoku, *Le Ghana de Nkrumah*. Trad. de Yves Benot. Paris: Maspero, 1971. Ver capítulo 6, nota 2. [pp. 330-1]
4. Sobre a tradução da sigla, ver capítulo 6, nota 6. [p. 332]
5. Jacques Berque nota que o neologismo inglês *consciencism* "é fundado na palavra francesa, e não na palavra inglesa, e que isso era, da parte de Nkrumah, intencional" (Jacques Berque, "L'Élan fracassé". *L'Ouest Second*. Paris: Gallimard; e *Présence Africaine*, n. 85, 1973). Não é claro, porém, que intenção particular poderia levar Nkrumah a escolher a palavra francesa. Parece mais razoável supor que esse neologismo foi forjado simplesmente a partir do inglês *conscience*, que designa, como se sabe, a consciência como instância normativa, em oposição à *consciousness*, que designa a consciência como poder de representação. A razão para a escolha seria então sugerir que a nova consciência coletiva de que trata não será apenas cognitiva, simples conhecimento de si, mas também prática: tomada de consciência no sentido mais político do termo, ao mesmo tempo que definição de uma nova identidade cultural.
6. Para referências bibliográficas das obras de Nkrumah, ver capítulo 6. Segundo as últimas notícias, ficamos sabendo que o texto de 1970 acaba de ser traduzido pela editora Présence Africaine (1976).
7. Kwame Nkrumah, *Conscienscism*. Londres: Panaf, 1970.

8. Ibid., "Author's Note", p. VII. Tradução nossa.
9. Vladímir I. Lênin, *L'Impérialisme, stage suprême du capitalisme*. In: *Œuvres choisies*, t. 1. Moscou: Edições em língua estrangeira, 1920, pp. 779-902. 3 v. [Ed. bras.: *Imperialismo, estágio superior do capitalismo*. Trad. de Edições Avante e Paula Vaz de Almeida. São Paulo: Boitempo, 2021.]
10. É verdade que sobre esse ponto ainda se detecta certa hesitação nas últimas obras. Por vezes, Nkrumah interpreta a luta de classes na África como uma *extensão* da luta de classes no Ocidente, e admite que, às vésperas da colonização, a sociedade africana tinha uma organização comunitária e igualitária, que mal havia começado sua fase de decomposição. Essa é a posição sugerida em *Neo-colonialism*, e que será claramente afirmada na *La Lutte des classes en Afrique*. Por vezes, pelo contrário, assume uma posição mais radical e mostra que o colonialismo, longe de ter introduzido de fora a exploração do homem pelo homem, apenas complicou os termos de um conflito preexistente numa sociedade em que essa exploração já existia há muito tempo. Esse esforço de "desmitologizar" o passado africano é perceptível, por exemplo, no artigo de 1966, já citado, "African Socialism Revisited".
11. Ver, por exemplo, *Neo-colonialism*, p. 258: "uma guerra internacional de classes".
12. Na sua interpretação do golpe de Estado que o depôs em 24 de fevereiro de 1966, Nkrumah insiste no papel determinante dos elementos pró-imperialistas do exército e da polícia ganesa, aliados à burguesia local e apoiados pelas potências imperialistas que estavam preocupadas com os sucessos da construção do socialismo e a conquista da independência econômica de Gana. A CIA e o Departamento de Estado estadunidense estão especialmente implicados (cf. *Dark Days in Ghana*, pp. 49-50, 95-6 e passim). Contudo, ele silencia sobre os fatores puramente internos, atribuíveis, em essência aos seus próprios erros políticos, e sobre os quais insistem, de forma exclusiva e unilateral, os seus opositores de direita. Como exemplo de crítica de direita, ver Peter Omari, op. cit., e Kweku Folson, "An African Tragedy: Kwame Nkrumah and Mr. Bing", *Encounter*, v. XXXIII, n. 1, Londres, pp. 35-43, jul. 1969. (Isso permite-nos completar, de passagem, a nossa definição de direita: a

direita, na África contemporânea, caracteriza-se por uma ignorância deliberada, por vezes chegando à pura e simples denegação do fato imperialista, o que a leva a evitar sistematicamente a discussão política e a recorrer a argumentos psicológicos e morais para *depreciar*, por não poder *refutar*, qualquer pessoa ou grupo que coloque no centro de sua análise o fenômeno do imperialismo.) Para uma crítica lúcida à ação de Nkrumah, remetemos à análise muito equilibrada de Samuel Ikoku em obra já citada. Ainda assim, Nkrumah tem uma clara tendência a interpretar todos os golpes de Estado ocorridos na África segundo o modelo daquele que o derrubou em Gana, ou seja, como resultado de complôs imperialistas (cf. *Dark Days in Ghana*, capítulo 3; *Handbook of Revolutionnary Warfare*, pp. 11, 52, 54 e passim; *Class Struggle in Africa*, capítulo 8 etc.). A realidade certamente é mais nuançada. O que permanece verdadeiro é apenas que cada golpe de Estado militar deve ser entendido de acordo com a composição social do exército e o pertencimento de classe da fração que decide o golpe (cf. *Class Struggle in Africa*, capítulo 7).

13. Kwame Nkrumah, *Consciencism*. Londres: Heinemann, 1964, p. 74, tradução nossa. Cf. trad. francesa: *Le Consciencisme*, pp. 114-5.
14. Id., *Consciencism*. Londres: Panaf Books, 1970, p. 74.
15. Apud Dennis Austin, *Politics in Ghana, 1946-1960*. Londres: Oxford University Press, 1964, p. 162 (cf. Charles Martin, "Nkrumah's Strategy of De-colonization: Originality and Classicism". *Présence Africaine*, n. 85, 1973, p. 79, nota 15). Contudo, a definição concreta das tarefas econômicas decorrentes dessa opção socialista só será feita no programa aprovado pelo partido em Kumasi, em 1962, e no plano setenal (1963-70). Cf. Martin, op. cit. Sobre o significado real da palavra "socialismo" no vocabulário de Nkrumah e do CPP, em que designa uma espécie de capitalismo de Estado, ver Samuel Ikoku, *Le Ghana de Nkrumah*, sobretudo capítulos 2, 9 e 10, e Martin, op. cit.
16. Cf. Nkrumah, "The Myth of the 'Third World'". A crítica ao conceito de "Terceiro Mundo" anda de mãos dadas com a ideia de não alinhamento, de neutralismo etc. Nkrumah acusa esses conceitos de serem "anacrônicos": se eles faziam sentido na época da Guerra Fria (sendo os países não alinhados aqueles que podiam interpor-se entre os dois grandes para impor a distensão e impedir a eclosão de uma terceira guerra mundial), hoje eles funcionam como mitos que

tendem a mascarar a unidade real do combate pelo socialismo e da luta anti-imperialista. Nkrumah, portanto, não hesita em escrever: "Em nossos dias [o artigo foi publicado em 1968], o não alinhamento é um anacronismo [...]. Existem somente dois mundos, o mundo revolucionário e o mundo contrarrevolucionário — o mundo socialista evoluindo para o comunismo, o mundo capitalista com seus prolongamentos, que são o imperialismo, o colonialismo e o neocolonialismo" (p. 5). Infelizmente, nunca saberemos se Nkrumah teria mantido essa posição no célebre debate ocorrido desde então, na Conferência dos Não Alinhados em Argel em 1973.

17. O subtítulo é abreviado na última edição, em que passa a ser: *Filosofia e ideologia para a descolonização*.
18. Nkrumah, *Consciencism*, 1970, p. 56, tradução nossa; *Le Consciencisme*, p. 89.
19. Ibid.
20. Sobre os sistemas de escrita praticados na África pré-colonial, é interessante consultar Théophile Obenga, *L'Afrique dans l'Antiquité*. Paris: Présence Africaine, 1973, capítulo x, "Systèmes graphiques africains", p. 355.
21. Nkrumah, *Consciencism*, p. 59: "What is crucial is not the paper but the thought"; *Le Consciencisme*, p. 93.
22. Sobre o caráter ilegítimo dessa redução, ver adiante, capítulo 8, "Verdadeiro e falso pluralismo".
23. Nkrumah, *Consciencism*, 1970, p. 70. (N. R. T.)
24. "Se esquecermos disso [i.e., se não considerarmos as outras duas frações como experiências da sociedade africana], nossa sociedade será consumida pela mais maligna das esquizofrenias" (*Le Consciencisme*, p. 119).
25. Nkrumah, *Consciencism*, pp. 69-70; *Le Consciencisme*, p. 108.
26. Nkrumah, *Consciencism*, p. 68.
27. Id.
28. Cf. Martin, op. cit. p. 92.
29. *Verandah boys*: jovens desempregados frequentemente vistos nas varandas das residências coloniais.
30. *Compradores*: membros da burguesia nativa de um país que enriqueceram a partir do comércio com estrangeiros. (N. R. T.)
31. Excelente descrição desse processo pode ser encontrada em Samuel Ikoku, op. cit., capítulos 3, 4, 5 e 6.

32. *Consciencism*, p. 66; *Le Consciencisme*, p. 103. Essa leitura da filosofia é certamente a mais tranquilizadora: ao encerrar a filosofia na ideologia, a reduzimos a um discurso repetitivo, que nunca faz outra coisa senão reproduzir as mesmas figuras sob diversas formas; ao mesmo tempo, evita pensar em sua história e em seu inacabamento essenciais como discurso teórico articulado no discurso científico e evoluindo com ele.
33. Para uma análise interna do conteúdo ver, por exemplo, Marcien Towa, "Consciencisme". *Présence Africaine*, n. 85, 1973, pp. 148-77.
34. A exposição da doutrina se encontra no capítulo 4 do livro.
35. *Consciencism*, p. 84; *Le Consciencisme*, p. 128.
36. Para dizer a verdade, se podemos afirmar sem contradição a origem material do espírito, não se pode, por outro lado, derivar Deus da matéria sem renunciar ao conceito habitual de Deus, que implica, entre outros atributos essenciais, a infinitude e a anterioridade absoluta. Ora, se mudarmos o conceito, é difícil ver por que devemos manter a palavra. Nkrumah está, obviamente, tentando manter as duas posições. Seu desejo de síntese realmente leva ao ecletismo.
37. "O grande princípio moral do consciencismo é tratar cada ser humano como um fim em si mesmo, e não como um simples meio" (*Consciencism*, p. 95; *Le Consciencisme*, p. 144). É fácil reconhecer nesse "grande princípio" uma reminiscência da célebre fórmula de Kant (que constitui a segunda das três formulações do imperativo categórico): "Aja de tal modo que trates a humanidade, tanto na sua pessoa quanto na pessoa de qualquer outro, sempre ao mesmo tempo como um fim e nunca simplesmente como um meio" (Immanuel Kant, *Fondements de la métaphysique des mœurs*. Trad. de Victor Delbos. Paris: Delagrave, 1966, p. 150 [Ed. bras.: *Fundamentação da metafísica dos costumes*. Trad. de Edson Bini. São Paulo: Edipro, 2017.]). Aliás, esta não é a única fórmula de *Consciencism* que lembra Kant. A célebre frase que abre o capítulo 4, "A prática sem teoria é cega; teoria sem prática é vazia" (*Consciencism*, p. 78; Le *Consciencisme*, p. 119), também se refere visivelmente à célebre fórmula de Kant: "O conceito sem intuição é vazio, a intuição sem conceito é cega".
38. Tema largamente desenvolvido em obra anterior: *I Speak of Freedom: A Statement of African Ideology*, 1961. Nota-se no subtítulo desta obra a expressão "ideologia africana" no singular. Isso era ainda em 1961. O emprego do singular então justificava-se (como justificava-se tam-

bém, em outro nível, a composição heterogênea do CPP como organização de massa). A ideologia africana no singular era a da África revoltada, da África unida contra a dominação estrangeira. Era a exigência comum de liberdade e de dignidade tornada exclusiva pelas circunstâncias, no auge da opressão colonial. Porém, o que tentamos mostrar é que essa "ideologia africana", forjada na luta contra a opressão, tende a sobreviver para além do período em que era historicamente justificada, sob a forma, desta vez, de uma ideologia de segundo grau: ideologia da ideologia africana no singular; exigência de uma perfeita unanimidade sobre todos os problemas teóricos, fechamento prematuro do discurso filosófico e científico, em favor de um sistema de pensamento supostamente coletivo e definitivo.

39. Tema já desenvolvido nos documentos oficiais do CPP de 1949 (ver capítulo 6, nota 2 [pp. 330-1]), depois na *Autobiography* (1957), *Africa Must Unite* (1963), cf., sobretudo, cap. 14 etc.
40. *Consciencism*, p. 75; *Le Consciencisme*, pp. 115-6.
41. Ibid., p. 52, *Le Consciencisme*, p. 84.
42. Evidentemente, isso não significa dizer que elas próprias se determinem. Acreditamos firmemente que são sempre determinadas por nosso pertencimento de classe. A autonomia aqui em questão é a de um determinado *tipo de discurso* (discurso político) em relação a *outro tipo de discurso* (discurso metafísico), independent de suas *respectivas origens*, ainda que se admita que essas origens coincidem parcialmente e que o discurso metafísico também é condicionado pelo pertencimento de classe.
43. Para maiores desenvolvimentos, cf. meu artigo "Le Mythe de la philosophie spontanée" (*Cahiers Philosophiques Africains*, n. 1, Lubumbashi, 1972). Devo principalmente a Louis Althusser (que hoje provavelmente recusaria o uso que faço dela) a ideia da filosofia como teoria da ciência, teoria da prática teórica (cf. Louis Althusser, *Pour Marx*. Paris: Maspero, 1965; "Du Capital à la philosophie de Marx". *Lire le Capital*, t. 1, 1965; "L'Objet du Capital", *Lire le Capital*, t. II, 1966). Um dos textos mais notáveis a esse respeito infelizmente é inédito: a 5ª lição do *Cours de philosophie pour scientifiques*, organizado por Althusser e alguns outros colegas na École Normale Supérieure em 1967-8. O livro publicado mais tarde pela Maspero, *Philosophie et philosophie spontanée des savants* (Paris, 1974 [Ed. port.: *Filosofia e filosofia espontânea dos cientistas*. Lisboa: Relógio D'Água, 1979.]), repro-

duz apenas parcialmente a lição — e por uma boa razão! Althusser dá agora um lugar maior à política (a sua longa dedicação à obra de Lênin tem muito a ver com isso), e consequentemente define a filosofia como "luta de classes na teoria" (cf. *Lénine et la philosophie*. Paris: Maspero, 1972; *Réponse à John Lewis*. Paris: Maspero, 1973; e sobretudo *Éléments d'autocritique*. Paris: Hachette, 1974, por ex., pp. 51-2, nota 1). Suas definições anteriores parecem-lhe hoje maculadas com "teoricismo", "racionalismo especulativo", bem como sua tendência anterior de usar e abusar da palavra "epistemologia". Eis certamente o que fará regozijar, deste lado do Mediterrâneo, os nossos ideólogos de moda. Até mesmo Althusser, dirão, reconheceu seu erro; então, por que deveríamos perder tempo com essa definição obsoleta? Mas isso é muito precipitado. Porque, em primeiro lugar, não temos que seguir Althusser, como os nossos ideólogos de plantão seguem o regime vigente, reduzindo-se ao papel de *griots* servis e irresponsáveis. Em segundo lugar, não basta constatar a evolução de um autor como um fato puramente anedótico. É preciso compreender e avaliar pessoalmente as razões dessa evolução, muito fortes no caso de Althusser, compreender e avaliar os problemas a que responde o reajustamento de conceitos, enfim, compreender e avaliar o que permanece da contribuição inicial, através da remodelação. É suficiente notar aqui que, se a filosofia é, de fato, luta de classes, ela é mais especificamente luta de classes *na teoria*. Sem ofensa aos nossos ideólogos de plantão, a filosofia não deve ser confundida com ideologia, nem com álgebra ou linguística (embora todo discurso relacionado a qualquer uma dessas disciplinas veicule forçosamente uma ideologia). A filosofia não pode ser reduzida a uma teia de slogans ou a uma propaganda erudita; nem à matemática ou à física. Ela é um certo *trabalho* — como todas as outras disciplinas. Como as outras, ela exige um *aprendizado* e um *rigor metódico* que nossos ideólogos costumam tornar, infelizmente, barato.

8. Verdadeiro e falso pluralismo [pp. 247-68]

1. Comunicação no colóquio da Association des Universités Partiellement ou Entièrement de la Langue Française (Aupelf), realizado em Louvain-LaNeuve (Bélgica), 21-25 maio 1973, sobre A Universidade

e a Pluralidade das Culturas, publicado nos anais do colóquio (*Diògene*, n. 84, pp. 53-65, out./dez. 1973).
2. Tomo como referência, por pura convenção, a publicação da obra clássica de Bronslaw Malinowski, *Argonauts of Western Pacific* (Londres, 1922. [Ed. bras.: *Argonautas do Pacífico ocidental*. Trad. de Anton P. Car, Lígia Aparecida Cardieri Mendonça. São Paulo: Abril Cultural, 1978. Os Pensadores.]). Mas a ideia de uma pluralidade de culturas na realidade é mais antiga, pois foi amplamente debatida, por exemplo em 1911, no primeiro Congrès Universel des Races, em Londres (cf. Gérard Leclerc, *Anthropologie et colonialisme*, Paris: Persée, 1972, p. 83).
3. Apud Leclerc, op.cit., pp. 59-60.
4. Cf. sobretudo Georges Charbonnier, *Entretiens avec Lévi-Strauss*. Paris: Les Belles Lettres, 1961, pp. 51-65.
5. Aimé Césaire, *Cahier d'un retour au pays natal*. Paris: Présence Africaine, 1956, pp. 71-2. [Ed. bras.: *Diário de um retorno ao país natal*. São Paulo: Edusp, 2012. Aqui, em tradução livre de wanderson flor do nascimento.]
6. O público desinformado geralmente atribui a Senghor a paternidade da palavra "negritude". No entanto, o próprio Senghor é o primeiro a corrigir o erro. Cf. a introdução de *Liberté* I. *Négritude et humanisme* (Paris: Seuil, 1964): "Contentamo-nos em estudá-la [a civilização negro-africana...] e dar-lhe o nome de negritude. Eu digo 'nós'. Quase me esqueci de devolver a Césaire o que é de Césaire. Porque foi ele quem inventou a palavra nos anos 1932-4" (p. 8). A estrofe citada é de fato a segunda em que a palavra "negritude" aparece no *Diário*. A primeira menção à palavra não é muito esclarecedora, no entanto. Trata-se de uma estrofe em que Césaire, fazendo o inventário da sua herança histórica, cita "Haiti onde a negritude se pôs em pé pela primeira vez" (p. 44). A palavra parece então simplesmente designar a raça negra, sem qualquer outra nuance qualitativa. O uso que dela se faz na longa estrofe citada mostra, pelo contrário, que designa um conjunto de virtudes ligadas à raça.
7. O poema foi publicado pela primeira vez no vigésimo e último número de uma revista intitulada *Volontés* (Paris, ago. 1939). Em seguida, sairia em edição bilíngue, com tradução para o espanhol, em Cuba, em 1944, para em seguida ser reeditado em Paris, em 1947, pela

editora Bordas, com um prefácio de André Breton, "Martinique, charmeuse de serpents", e depois pela editora Présence Africaine.
8. Leclerc, op. cit.
9. Porque de certa forma justifica esse "vocabulário mecanicista, que talvez seja apenas a derrisão do rigor e da 'ciência', mas cuja intenção é expulsar a especulação e a ideologia" (ibid., p. 89).
10. Para evitar repetições desnecessárias, permito-me fazer referência ao meu opúsculo intitulado *Libertés: Contribution à la révolution dahoméenne* (Cotonou: Renaissance, 1973), em particular o capítulo "Science et révolution", pp. 41-52.
11. Aimé Césaire, *Lettre à Maurice Thorez*. Paris: Présence Africaine, 1956. Trata-se da sua carta de desligamento do Partido Comunista Francês. No que concerne à "revolução copernicana", sabe-se que Kant chamava assim a inversão da hipótese natural segundo a qual a mente humana ajusta-se às coisas para conhecê-las. Pelo contrário, ele admitia, por sua vez, que os objetos se ajustam à estrutura *a priori* da mente humana e, portanto, somente podem ser conhecidos como fenômenos. Inversão análoga à revolução de Copérnico na astronomia, que consistia na substituição da hipótese geocêntrica clássica pela hipótese heliocêntrica. Aimé Césaire exigia revolução semelhante na política. Permitam-nos aqui mais uma longa citação: "Creio ter dito o suficiente para que se compreenda que não renego nem o marxismo nem o comunismo, mas reprovo o uso que alguns fizeram do marxismo e do comunismo. O que eu quero é que o marxismo e o comunismo sejam colocados a serviço dos povos negros, e não os povos negros a serviço do marxismo e do comunismo. Que a doutrina e o movimento sejam feitos para as pessoas, não as pessoas para a doutrina e para o movimento. E, evidentemente, isso não é válido somente para os comunistas. Se eu fosse cristão ou muçulmano diria o mesmo. Pois qualquer doutrina só tem valor quando repensada por nós, repensada para nós, para nós convertida. [...] É aqui que devemos insistir em uma verdadeira revolução copernicana para romper com o hábito, tão profundamente enraizado na Europa, em todos os partidos em todos os espectros, da extrema-direita à extrema-esquerda, o hábito de fazer por nós, o hábito de dispor por nós, o hábito de pensar por nós, enfim, o hábito de nos contestar o direito à iniciativa da qual eu falava antes, e que é, em definitivo, o direito à personalidade" (pp. 12-3).

Post-Scriptum [pp. 269-90]

1. O problema é essencialmente o mesmo quando substituímos os ancestrais por Marx ou Lênin, fazendo-os funcionar como meros álibis.
2. Marcien Towa, *Essai sur la problématique philosophique dans l'Afrique actuelle*. Iaoundé: Clé, 1971, 77 p.
3. Ibid., p. 35. (N. R. T.)
4. Ibid., p. 23.
5. Ibid., p. 53.
6. Ibid., p. 52.
7. Ibid., p. 59.
8. Ibid., p. 35.
9. Ibid., pp. 9-10.
10. Ibid., p. 31.
11. Ibid., p. 32.
12. Ibid., p. 53.
13. Id.
14. Ibid., p. 55.
15. Ibid., p. 75.
16. Georg Elwert, *Wirtschaft und Herrschaft von "Dâxome" (Dahomey) im 18. Jahrhundert*. Munique: Klaus Renner, 1973.
17. Bob Fitch e Mary Oppenheimer, *Ghana: End of an Illusion*. Nova York: Monthly Review Press, 1966.

SERVIÇO SOCIAL DO COMÉRCIO
Administração Regional no Estado de São Paulo

Presidente do Conselho Regional
Abram Szajman
Diretor Regional
Luiz Deoclecio Massaro Galina

Conselho Editorial
Carla Bertucci Barbieri
Jackson Andrade de Matos
Marta Raquel Colabone
Ricardo Gentil
Rosana Paulo da Cunha

Edições Sesc São Paulo
Gerente Iã Paulo Ribeiro
Gerente Adjunto Francis Manzoni
Editorial Clívia Ramiro
Assistente: Maria Elaine Andreoti
Produção Gráfica Fabio Pinotti
Assistente: Thais Franco

Edições Sesc São Paulo
Rua Serra da Bocaina, 570 – 11º andar
03174-000 – São Paulo – SP – Brasil
Tel.: 55 11 2607-9400
edicoes@sescsp.org.br
sescsp.org.br/edicoes
 / edicoessescsp

Copyright © 1996 by Paulin J. Hountondji

Grafia atualizada segundo o Acordo Ortográfico da Língua Portuguesa de 1990, que entrou em vigor no Brasil em 2009.

Título original
Sur la "philosophie africaine": Critique de l'ethnophilosophie

Capa
Estúdio Daó

Preparação
Angela Vianna

Revisão técnica e notas
wanderson flor do nascimento

Revisão
Ingrid Romão
Gabriele Fernandes

Dados Internacionais de Catalogação na Publicação (CIP)
(Câmara Brasileira do Livro, SP, Brasil)

Hountondji, Paulin J., 1942-2024
    Sobre a "filosofia africana" : Crítica da etnofilosofia / Paulin J. Hountondji ; tradução César Sobrinho. — 1ª ed. — Rio de Janeiro : Zahar ; São Paulo : Edições Sesc São Paulo, 2024. (Biblioteca Africana)

    Título original: Sur la "philosophie africaine": Critique de l'ethnophilosophie.
    ISBN 978-65-5979-180-4 (Zahar)
    ISBN 978-85-9493-312-6 (Edições Sesc São Paulo)

    1. Etnofilosofia 2. Filosofia – África 3. Filosofia africana I. Título.

24-214045   CDD-199.6

Índice para catálogo sistemático:
1. Filosofia africana 199.6

Cibele Maria Dias — Bibliotecária — CRB-8/9427

Todos os direitos desta edição reservados à
EDITORA SCHWARCZ S.A.
Praça Floriano, 19, sala 3001 — Cinelândia
20031-050 — Rio de Janeiro — RJ
Telefone: (21) 3993-7510
www.companhiadasletras.com.br
www.blogdacompanhia.com.br
facebook.com/editorazahar
instagram.com/editorazahar
x.com/editorazahar

BIBLIOTECA AFRICANA
Próximos lançamentos

Análise de alguns tipos de resistência
Amílcar Cabral

La Parole aux negresses*
Awa Thiam

Civilização ou barbárie
Cheik Anta Diop

Identité et transcendance*
Marcien Towa

Female Fear Factory: Unravelling Patriarchy's Cultures of Violence*
Pumla Dineo Gqola

* Título em português a definir.

ESTA OBRA FOI COMPOSTA POR MARI TABOADA EM DANTE PRO E IMPRESSA
EM OFSETE PELA GRÁFICA PAYM SOBRE PAPEL PÓLEN NATURAL
DA SUZANO S.A. PARA A EDITORA SCHWARCZ EM SETEMBRO DE 2024

A marca FSC® é a garantia de que a madeira utilizada na fabricação do papel deste livro provém de florestas que foram gerenciadas de maneira ambientalmente correta, socialmente justa e economicamente viável, além de outras fontes de origem controlada.